高职高专财政金融类专业规划教材

个人贷款实务

郭瑞云 主 编

伏琳娜 辛 健 于千程 副主编

清华大学出版社

北京

内 容 简 介

本书突出金融机构的实践特点，介绍个人贷款业务操作的核心内容及理论，坚持理论与实践相结合、知识与技能相结合的原则。本书内容以个人贷款业务岗位操作流程为主线，涵盖个人贷款业务贷前、贷中和贷后各个操作环节的理论和实践内容。本书共设置了七个项目：个人贷款业务认知、个人贷款产品营销、个人贷款申请受理、个人贷款业务贷前调查、个人贷款业务审查与审批、签订合同与发放贷款、个人贷款业务贷后管理。每个项目包括学习目标、案例导入、学习任务、学习资料、知识小结、实训活动、考核、知识拓展等环节，结构设计合理，方便学生通过模拟实践操作完成学习任务，以达到课程子项目所要求的知识目标、能力目标和素质目标。

本书既可以作为高职高专金融类、经济类及相关专业的教材，也可以作为应用型本科院校教学用书及金融机构培训教材。

图书在版编目(CIP)数据

个人贷款实务 / 郭瑞云 主编. —北京：清华大学出版社，2019（2025.1 重印）

（高职高专财政金融类专业规划教材）

ISBN 978-7-302-53012-1

Ⅰ.①个… Ⅱ.①郭… Ⅲ.①个人—贷款—中国—高等职业教育—教材 Ⅳ.①F832.479

中国版本图书馆 CIP 数据核字(2019)第 094012 号

责任编辑：施 猛
封面设计：常雪影
版式设计：孔祥峰
责任校对：牛艳敏
责任印制：杨 艳

出版发行：清华大学出版社

网　　　址：https://www.tup.com.cn, https://www.wqxuetang.com
地　　　址：北京清华大学学研大厦 A 座　　　　邮　　编：100084
社　总　机：010-83470000　　　　　　　　　邮　　购：010-62786544
投稿与读者服务：010-62776969，c-service@tup.tsinghua.edu.cn
质　量　反　馈：010-62772015，zhiliang@tup.tsinghua.edu.cn
印　装　者：涿州市般润文化传播有限公司
经　　　销：全国新华书店
开　　　本：185mm×260mm　　　印　　张：15.75　　　字　　数：374 千字
版　　　次：2019 年 8 月第 1 版　　　印　　次：2025 年 1 月第 3 次印刷
定　　　价：45.00 元

产品编号：082028-01

　　《个人贷款实务》是专门针对高职高专类金融专业学生项目化教学的需要而编写的。内容涵盖个人贷款业务人员应知应会的基本知识和技能，包括具体的个贷业务类型，如个人住房贷款、个人汽车贷款等。在编写过程中，结合商业银行及银行类金融机构个人贷款业务相关的岗位职责，利用实践教学的方式，有助于学生掌握个贷业务各岗位所需的客户营销、贷款的申请与受理、贷前调查、贷款的审查与审批、贷款的签约与发放以及贷后管理等各个环节的相关业务操作。同时，充分考虑了项目化教学的实际需要，收集和参阅了大量的银行及各金融机构的公开资料，目的在于尽可能符合银行业的实际情况。

　　本书坚持理论和实践相结合，以实践为主；知识和技能相结合，以技能为主。本书的内容主要包括个人贷款业务认知、个人贷款产品营销、个人贷款申请受理、个人贷款业务贷前调查、个人贷款业务审查与审批、签订合同与发放贷款、个人贷款业务贷后管理七个部分。本书从个人贷款业务岗位的设置及职责入手，使学生在了解相关岗位业务内容的前提下，针对具体的贷款业务，进行相关的知识和操作技能训练。

　　本书的编写人员为郭瑞云、伏琳娜、辛健和于千程。其中，项目一、项目二由辛健编写，项目三、项目四、项目六由郭瑞云编写，项目五、项目七由伏琳娜编写，郭瑞云和于千程负责本书的总纂工作。

　　本书尚有不尽如人意之处，热忱盼望各方人士批评指正。反馈邮箱：wkservice@vip.163.com。

编　者

2019年1月

目 录

项目一 个人贷款业务认知

个人贷款是指贷款人向符合条件的自然人发放的用于个人消费、生产经营等的本外币贷款。改革开放以来，随着我国经济的快速稳定发展和居民消费水平的持续提高，商业银行等金融机构的个人贷款业务也快速发展起来。个人贷款业务已经形成了以个人住房贷款为主体，个人汽车贷款、个人教育贷款以及个人经营类贷款等多品种共同发展的贷款体系。

任务　个人贷款业务咨询

知识目标

○ 了解个人贷款客户经理岗位的职责；
○ 掌握不同种类个人贷款的基本概念；
○ 掌握个人贷款的不同担保方式；
○ 掌握个人贷款产品的贷款要素。

能力目标

○ 能够向目标客户介绍不同类型的贷款产品；
○ 能够针对个人贷款客户的基本情况和偿债能力对贷款要素的确定提出合理的建议。

素质目标

○ 具备对专业知识理论的钻研精神；
○ 具备良好的服务意识，能耐心、细致地回答客户提出的问题。

案例导入

一个个人贷款客户经理的工作日常

小李在某大型国有商业银行工作已有一年。刚进入个人贷款(以下简称"个贷")中心见习时，小李觉得客户经理受理贷款的工作非常简单，就是准备好所有资料，让客户填完，然后把客户信息录入信贷系统，测算客户收入是否符合银行要求，贷款批下来开始打印合同，最后放款。但随后小李发现，这份工作远没有那么简单。随着受理的贷款越来越多，麻烦事也越来越多，比如，贷款客户和房地产中介会无休止地打电话，询问贷款审批进度或咨询贷款事宜。有些客户付完首付就没有钱了，工作又不稳定，给他们贷款风险非常大，若出现风险、不良贷款，客户经理的职业生涯会受到很大影响，而且贷款也不一定能审批下来。在做客户经理的第三个月，小李就遇到了难题：一是小李代客户签字被人举报到上级主管行长那里；二是一个客户提供错误资料但小李没有及时发现，遭到了客户投诉。为此，部门领导、行长纷纷找小李谈话。

当你步入个人信贷业务集中经营中心(简称个贷中心)或个人金融部从事个人贷款业务时，你将要开始学习给客户办理贷款。这时你是一个见习客户经理，需要了解自己的岗位职责、贷款流程，以及每个流程需要的资料、注意的细节。当你可以独立做贷款时，即完成见习客户经理向正式客户经理的转变，成为一名助理客户经理。但如果你想晋升，那你便要有出色的工作表现。一般来说，至少要主管客户达到一定数量或成交一定笔数，而且没有多少不良贷款。可能刚开始客户的违约概率很低，但时间越长，客户的违约概率就越大，同时客户数量越多，则越有可能出现不良贷款。所以，要想从助理客户经理晋升为一级客户经理，首先，应做到合规操作，提升风险把控能力，确保不出现不良贷款。其次，要精通业务，成为业务能手，别人不会做的贷款你能做下来。比如，客户贷款额度很高，收入不够，怎么办？你要洞察客户的资质，判断客户是否有其他资产，如股票、存款、理财产品，明确资产的稳定性、增值性，以及客户的人品和赚钱能力，并且写出让审查、审批人员信服的调查报告，把贷款做下来，这时你便有资格了。一级客户经理往上就是二级客户经理。这时候考验的是你的营销能力，也就是和中介打交道的能力。因为个人贷款基本上是通过与住房代理中介合作获得的，如果你一年能够做下上亿元的住房贷款，并且得到客户的好评，基本上就可以晋升二级客户经理。最后是三级客户经理，三级客户经理基本上就是二级客户经理的升级版，只要你连续两三年的贷款规模都做得很大，而且没有出现不良贷款，连续两年考评为良好，那你就可以晋升了。三级客户经理之上基本上就是部门正副经理，部门正副经理通常被评为高级客户经理，正、副科级，属于管理层。

总之，要想在个人贷款客户经理的岗位上不断晋升，需掌握三个核心竞争力：一是业务能力，把贷款规模做大同时少出现风险；二是营销能力，在外面多拉贷款；三是效率，如果你的单子都是靠加班加点做出来的，只能得到大家的同情，而不是佩服，只有高效地做出成绩，才能得到领导和同事的认同。

思考：通过这个案例，你对客户经理的工作有什么样的认识呢？

学习任务

按贷款主体的不同，商业银行的信贷业务可以分为公司贷款和个人贷款。商业银行的信贷业务部门一般也据此分为公司业务部和个人业务部。个人业务部又称零售业务部，对应的岗位主要是个贷客户经理。

一、认知个人贷款业务岗位

(一) 个人贷款业务岗位职责

个贷客户经理的工作职责主要包括以下几方面。

1. 开发客户，营销产品

客户经理应积极主动地与客户保持联系，及时发现并引导客户需求。

2. 内部协调

客户经理应发挥协调中心的作用，引导客户顺利、准确地办理每一笔业务。

3. 制定业务合作方案

客户经理按照商业化经营原则，与客户洽谈合作内容，起草银企合作协议，报有权审批人批准，签订合作协议。

4. 监测客户

了解国家产业政策、产品市场信息，密切跟踪客户的经营情况，及时发现客户风险，分析风险产生的原因，适当调整客户营销方案，制定相应的风险防范措施。

(二) 个贷客户经理应具备的条件

客户经理是面向市场，为客户提供金融服务的专门人才，应具备以下基本条件。

1. 丰富的知识储备

银行产品和服务的专业化要求个贷客户经理必须具备丰富的专业知识，熟悉并掌握金融法律法规及金融管理规定，了解国内外市场基本动向。

2. 全面的业务能力

合格的客户经理应该能满足客户多方面的需求，既能提供传统的结算、存款、贷款服务，又能提供现代银行理财等多样化的金融服务。

3. 高超的公关艺术

优秀的客户经理应该能够在为原有客户提供优质服务的同时，不断挖掘新客户，为银行的可持续发展提供源源不断的客户群体。因此，客户经理需要具备丰富的社交经验、较强的公关能力、灵活机动的谈话技巧，这样才能拉近与客户的心理距离，在银行与客户之间架起合作的桥梁，这样的能力与素质需要在实践中积累。

4. 良好的职业形象

客户经理是银行形象的代言人，其言谈举止会影响银行在客户心目中的形象。因此，客户经理在与客户交往时要做到彬彬有礼、温文尔雅，这样才能产生亲切感、亲和力，赢得客户的信任。

二、个人贷款产品分类

(一) 按产品用途分类

根据产品用途的不同，个人贷款产品可以分为个人消费类贷款和个人经营类贷款等。

1. 个人消费类贷款

个人消费类贷款是指银行向申请购买"合理用途的消费品或服务"的借款人发放的个人贷款。具体来说，是银行向个人客户发放的有指定消费用途的贷款业务，用途主要有购买个人住房、汽车，一般助学贷款等。

个人消费类贷款包括个人住房贷款、个人汽车贷款、个人教育贷款、个人住房装修贷款、个人耐用消费品贷款、个人旅游消费贷款和个人医疗贷款等。

1) 个人住房贷款

个人住房贷款是指银行向自然人发放的用于购买、建造和大修理各类型住房的贷款。个人住房贷款包括自营性个人住房贷款、公积金个人住房贷款和个人住房组合贷款。

(1) 自营性个人住房贷款也称商业性个人住房贷款，是指银行运用信贷资金向在城镇购买、建造或大修各类型住房的自然人发放的贷款。

(2) 公积金个人住房贷款也称委托性住房公积金贷款，是指由各地住房公积金管理中心运用个人及其所在单位缴纳的住房公积金，委托商业银行向购买、建造、翻建、大修自住住房的住房公积金缴存人以及在职期间缴存住房公积金的离退休职工发放的专项住房贷款。该贷款不以营利为目的，实行"低进低出"的利率政策，带有较强的政策性，贷款额度受到限制。因此，它是一种政策性个人住房贷款。

(3) 个人住房组合贷款是指按时足额缴存住房公积金的职工在购买、建造或大修住房时，可以同时申请公积金个人住房贷款和自营性个人住房贷款，从而形成特定的个人住房贷款组合，简称个人住房组合贷款。

2) 个人汽车贷款

个人汽车贷款是指银行向自然人发放的用于购买汽车的贷款。

个人汽车贷款所购车辆按用途可以分为自用车和商用车。自用车是指借款人申请汽车贷款购买的、不以营利为目的的汽车；商用车是指借款人申请汽车贷款购买的、以营利为目的的汽车。根据所购车辆的用途不同，个人汽车贷款产品可以分为自用车贷款和商用车贷款。严格地说，商用车贷款属于经营类贷款，但部分商业银行将其纳入消费类贷款进行管理。

个人汽车贷款所购车辆按注册登记情况可以分为新车和二手车。二手车是指从办理完机动车注册登记手续到规定报废年限一年之前进行所有权变更并依法办理过户手续的汽车。

3) 个人教育贷款

个人教育贷款是指银行向在读学生或其直系亲属、法定监护人发放的用于满足其就学资金需求的贷款。根据贷款性质的不同，将个人教育贷款分为国家助学贷款、生源地信用助学贷款、商业助学贷款和个人留学贷款。

(1) 国家助学贷款是由政府主导、财政贴息、财政和高校共同给予银行一定风险补偿金，银行、教育行政部门与高校共同操作的，帮助高校家庭经济困难学生支付在校学习期间所需的学费、住宿费及生活费的银行贷款。它是运用金融手段支持教育，资助经济困难学生完成学业的重要形式。国家助学贷款实行"财政贴息、风险补偿、信用发放、专款专用和按期偿还"的原则。

(2) 生源地信用助学贷款是指商业银行向符合条件的家庭困难的普通高校新生和在校生

发放的，在学生入学前于户籍所在县(市、区)办理的助学贷款。生源地贷款为信用贷款，学生和家长(或其他法定监护人)为共同借款人，共同承担还款责任。

(3) 商业助学贷款是指银行按商业原则自主向自然人发放的用于支持境内高等院校困难学生学费、住宿费和就读期间基本生活费的商业贷款。商业助学贷款实行"部分自筹、有效担保、专款专用和按期偿还"的原则。

(4) 个人留学贷款是指银行向个人发放的用于留学所需学杂费、生活费或留学保证金的个人贷款。个人留学贷款不但可以满足留学人员在留学签证过程中所需要的一切资金需求，还可以为留学人员解决在境外求学所需的各种学杂费用。

4) 个人住房装修贷款

个人住房装修贷款是指银行向自然人发放的、用于装修自用住房的人民币担保贷款。个人住房装修贷款可以用于支付家庭装潢和维修工程的施工款、相关的装修材料和厨卫设备款等。

开办住房装修贷款业务的银行有签订特约装修公司的，借款人需与特约公司合作才可以取得贷款，有些银行则没有此项规定。

5) 个人耐用消费品贷款

个人耐用消费品贷款是指银行向自然人发放的用于购买大额耐用消费品的人民币担保贷款。

耐用消费品通常是指价值较高、使用寿命相对较长的家用商品，包括除汽车、房屋以外的家用电器、电脑、家具、健身器材和乐器等。

该类贷款通常由银行与特约商户合作开展，即借款人需在银行指定的商户处购买特定商品。特约商户通常与银行签订耐用消费品合作协议，该类商户应有一定的经营规模和较好的社会信誉。

6) 个人旅游消费贷款

个人旅游消费贷款是指银行向自然人发放的用于借款人个人及其家庭成员(包括借款申请人的配偶、子女及其父母)参加银行认可的各类旅行社(公司)组织的国内外旅游所需费用的贷款。借款人必须选择银行认可的重信誉、资质等级高的旅游公司，并向银行提供其与旅游公司签订的有关协议。

7) 个人医疗贷款

个人医疗贷款是指银行向自然人发放的用于解决贷款人个人及其配偶或直系亲属伤病就医时资金短缺问题的贷款。个人医疗贷款一般由贷款银行和保险公司联合当地特定合作医院办理，借款人到特约医院领取并填写经特约医院签章认可的贷款申请书，持医院出具的诊断证明及住院证明，到开展此业务的银行申办贷款，获批准后持个人银行卡和银行盖章的贷款申请书及个人身份证到特约医院就医、结账。

2. 个人经营类贷款

个人经营类贷款是指银行向从事合法生产经营的自然人发放的，用于定向购买商用房以及用于满足个人控制的企业(包括个体工商户)生产经营流动资金需求和其他合理资金需求的贷款。个人经营类贷款包括个人商用房贷款、个人经营贷款、农户贷款和创业担保贷款。

1) 个人商用房贷款

个人商用房贷款是指贷款人向借款人发放的用于购买商业用房的贷款，如中国银行的个人商用房贷款、交通银行的个人商铺贷款。目前，个人商用房贷款主要是为了解决自然人购买生产经营用商铺(销售商品或提供服务的场所)的资金需求。

2) 个人经营贷款

个人经营贷款是指用于借款人开展合法经营活动的贷款。其中，借款人是指具有完全民事行为能力的自然人；贷款人是指银行开办个人经营贷款业务的机构，比如中国银行的个人投资经营贷款、中国建设银行的个人助业贷款。

3) 农户贷款

农户贷款是指银行业金融机构向符合条件的农户发放的用于生产经营、生活消费等的贷款。其中，农户是指长期居住在乡镇和城关镇所辖行政村的住户、国有农场的职工和农村个体工商户。

4) 创业担保贷款

创业担保贷款是指通过政府出资设立担保基金，委托担保机构提供贷款担保，由经办金融机构发放，以解决符合一定条件的待就业人员从事创业经营自筹资金不足的一项贷款。

(二) 按担保方式分类

根据是否有担保，个人贷款产品可以分为有担保贷款和无担保贷款。其中，前者包括个人抵押贷款、个人质押贷款和个人保证贷款，后者即个人信用贷款。

1. 个人抵押贷款

个人抵押贷款在各商业银行中较为普遍，它是指贷款银行以借款人或第三人提供的、经贷款银行认可的、符合规定条件的财产作为抵押物而向自然人发放的贷款。当借款人不履行还款义务时，贷款银行有权依法以该财产折价或者以拍卖、变卖财产的价款优先受偿。

根据《中华人民共和国物权法》(以下简称《物权法》)第一百八十条的规定，债务人或者第三人有权处分的下列财产可以抵押：建筑物和其他地上附着物；建设用地使用权；以招标、拍卖、公开协商等方式取得的荒地等土地承包经营权；生产设备、原材料、半成品、产品；正在建造的建筑物、船舶、航空器；交通运输工具；法律、行政法规未禁止抵押的其他财产。抵押人可以将前款所列财产一并抵押。

《物权法》第一百八十四条也规定了不得抵押财产范围：土地使用权；耕地、宅基地、自留地、自留山等集体所有的土地使用权，但法律规定可以抵押的除外；学校、幼儿园、医院等以公益为目的的事业单位、社会团体的教育设施、医疗卫生设施和其他社会公益设施；所有权、使用权不明或者有争议的财产；依法被查封、扣押、监管的财产；法律、行政法规规定不得抵押的其他财产。

2. 个人质押贷款

个人质押贷款是指自然人以合法有效、符合银行规定条件的质物出质，向银行申请取得的一定金额的贷款。

根据《物权法》第二百二十三条的规定，可作为个人质押贷款的质物主要有：汇票、支票、本票；债券、存款单；仓单、提单；可以转让的基金份额、股权；可以转让的注册商标专用权、专利权、著作权等知识产权中的财产权；应收账款；法律、行政法规规定可以出质的其他财产权利。

个人质押贷款具有以下特点：贷款风险较低，担保方式相对安全；时间短、周转快；操作流程短以及质物范围广泛等。

3. 个人保证贷款

个人保证贷款是指银行以银行认可的，具有代位清偿债务能力的法人、其他经济组织或自然人作为保证人而向自然人发放的贷款。

个人保证贷款手续简便，只要保证人愿意提供保证，银行经过核保认定保证人具有保证能力，签订保证合同即可，整个过程涉及银行、借款人和担保人三方，贷款办理时间短、环节少。如果贷款出现逾期，银行可按合同约定直接向保证人扣收贷款，出现纠纷可通过法律程序予以解决。

4. 个人信用贷款

个人信用贷款是银行向自然人发放的无须提供任何担保的贷款。

个人信用贷款主要依据借款申请人的个人信用状况确定贷款额度，信用等级越高，信用额度越大，反之越小。贷款人在发放信用贷款时，要对借款人的还款能力和还款意愿等情况进行详细的考察，以降低风险。《中华人民共和国商业银行法》规定，商业银行不得向关系人发放信用贷款。通常来说，个人信用贷款具有准入条件严格、贷款额度小、贷款期限短等特点。

三、个人贷款产品要素

个人贷款产品要素主要包括贷款对象、贷款利率、贷款期限、还款方式、担保方式和贷款额度。它们是贷款产品的基本组成部分，不同贷款要素的设定赋予了个人贷款产品千差万别的特点。

(一) 贷款对象

个人贷款的对象仅限于自然人，而不包括法人。合格的个人贷款申请人必须是具有完全民事行为能力的自然人。

(二) 贷款利率

贷款利率是借款人为取得货币资金的使用权而支付给银行的价格，利息是货币所有者因暂时让渡一定货币资金的使用权而从借款人那里取得的报酬，实际上就是借贷资金的"成本"。利息水平的高低是通过利率的大小表示的。

利率是一定时期内利息额与本金的比率，用公式表示为

$$利率＝利息额/本金$$

利率是衡量利息高低的指标，有时也被称为货币资本价格。现实生活中，利率都是以某种具体形式存在的，如活期存款利率、1年期存款利率等。利率通常分为年利率、月利率和日利率，分别用百分比、千分比、万分比表示。根据资金借贷性质、借贷期限长短等，可把利率划分为不同种类，具体包括：法定利率和市场利率，短期利率和中长期利率，固定利率和浮动利率，名义利率和实际利率。这些不同种类的利率，构成一个紧密联系的利

率体系。

固定利率是指存贷款利率在贷款合同存续期间或存单存期内,执行的固定不变的利率,不依市场利率的变化而调整。基准利率是指带动和影响其他利率的利率,也叫中心利率。调整基准利率是货币政策的主要手段之一,是各国利率体系的核心。如果中央银行改变基准利率,会直接影响商业银行借款成本的高低,从而对信贷起着限制或鼓励的作用,并同时影响其他金融市场的利率水平。银行等金融机构规定的以基准利率为中心,在一定幅度内上下浮动的利率称为浮动利率,有利率上浮和利率下浮两种情况。高于基准利率而低于最高幅度(含最高幅度)为利率上浮,低于基准利率而高于最低幅度(含最低幅度)为利率下浮。在我国,中国人民银行授权某一级行、处或专业银行在法定利率水平上和规定的幅度内根据不同情况上下浮动,以充分发挥利率的调节作用,并与"区别对待,择优扶持"的信贷原则结合起来考虑。一般来说,贷款期限在1年以内(含)的实行合同利率,遇法定利率调整不分段计息,执行原合同利率;贷款期限在1年以上的,合同期内遇法定利率调整时,可由借贷双方按商业原则确定,可在合同期间按月、按季、按年调整,也可采用固定利率的确定方式。合同利率是指贷款银行根据法定贷款利率和中国人民银行规定的浮动幅度范围以及利率政策等,经与借款人共同商定,并在借款合同中载明的某一笔具体贷款的利率。

(三) 贷款期限

贷款期限是指从具体的贷款产品发放到约定的最后还款或清偿的期限。不同的个人贷款产品的贷款期限也各不相同。如个人住房贷款的期限最长可达30年,而个人经营性贷款中,个别贷款的期限仅为6个月。贷款银行应根据借款人的实际还款能力,科学、合理地确定贷款期限。

经贷款人同意,个人贷款可以展期。1年以内(含)的个人贷款,展期期限累计不得超过原贷款期限;1年以上的个人贷款,展期期限累计与原贷款期限相加,不得超过该贷款品种规定的最长贷款期限。

(四) 还款方式

1. 到期一次还本付息法

到期一次还本付息法又称期末清偿法,指借款人需在贷款到期日还清贷款本息,利随本清。此种方式一般适用于期限在1年以内(含1年)的贷款。

2. 等额本息还款法

等额本息还款法是指在贷款期内每月以相等的额度平均偿还贷款本息。每月还款额计算公式为

$$每月还款额 = \frac{月利率 \times (1 + 月利率)^{还款期数}}{(1 + 月利率)^{还款期数}} \times 贷款本金$$

遇到利率调整及提前还款时,应根据未偿还贷款余额和剩余还款期数计算每期还款额。

等额本息还款法是每月以相等的额度偿还贷款本息,其中,归还的本金和利息的配给比例是逐月变化的,利息逐月递减,本金逐月递增。

3. 等额本金还款法

等额本金还款法是指在贷款期内每月等额偿还贷款本金，贷款利息随本金逐月递减。每月还款额计算公式为

$$每月还款额=\frac{贷款本金}{还款期数}+(贷款本金-已归还贷款本金累计额)\times月利率$$

等额本金还款法的特点是定期、定额还本，也就是在贷款后，借款人每期除了缴纳贷款利息外，还需要定额摊还本金。由于等额本金还款法每月还本额固定，所以其贷款余额以定额逐渐减少，每月付款及每月贷款余额也定额减少。

4. 等比累进还款法

借款人在每个时间段以一定比例累进的金额(分期还款额)偿还贷款，其中每个时间段归还的金额包括该时间段应还利息和本金，按还款间隔逐期归还，在贷款截止日期前全部还清本息。此种方法又分为等比递增还款法和等比递减还款法，经计算后的任意一期还款计划中的本金或利息不得小于零。此种方法通常与借款人对自身收入状况的预期相关，如果预期未来收入呈递增趋势，则可选择等比递增法，减少提前还款的麻烦；如果预期未来收入呈递减趋势，则可选择等比递减法，减少利息支出。

5. 等额累进还款法

等额累进还款法与等比累进还款法类似，不同之处就是将在每个时间段约定还款的"固定比例"改为"固定额度"。客户在办理贷款业务时，与银行商定还款递增或递减的间隔期和额度。在初始时期，银行会根据客户的贷款总额、期限和资信水平测算出一个首期还款金额，客户按固定额度还款。此后，根据间隔期和相应的递增或递减额度进行还款。此种方法又分为等额递增还款法和等额递减还款法。等额累进还款法和等比累进还款法的相似点是当借款人还款能力发生变化时，可通过调整累进额或间隔期来适应客户还款能力的变化。例如，对收入增加的客户，可采取增加累进额、缩短间隔期等办法，使借款人分期还款额增多，从而减轻借款人的利息负担；对收入水平下降的客户，可采取减少累进额、延长累进间隔期等办法，使借款人分期还款额减少，以减轻借款人的还款压力。

6. 组合还款法

组合还款法是一种将贷款本金分段偿还，根据资金的实际占用时间计算利息的还款方式，即根据借款人未来的收支情况，首先将整个贷款本金按比例分成若干偿还阶段，然后确定每个阶段的还款年限。还款期间，每个阶段约定偿还的本金在规定的年限中按等额本息的方式计算每月偿还额，未归还的本金部分按月计息，两部分相加即形成每月的还款金额。目前，市场上推广比较好的"随心还"和"气球贷"等就是这种方式的演绎。这种方法可以比较灵活地按照借款人的还款能力规划还款进度，真正满足个性化需求，比较适合自身财务规划能力强的客户。

7. 按月还息、到期一次性还本还款法

按月还息、到期一次性还本还款法，即在贷款期限内每月只还贷款利息，贷款到期时一次性归还贷款本金，此种方式一般适用于期限在1年以内(含1年)的贷款。

(五) 担保方式

个人贷款可采用有担保的抵押、质押、保证方式及无担保的信用方式。在实践中，当借款人采用一种担保方式不能足额对贷款进行担保时，从控制风险的角度，贷款银行往往要求借款人组合使用不同的担保方式对贷款进行担保。

1. 抵押担保

抵押担保是指借款人或第三人不转移对法定财产的占有，将该财产作为贷款的担保。借款人不履行还款义务时，贷款银行有权依法以该财产折价或者以拍卖、变卖财产的价款优先受偿。

2. 质押担保

质押担保是指借款人或第三人转移对法定财产的占有，将该财产作为贷款的担保。质押担保分为动产质押和权利质押。动产质押是指借款人或第三人将其动产移交贷款银行占有，将该动产作为贷款的担保，借款人不履行还款义务时，贷款银行有权依法以动产折价或以拍卖、变卖该动产的价款优先受偿。权利质押是指以汇票、支票、本票、债券、存款单、仓单、提单，以及依法可转让的股份、股票、商标专用权、专利权、著作权中的财产权利等《中华人民共和国担保法》(以下简称《担保法》)规定可以质押的，或贷款银行许可的质押物作为担保，借款人不履行还款义务时，贷款银行有权依法以权利凭证折价或以拍卖、变卖该权利凭证的价款优先受偿。

3. 保证担保

保证担保是指保证人和贷款银行约定，当借款人不履行还款义务时，由保证人按照约定履行或承担还款责任的行为。保证人是指具有代位清偿债务能力的法人、其他经济组织或自然人。根据《担保法》的规定，下列单位或组织不能担任保证人：国家机关；学校、幼儿园、医院等以公益为目的的事业单位、社会团体；企业法人的分支机构、职能部门，但如果有法人授权，其分支机构可以在授权的范围内提供保证。

4. 信用贷款

信用贷款是指以借款人的信誉发放的贷款，借款人不需要提供担保，其特征就是债务人无须提供抵押品或第三方担保，仅凭自己的信誉就能取得贷款，并以借款人信用程度作为还款保证。由于这种贷款方式风险较大，一般要对借款方的经济效益、经营管理水平、发展前景等情况进行详细的考察，以降低风险，主要适用于经工商行政管理机关核准登记的企(事)业法人、其他经济组织、个体工商户，并要符合《贷款通则》和银行的规定。

(六) 贷款额度

贷款额度是指银行向借款人提供的以货币计量的贷款数额。除了人民银行、银监会或国家其他有关部门有明确规定外，个人贷款的额度可以根据申请人所购财产价值提供的抵押担保、质押担保和保证担保的额度以及资信等情况确定。

贷款人应按区域、品种、客户群等维度，建立个人贷款风险限额管理制度。风险限额是指银行业金融机构根据外部经营环境、整体发展战略和风险管理水平，为反映整个机构组合层面风险，针对具体区域、行业、贷款品种及客户等设定的风险总量控制上限，是其在特定领域所愿意承担风险的最大限额。

◆ 学习资料

☜ 个人汽车贷款——中国银行 ☞

1. 产品说明

个人消费类汽车贷款是指借款人在购买消费类自用车(不含二手车)时已支付一定比例金额的首期款项，不足部分由银行向其发放并直接支付给汽车经销商的人民币贷款。

2. 贷款限额

一般客户贷款限额原则上不高于汽车价格的60%；由优质客户提供担保的，原则上不高于汽车价格的70%；优质客户贷款限额原则上不高于汽车价格的70%。

3. 贷款期限

一般客户个人汽车消费贷款期限原则上不应超过3年(含3年)；优质客户个人汽车消费贷款期限最长不超过5年(含5年)。

4. 贷款利率

根据贷款期限长短，按中国人民银行公布的相应档次的贷款利率执行。一般客户贷款利率执行基准利率，原则上不得低于基准利率；优质客户贷款利率经省级分行批准，可以在基准利率的基础上适当下调，下调比例不得超过10%。

5. 贷款币种

目前仅限于人民币。

6. 贷款担保

(1) 借款人需提供足值、有效的担保，作为可靠的第二还款来源。其中，一般客户必须提供下列任意两种担保方式，优质客户可以提供下列任意一种担保方式。

① 所购车辆抵押。

② 第三方(自然人或法人)不可撤销的连带责任担保。

③ 除所购车辆外的财产抵/质押。

④ 总行认可的其他担保方式。

(2) 对于满足《中国银行个人信用循环贷款额度暂行管理办法》客户准入条件的消费类汽车贷款优质客户，可以采用信用贷款的方式。

(3) 贷款担保应严格按照《担保法》等相关法律法规及我行现行抵/质押担保的有关规定进行管理。

7. 贷款保险

您应根据中国银行的要求办理抵押物保险，保险期不得短于借款期限，投保金额不得低于贷款本金和利息之和。中国银行享有保险单优先受偿权，保险单上不得有任何有损中国银行权益的限制条件。如果您以所购车辆抵押提供担保，中国银行将要求您对抵押物至少投保车辆损失险、盗抢险。

在保险有效期内，您不应以任何理由中断或撤销保险。如保险中断，中国银行有权代为投保。如发生保险责任范围以外的损毁，您应及时通知中国银行并落实其他担保。

8. 贷款偿还

采用按月(季)偿还贷款本息的方式，具体还款方式可采取等额本息还款法和等额本金还款法。对贷款期限在1年以内(含1年)的优质客户，可采用到期一次性偿还贷款本息的方式，贷款限额不高于汽车价格的60%。

9. 适用对象

具有完全民事行为能力的中华人民共和国公民或在中华人民共和国境内(内地)连续居住一年以上(含一年)的港、澳、台居民同胞以及外国人。

知识小结

个贷客户经理的岗位职责主要包括：开发客户，营销产品；内部协调；制定业务合作方案；监测客户。

个贷客户经理应具备的条件：丰富的知识储备；全面的业务能力；高超的公关艺术；良好的职业形象。

根据产品用途的不同，个人贷款产品可以分为个人消费类贷款和个人经营类贷款等。个人消费类贷款包括个人住房贷款、个人汽车贷款、个人教育贷款、个人住房装修贷款、个人耐用消费品贷款、个人旅游消费贷款和个人医疗贷款等。个人经营类贷款包括个人商用房贷款、个人经营贷款、农户贷款、创业担保贷款。

根据是否有担保，个人贷款产品可以分为有担保贷款和无担保贷款。其中，前者包括个人抵押贷款、个人质押贷款和个人保证贷款，后者即个人信用贷款。

实训活动

一、模拟情境

【模拟情境1】

❧ 撰写银行个贷客户经理招聘广告 ❧

小李是民生银行的人事部员工，经理交给小李一项任务，就是招聘两名个贷岗位员工。小李召集了人事部的几名同事，一起讨论个贷岗位人员的岗位职责、岗位要求以及个贷岗位人员应该具备的素质，准备撰写招聘广告，并首先对应聘者进行客户经理岗位胜任素质调查。

要求：根据个贷客户经理的岗位职责和人员应具备的素质，撰写招聘广告。

【模拟情境2】

❧ 介绍各家银行及其个人贷款产品的情况 ❧

小李经过调研，发现提供贷款业务的银行太多了，一时没了主意。这些银行究竟有什么不同呢？他想先了解一下这些银行的情况，以及可以办理贷款的情况，再决定选择哪家银行。

要求： 介绍各家银行及其个人贷款产品的情况。

【模拟情境3】

❧ 撰写贷款咨询谈话记录 ❧

客户想申请个人贷款，在了解了各家银行的个贷产品情况后，选择了几家银行的个贷中心去咨询，希望能详细了解各家银行的贷款条件及贷款要素的具体情况。

要求： 撰写贷款咨询谈话记录。

二、实训模拟

(一) 撰写银行个贷客户经理招聘广告

1. 活动目的

通过实训模拟，使学生了解个人贷款的业务岗位，业务岗位的工作内容，及岗位人员所应具备的知识、能力和素质，以指导学生未来课程内容的学习。

2. 活动流程

活动流程(一)如图1-1所示。

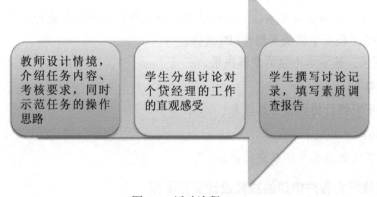

图 1-1 活动流程（一）

3. 活动安排

学生分组，针对具体的情境讨论：

(1) 个贷客户经理主要从事哪些工作？

(2) 个贷客户经理应当具备哪些能力？

要求：提交讨论记录和结果。

注意：讨论记录反映不同同学的发言情况，以及提出的疑问。

4. 活动准备

收集资料，撰写个贷业务岗位招聘广告。

5. 活动评价

针对学生模拟实训的各个环节进行打分。

(二) 介绍各家银行及其个人贷款产品的情况

1. 活动目的

通过实训模拟，帮助学生掌握银行的2类11种贷款产品。

2. 活动流程

活动流程(二)如图1-2所示。

图1-2　活动流程（二）

3. 活动安排

(1) 查询任务银行资料，包括银行性质、规模、市场定位及产品。

(2) 整理资料。整理收集到的银行资料。

(3) 小组讨论。根据任务要求，对银行情况、个人贷款产品情况进行讨论并总结。

(4) 制作PPT。根据学练成果制作PPT文件。

(5) 演示成果。演示本小组的学练成果。

4. 活动准备

学生收集不同银行的贷款产品信息。

5. 活动评价

对学生模拟实训的各个环节进行打分。

(三) 各家银行为客户申请的贷款设计贷款要素

1. 活动目的

通过实训模拟，使学生掌握个人贷款产品的6个要素，并可以根据客户情况为客户申请的贷款产品设计贷款要素，培养学生热心为客户提供服务以及准确判断客户风险的能力。

2. 活动流程

活动流程(三)如图1-3所示。

图1-3　活动流程(三)

3. 活动安排

(1) 分组，由学生分别模拟客户和个贷顾问。

(2) 个贷顾问向客户提供有关贷款的信息咨询服务。

(3) 个贷顾问解答客户问题。

(4) 针对实训内容撰写实训报告。

(5) 教师点评。

4. 活动准备

学生收集不同银行的贷款产品信息。

5. 活动评价

对学生模拟实训的各个环节进行打分。

考核

1. 商业银行客户经理胜任素质调查。

2. 比较下列5家银行的个人贷款产品。

具体的考核表格如表1-1所示。

表1-1　考核表格

贷款类别	建设银行	工商银行	招商银行	兴业银行	汇丰银行
个人住房贷款					
个人汽车贷款					
其他个人消费贷款					

3. 完成网络教学平台作业《认识个人贷款产品》。

4. 计算题

写出下列个贷业务中的贷款要素，计算小王每月的还款金额，并用等额本金还款法计算第一个月、第二个月和最后一个月的还款金额。

(1) 小王准备购买一套价值50万元的商品房，银行为其办理了20年7成按揭贷款，给定年利率6.55%，下调15%，假设利率不调整，按等额本息还款法还款。

(2) 小王准备购买一套价值50万元的商品房，银行为其办理了20年7成按揭贷款，给定年利率6.55%，下调15%，按等额本金还款法还款。

知识拓展

∞ 信用卡个人贷款业务与一般个人贷款业务的异同 ∞

1. 信用卡个人贷款

(1) 仅限于有良好用卡记录的信用卡使用人。

(2) 仅需支付手续费，在一定期限内免息。

(3) 通常为一次性还款，可以使用最低额还款与分期还款。

(4) 一般为一次审批，可在期限内长期循环使用。

(5) 一般允许任何消费使用，但不可用于投资、生产经营。

2. 一般个人贷款

(1) 申请人需要有良好的征信记录，符合审批征信等级，且基本只适用于本币，限于境内使用。

(2) 需按要求支付手续费和利息。

(3) 要求按约定还本付息。

(4) 一事一批。

(5) 对贷款用途有明确规定，借款人可按照规定将贷款用于消费、生产经营等，但不可用于投资。

信用卡业务与一般个人贷款业务的业务属性相同，都是根据贷款申请人的资信状况给予一定的授信额度，贷款人按照约定条件使用资金，并按照约定的期限、金额还款，超出规定期限或还款金额不足时会造成逾期罚息、终止贷款并强制提前还款。

项目二 个人贷款产品营销

随着市场竞争的日益激烈，银行能否适应市场发展的需要，增强市场营销能力，强化市场优势地位，提升品牌形象，已成为影响未来银行个人贷款业务能否持续、健康发展的关键因素。

任务一 目标市场定位

知识目标

○ 掌握个人贷款客户市场定位的主要策略。

能力目标

○ 能运用SWOT分析方法对银行个贷市场进行分析；
○ 能够选择细分市场并进行市场定位。

素质目标

○ 具有敏锐的市场洞察力和超强的沟通能力。

案例导入

∽ 父子打兔 ∾

一位父亲带着三个孩子到野外打兔子。到达目的地以后，父亲问老大："你看到了什么？"老大回答："我看到爸爸、弟弟、猎枪，还有树林。"父亲摇摇头，以同样的问题问老二，得到的回答是："我看到猎枪、野兔，还有树林。"父亲摇摇头，又以同样的问题问老三，老三回答："我只看到了兔子。"父亲高兴地说："完全正确。"

这个故事启发我们，有些银行做营销看上去总是忙忙碌碌，四处奔跑，结果却什么也没有得到，究其原因，就是没有盯住目标市场。

思考：银行应如何确立目标市场？

学习任务

一、个人贷款目标市场分析

(一) 市场环境分析

市场环境是影响银行市场营销活动的内外部因素和条件的总和。为了不断适应变化中的市场环境，银行在做出营销决策之前，必须对客户需求、竞争对手实力和金融市场变化趋势等内外部市场环境进行充分的调查和分析。

银行市场环境分析的主要任务如图2-1所示。

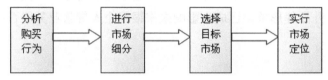

图 2-1　银行市场环境分析的主要任务

银行所处的市场环境包括外部环境和内部环境。其中，外部环境包括宏观环境和微观环境。宏观环境包括宏观的经济技术环境，如本国和世界的经济形势、政治法律环境，后者包括一个国家的政治稳定程度、政府的施政纲领等。微观环境主要指信贷资金的供求状况、客户的信贷需求和信贷动机以及银行同业竞争对手的实力和策略。

银行的内部环境是指银行内部拥有的重要资源以及其利用程度和银行自身的实力。其中，内部资源包括人力资源、资讯资源、市场营销部门的能力以及银行的经营业绩。银行自身实力可以体现为银行的业务能力，包括银行对金融业务的处理能力、快速应变能力、对资源的获取能力、技术的改变和调整能力、银行的市场地位、市场声誉、财务实力、政府对银行的特殊政策和银行领导人的能力。

银行主要采用SWOT分析方法对其内外部环境进行综合分析。其中，S(Strength)表示优势，W(Weak)表示劣势，O(Opportunity)表示机遇，T(Threat)表示威胁。

SWOT分析方法就是按上述4个方面对银行所处的内外部环境进行分析，并结合机遇与威胁的可能性和重要性，制定出符合银行实际的经营目标和战略。

(二) 市场细分

市场细分，就是营销者通过市场调研，根据整体市场上客户需求的差异性，以影响客户需求和欲望的某些因素为依据，把某一产品的市场整体划分为若干个消费者群的市场分类过程。每一个需求特点相似的消费者群就是一个细分市场，亦称"子市场"或"亚市场"，不同细分市场的消费者对同一产品的需求与欲望存在明显差别，而属于同一细分市场的消费者，其需求与欲望则非常相似。

通过市场细分，银行形成了自己的优势，如招商银行的信用卡、民生银行的小微企业贷款。通过市场细分，银行可以有针对性地选取较小的子市场开展营销活动，集中人力、物力、财力以及其他资源，发挥竞争优势去争取局部市场上的优势，从而带动全局发展，全面提高银行的经济效益。

银行市场细分策略，即通过市场细分选择目标市场的具体对策，主要包括集中策略和差异性策略两种。

(1) 集中策略，是指银行把某种产品的总市场按照一定标准细分为若干个子市场后，从中选择一个子市场作为目标市场，针对这一目标市场，只设计一种营销组合，集中人力、物力和财力投入这一目标市场。

(2) 差异性策略，是指银行把某种产品的总市场按照一定标准细分成若干个子市场后，从中选取两个或两个以上的子市场作为自己的目标市场，并分别为每一个目标市场设计一个专门的营销组合。

二、市场选择和定位

(一) 市场选择

目标市场的选择与银行的经营状态有很大关系，一旦银行将现有的和潜在的市场进行细分，它就可以进一步分析这些细分市场，并确定它能够为哪些细分市场提供更好的服务。银行最终选择的目标市场是它认为最有吸引力的，即符合其经营目标和策略的一组客户。选定目标市场后，银行可对这些客户群体选择有针对性的营销策略，银行将为他们设计产品、制定价格，运用对其有吸引力的促销手段，建立适合他们的营销渠道。

银行能否有效地选择目标市场，直接关系营销的成败以及市场占有率的高低。在选择目标市场时，银行必须从自身的特点和条件出发，综合考虑以下几个因素。

1. 符合银行的目标和能力

某些细分市场虽然有较大的吸引力，但不能推动银行实现发展目标，甚至会分散银行的精力，使之无法完成主要目标，这样的市场应该考虑放弃。另外，还应考虑银行的资源条件是否适合在某一细分市场经营，只有选择那些银行有条件进入且能充分发挥其资源优势的市场作为目标市场，银行才会立于不败之地，如民生银行选择商圈或产业链作为目标市场。

2. 有一定的规模和发展潜力

银行进入某一市场是期望有利可图的，银行拟选择的目标市场应该有充足稳定的购买力和畅通的分销渠道，并尽可能地与银行整体金融产品的开发和创新方向一致。如果市场规模狭小或者趋于萎缩状态，银行进入后难以获得发展，此时，应审慎考虑，不宜轻易进入。

3. 细分市场结构的吸引力

细分市场可能具备理想的规模和发展特征，然而从盈利的观点来看，它未必有吸引力。有5种力量决定了整个市场或其中任何一个细分市场长期的内在吸引力，分别是同行业竞争者、潜在的新竞争者、替代产品、客户选择能力和中央银行政策。

综上所述，银行在选择目标市场时，应在综合考虑上述因素的基础上，选择既符合自身资源条件和竞争优势又具备良好的市场盈利前景的细分市场作为目标市场。

(二) 市场定位

1. 市场定位的含义

银行市场定位是指银行根据面临的环境和所处的位置，考虑当前客户的需求特点，设计表达银行特定形象的服务和产品，展示银行的鲜明个性，从而在目标市场上确立恰当的位置。

市场定位是银行市场营销过程中重要的决策。金融服务相当容易模仿，产品优势的寿命是短暂的。但是，没有一家银行能够同时成为所有客户心目中的最佳银行，没有一家银行能够提供客户需要的全部服务，一家银行必须有选择地吸引一部分特定客户，在客户心目中确定一个位置。

2. 市场定位的原则

银行市场定位应当遵循围绕目标、发挥优势、突出特色的原则。

(1) 围绕目标。围绕目标是指银行在进行市场定位时应考虑全局战略目标，并且银行的定位应该略高于银行自身能力与市场需求的对称点。这种定位隐含目标驱动，它能最大限度地发掘银行的潜力，并使这种潜力达到最大化。

(2) 发挥优势。发挥优势是指银行通过市场定位来提升其优势。例如，当今国际大型银行致力的目标是发展核心业务，并购也是为支持核心业务发展战略，当某项业务不再支持其核心竞争力时，银行会毫不犹豫地将其剥离，及时退出。这种不断进行业务整合的过程，实际上就是不断实现定位目标的过程。

(3) 突出特色。突出特色是指银行在进行市场定位时，一方面要突出外部特色，即银行根据自己的资本实力、服务水平和产品质量等确定一个与其他银行不同的定位，如将自己定位为客户"身边的银行""信赖的银行"，强调信誉实力和网点实力；另一方面要突出内部特色，在同一银行甚至同一城市中的一家银行，也可以根据所处地理位置或自身服务等特点，设置不同特色的分支机构，如中国建设银行深圳市分行的"女子特色银行""汽车银行""口岸银行"，有的银行还开设"大学生银行"等。

3. 银行市场定位策略

根据发展的需要，银行可以实行多种市场定位策略，这些定位策略涉及银行经营的不同方面，但它们之间并不矛盾，可以并存。

(1) 客户定位策略。这是目前各家银行使用较多的一种定位策略。根据客户的资产规模、业务需求和个性偏好定位，可以快速与客户达成一致。如信用卡的客户，一般定位为有较稳定和较高收入的群体；有些银行发行的校园卡，在设计上则体现出活泼的风格，以迎合年轻客户群体。这种定位要求银行必须有较多的产品品种可提供，或者适用于开发创新成本低的某类产品，否则将增加产品开发成本，缩减利润空间。

(2) 产品定位策略。虽然银行产品具有同质性，但由于服务水平、人员素质、银行规模、开发和创新能力等因素的差异，银行产品有可能表现出价值含量的不同。同时，在产品的开发和创新中，由于各银行的开发能力和客户需求不同，开发出的产品功能必然会存在差异。因此，抓住产品属性的特点，进行产品优势定位，可以节省成本、提高收益。

(3) 形象定位策略。这是银行的一种整体定位。根据银行自身的特点，区别于其他金融机构而设计自身形象，力图通过这种形象吸引大众的关注。

(4) 利益定位策略。这种定位要兼顾两个方面的利益：一方面，银行强调产品可以给客户带来较高的收益，吸引客户使用该行的产品；另一方面，应考虑到银行的当期收入和长远利益，这是一种真正"双赢"的定位。在这种定位思想的指导下，银行要基于综合效益的考虑适当降低定价，通过量的突破实现自身利益的增加，比如要综合考虑客户终身价值、客户家庭价值、异类产品交叉销售和同类产品联动销售等。

(5) 竞争定位策略。面对竞争对手，要认真分析，多做对比宣传。与对方相比，找出差异并确定自己的定位。例如，与实力较弱和规模较小的竞争对手竞争时，可定位在价格策略方面，用降低产品价格的方法使对方放弃市场；如果面临实力较强、规模较大的竞争对手，可以定位在业务处理的快捷、方便等服务水平方面，用优质的服务来赢得客户。

(6) 联盟定位策略。共赢的联盟伙伴能够共享客户资源，实现优势互补，为目标客户提供增值服务，提供客户消费相关信息，扩展银行对客户服务的功能，增强竞争能力。

❖ 学习资料

❧ 利用SWOT分析方法对中国建设银行进行市场环境分析 ❧

一、中国建设银行的市场竞争优势(S)

(一) 网点众多，硬件设施好

建行拥有广泛的分销网络，通过遍布全国的分支机构、客户自助设备、专业化服务机构和电子银行服务平台为广大客户提供便捷、优质的银行服务。

根据建行的重点区域市场定位，在长三角、珠三角、环渤海地区的一级分行中包括宁波市、深圳市、青岛市等市级分行，相较于中西部地区设立的省级分行，更能突出建行的区域市场定位策略。

(二) 在个人住房贷款业务上，保持行业领先地位

建行是国内最早开办个人住房贷款业务和最早承办住房公积金业务的银行。个人住房贷款重点支持百姓购买住房需求，积极拓展市场，夯实客户基础。

建行推出"房易安"房屋交易资金托管服务，保障客户房屋交易资金安全。针对中低收入群体特点，发放保障房个人住房贷款。在全国率先推出公积金与商业按揭组合贷款、公积金委托提取还款等多项服务，让广大居民充分享受公积金低息优惠信贷政策。

(三) 电子商务金融服务创新的佼佼者

对外推出电子商务金融服务平台——善融商务。

在电商服务方面，提供B2B和B2C客户操作模式，涵盖商品批发、零售、房屋交易等领域；在金融服务方面，为客户提供支付结算、托管、担保、融资服务。

(四) 私人银行发展迅速，服务多元化

推出综合财富规划、留学鑫套餐服务、财富贷、客户资产证明、家庭理财培养和贵金属专营等多个创新产品和服务，推行私人银行财富管家式服务，开展各类业务定制化服务。

二、中国建设银行的市场竞争劣势(W)

(一) 产品创新的审批缺乏效率

长期以来，由于国有银行的组织机构、风险控制等方面的原因，建行每研发一款新产品、推出一种新服务都须上报分行各相关部门及总行，再通过层层审批才能得以落实。而金融产品和服务的设计与当时所处的金融环境与政策相关联，对产品的时效性和宣传的及时性都有着较高的要求。在效率的把握上，建行弱于国内中小商业银行。

(二) 开展国际业务与私人业务的经验不足

在开展国际业务方面，建行仍处在创新业务开展的试探阶段，在经营管理经验方面略有不足，仍需要接受市场的检验与挑战。

在开展私人银行业务方面，建行在国内银行中处于领先地位，但和已有近百年历史的外资银行，如汇丰银行、花旗银行等相比，在开展私人银行业务的经验方面还存在一定的不足。外资银行已经形成一套完整的服务模式，而建行的私人银行业务还处在摸索阶段。外资银行能提供较多的金融衍生产品，配合全球范围内的服务，具备先进的管理经验和成熟的经验模式，在私人银行方面的优势仍是非常明显的。

(三) 机构冗员较多，员工年龄偏大，存在老龄化现象

机构冗员较多，增加了银行的经营成本；员工年龄偏大，意味着银行未能充分利用青年人才资源，整个人事体系缺乏活力。

三、中国建设银行的市场竞争机会(O)

(一) 为"走出去"的中国实体经济提供金融服务

从建行经营角度来看，"走出去"的企业其采购、生产、投融资、研发管理等要跨越多个国家，但因母公司在境内，将会产生大量在岸和离岸紧密结合的金融服务需求。建行应抓住机遇，以中国实体经济"走出去"为依托，进一步拓宽建行在海外业务的发展。

(二) 4G网络的发展将为移动支付带来新的突破点

移动互联网的发展促进了手机银行和移动支付的发展，使银行可以不受时间、空间的限制提供服务，从而可以节约网点建设成本，并能促使银行通过移动支付了解客户需求的变化，进而有助于提高服务质量，改进管理。

(三) 城镇化给银行发展带来的机遇

城镇化是未来10年我国扩大内需的潜力所在，基础设施建设、产业支撑、住房、社保、消费和农业现代化等方面将产生巨大的资金需求。建行与大型基础设施企业和政府的良好合作关系，为其在中国城镇化的浪潮中抢得先机。

四、中国建设银行的市场竞争威胁(T)

(一) 金融人才匮乏，无法满足金融业发展的需要

现代银行业涉及的业务种类繁多，涉及面广，有些又是智力型服务，不仅需要经营管理人才，还需要金融专家、咨询专家、调研评估专家和精通各种国际业务的专家以及熟悉多种专业知识的复合型人才。

然而目前，我国金融人才仍然比较匮乏，教育和培训活动无法满足金融业发展的需要。

此外，随着中国银行业的进一步开放，中外银行对高级人才的争夺在所难免。外资银行出于开拓国内市场的考虑，将吸引走大批国内银行界优秀的管理和专业人才，这将对国内银行的经营管理形成一定的冲击。

(二) 政策导向直接融资比例上升

十八届三中全会《报告》中强调：健全多层次资本市场体系，推进股票发行注册制改革，多渠道推动股权融资，发展并规范债券市场，提高直接融资比重。这对于主要从事间接融资的银行来说，无疑是一个挑战。

更多的企业会在政策的导向下，优先选择直接融资作为融资方式，从而绕过银行，这将对银行的利率收入产生很大的影响。

知识小结

市场环境是影响银行市场营销活动的内外部因素和条件的总和。市场环境分析的主要任务是分析市场购买行为，进行市场细分，选择目标市场，实行市场定位。银行进行市场分析通常采用SWOT分析方法，即从S(Strength，优势)、W(Weak，劣势)、O(Opportunity，机遇)以及T(Threat，威胁)4个方面对银行所处的内外部环境进行分析，并结合机遇与威胁的可能性和重要性，制定出符合银行实际的经营目标和战略。

市场细分是营销者通过市场调研，根据整体市场上客户需求的差异性，以影响客户需求和欲望的某些因素为依据，把某一产品的市场整体划分为若干个消费品群的市场分类过程。市场细分策略包括集中策略和差异性策略。关于市场选择及目标市场的选择，银行最终选择的目标市场应该是它认为最有吸引力的。银行市场定位就是针对面临的环境和所处的位置，考虑当前客户的需求特点，设计表达银行特定形象的服务和产品，展示银行的鲜明个性，从而在目标市场上确立恰当的位置。银行定位的策略主要有客户定位策略、产品定位策略、形象定位策略、利益定位策略、竞争定位策略和联盟定位策略。

实训活动

一、模拟情境

小李作为银行新入职的个贷中心客户经理，首先要利用SWOT分析方法分析本银行市场环境，确定目标市场。

二、实训模拟——利用 SWOT 分析方法对小李所在银行进行市场环境分析

1. 活动目的

通过实训模拟，使学生能够运用SWOT分析方法对银行的个人贷款产品市场进行市场环境分析，确定目标市场和目标客户。

2. 活动流程

活动流程如图2-2所示。

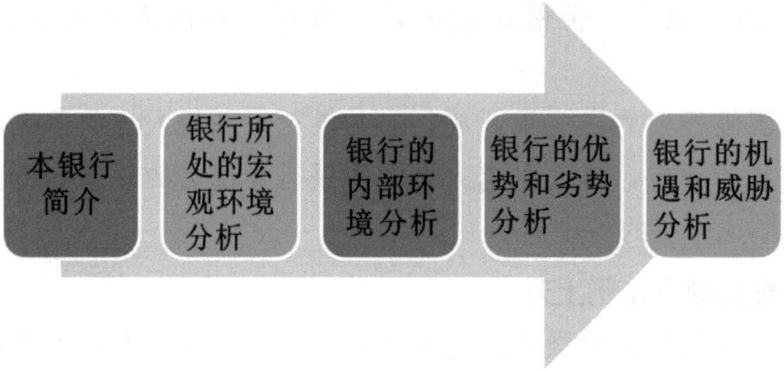

图 2-2　活动流程

3. 活动安排

(1) 学生分组按步骤进行市场环境分析。

(2) 选择细分市场。

(3) 制定市场定位策略。

(4) 针对实训内容撰写实训报告。

(5) 教师点评。

4. 活动准备

学生收集不同银行的相关信息。

5. 活动评价

对学生模拟实训的各个环节进行打分。

考 核

明确下面三家银行的市场定位

有A、B、C三家银行。其中，A银行规模比较大，服务质量评价好，在同等规模的银行当中，贷款利率相对比较优惠。B银行服务质量评价很高，规模略小于A银行，贷款优惠利率在同等规模银行中有优势，但略高于A银行。C银行规模最小，服务质量一般，利率基本无优惠。请针对这三家银行的情况，制定相应的市场定位策略。

任务二　营销策略运用

知识目标

❍ 掌握合作单位的准入需审查的6项内容。

能力目标

❍ 能够为一笔个人贷款业务选择合适的合作单位；

❍ 能够有针对性地运用营销策略向合作单位开展营销。

○　具有敏锐的市场洞察力和超强的沟通能力。

案例导入

❧ 一则成功营销某房地产开发有限公司的案例分析 ❧

一、案例简介

今年6月初，中国工商银行南昌市昌北支行个贷部客户经理像往常一样到南昌市合一房地产开发有限公司营销个人住房按揭贷款业务，通过与销售部经理的接触，该客户经理了解到该单位将开立预售房监管资金专户。获此信息后，该客户经理立即将此信息反馈给机构科长，机构科长立即带领机构业务骨干上门与单位财务人员接洽，获悉该单位要与其主管部门南昌市房管局、开户银行签订三方监管协议后，才能开立预售房监管资金专户。此后，机构科长主动配合其办理协议的签订，但其财务人员更趋向于到建行开户，因其公司办公地点在江西省湾里区工农南路中心花园，已在附近建行开立了基本户，说是账户开立在一家银行中便于管理。但机构科长多次上门营销，向客户大力宣传工行优质结算产品、安全快捷电子通道、各期限安全和稳健的法人理财等产品。最终，该单位被工行优质的服务、快速的办事效率、工行大行的品牌效应所吸引，虽到建行咨询了开户事宜，但还是选择了工行昌北支行。6月17日，南昌市合一房地产开发有限公司将一般账户与预售房三方监管资金专户开立在工行昌北支行，目前两账户存款余额达2000万元。

二、案例分析

(1) 捕获有效信息为成功营销奠定了基础，该客户经理在营销自身业务的同时留心观察客户的其他需求，从中获得有价值的信息，这比专门进楼扫店更易挖掘优质目标客户，通过信息互通、营销互动，更易达到低耗高效的效果。此案例的成功营销经验值得全行员工在今后的营销工作中学习、借鉴。

(2) 快速传递信息为成功营销抢抓了时间。客户经理每日进行市场营销，接触的客户面较广，有机遇获得信息，但对有价值的信息，客户经理应懂得及时反馈、传递，以便相关部门及时把握营销机遇，通力合作，共同出击，取得营销成果。

三、案例启示

(1) 信息捕捉要精准。客户经理对在营销过程中所获得的信息要有所甄别，把有价值的信息反馈给相关部门实施营销，最终才能取得成果。应避免把道听途说的信息全部上报，否则会造成营销目标不明确、抢抓客户不准确，从而浪费时间、人力、物力。

(2) 营销跟进要迅速。营销部门在获得信息后要快速做出反应，核实信息的准确性，在确定真实性后要快速出击，通过各种渠道了解客户的真实需求，制订营销计划。只有在时间、服务、业务推介品种、办事效率方面超过其他银行，才能俘获客户的心，确保营销取得成功。

学习任务

一、目标客户定位

对个人贷款客户的准确定位不仅是个人贷款产品营销的需要，也是个人贷款风险控制的需要。个人贷款客户定位主要包括合作单位定位和贷款客户定位两部分内容。

(一) 合作单位定位

1. 个人住房贷款合作单位定位

1) 一手个人住房贷款合作单位

对于一手个人住房贷款，商业银行主要的合作单位是房地产开发商。目前，在商业性个人一手住房贷款中，较为普遍的贷款营销方式是银行与房地产开发商合作。这种合作方式是指房地产开发商与贷款银行共同签订商品房销售贷款合作协议，由银行向购买该开发商房屋的购房者提供个人住房贷款，借款人用所购房屋作抵押，在借款人购买的房屋没有办好抵押登记之前，由开发商提供阶段性或全程担保。

2) 二手个人住房贷款合作单位

对于二手个人住房贷款，商业银行主要的合作单位是房地产经纪公司，两者之间其实是贷款产品的代理人与被代理人的关系。

一般来说，资信度高、规模大的经纪公司具备稳定的二手房成交量，经手的房贷业务量也相应较大，往往能与银行建立固定的合作关系。一家经纪公司通常是几家银行二手房贷款业务的代理人，银行也会寻找多家公司作为长期合作伙伴。当一笔房产交易进入贷款环节时，经纪公司会提供几个候选银行名单供购房者选择，待其选定后，由业务员直接将交易房源信息、借款人证件等资料送交给银行业务部门相关人员审核。审核通过后，银行放贷和他项权证转移同步进行。在这一过程中，经纪公司起到阶段性担保的作用，确保整个房产权利和钱款交易转移的安全性。

3) 合作单位准入

银行在挑选房地产开发商和房地产经纪公司作为个人住房贷款合作单位时，必须要对其合法性以及其他资质进行严格审查，银行经内部审核批准后，方可与其建立合作关系。审查内容主要包括以下几项。

(1) 经国家工商行政管理机关核发的企业法人营业执照。

(2) 税务登记证明。

(3) 会计报表。

(4) 企业资信等级。

(5) 开发商的债权债务和为其他债权人提供担保的情况。

(6) 企业法人代表的个人信用程度和领导班子的决策能力。

2. 其他个人贷款合作单位定位

1) 其他个人贷款合作单位

除住房贷款之外，其他个人贷款产品大多也与消费息息相关。因此，在消费场所开展营销，有利于获得客户，效率较高。在这方面，银行的典型做法是与经销商合作，与其签署合作协议，由其提供客户信息或推荐客户，如银行与汽车经销商、电子城的合作。通常的做法包括以下几种。

(1) 银行与合作伙伴保持密切联系，一旦有信贷需求，银行人员即提供上门服务。

(2) 银行与合作伙伴进行网络连接，经销商的工作人员可将客户的信息直接输入电脑，银行人员在线进行客户初评，还可对客户提供在线服务。这种合作方式能够有效加强沟通、提高效率，可在合作密切、业务量大的合作方之间采用。由于客户在购买大宗商品，如汽车、家用电器时，越来越倾向于分期付款，经销商对个人贷款的依赖性日益增强，这种营销渠道也日益为银行所重视。

2) 其他个人贷款合作单位准入

银行在挑选经销商作为合作单位时，必须对其进行严格审查，通常要对经销商的资质进行调查，包括法人资格、注册资金情况、营业执照、经营状况、管理水平、资产负债率，以及近几年在银行有无违约等不良记录，有无重大诉讼案例等。只有经银行内部审核批准合格的经销商，方可与其建立合作关系。

(二) 贷款客户定位

客户定位是商业银行对服务对象的选择，也就是商业银行根据自身的优劣势来选择客户、满足客户需求，使客户成为自己忠实伙伴的过程。

银行一般要求个人贷款客户至少满足以下基本条件。

(1) 客户是具有完全民事行为能力的自然人，年龄为18(含)~65周岁(含)。

(2) 具有合法有效的身份证明(居民身份证、户口本或其他有效身份证明)及婚姻状况证明等。

(3) 遵纪守法，没有违法行为，具有良好的信用记录和还款意愿，在人民银行个人征信系统及其他相关个人信用系统中无任何违约记录。

(4) 具有稳定的收入来源和按时足额偿还贷款本息的能力。

(5) 具有还款意愿。

(6) 贷款具有真实的使用用途等。

除了具备上述基本条件外，不同的贷款产品对客户定位的要求也是不一样的。例如，有的贷款产品要求客户能够提供银行认可的抵(质)押物或保证人作为担保，而个人信用贷款则不需要。

此外，各家银行对个人贷款客户的定位也有所区别，有些敢于冒风险的银行将客户定位为低收入人群，在风险与收益之间寻找平衡点。此外，人口结构的变化，亦对客户定位产生影响。目前，独生子女形成"四二一"家庭结构，贷款需求较强，"80后"逐渐成为未来消费者的主流。

二、营销渠道选择

银行营销渠道是指提供银行服务和方便客户使用银行服务的各种手段，即银行产品和服务从银行流转到客户手中所经过的流通途径。由于分类的标准不同，各行对于个人贷款营销渠道都有不同的分类。例如，交通银行按照营销渠道与银行的隶属关系，将个人贷款营销渠道分为内部营销、外部营销和交叉营销。按照客户集中程度，将个人贷款营销渠道分为定向营销、现场营销、高位营销和媒体营销。定向营销又可以分为电话、短信、直邮、网银、自助银行、网点机构等营销方式。现场营销是指银行营销人员到产品推介会、房展会、车展会、售楼经销商、汽车经销商、CBD商圈和大市场商圈等现场展开营销的方式。高位营销的重点对象是公司总部、分公司、政府背景机构、经销商等。媒体营销则是指银行借助户外广告、平面媒体、电视、电台、网络等媒介开展营销的方式。从目前情况看，较为常见的银行个人贷款营销渠道主要有合作机构营销、网点机构营销和电子银行营销三种。

(一) 合作机构营销

迄今为止，合作机构营销仍然是银行最重要的营销渠道。

1. 个人住房贷款合作机构营销

(1) 一手个人住房贷款合作机构营销。对于一手个人住房贷款而言，较为普遍的贷款营销方式是银行与房地产开发商合作的方式。这种合作方式是指房地产开发商与贷款银行共同签订《商品房销售贷款合作协议》，由银行向购买该开发商房屋的购房者提供个人住房贷款，借款人用所购房屋作抵押，在借款人购买的房屋没有办好抵押登记之前，一般要求由开发商提供阶段性或全程担保。

银行在与开发商签订协议之前，要对房地产开发商及其所开发的项目进行全面审查，包括对开发商的资信及经营状况审查、项目开发和销售的合法性审查、项目自有资金的到位情况审查以及对房屋销售前景的了解等。经过有关审批后，按规定与开发商签约，以明确双方合作事项，如贷款总额度、单笔贷款最高限额、保证金缴存比例以及双方的权利和义务等。

(2) 二手个人住房贷款合作机构营销。对于二手个人住房贷款而言，商业银行主要的合作机构是房地产经纪公司。银行在拟与房地产经纪公司建立合作关系之初，为了确保其资质和信用，应当对其进行充分、必要的审慎调查，如对企业注册资本、经营业绩、行业排名、资产负债和信誉状况等指标进行分析评价。银行经内部审核批准后，方可与其建立二手个人住房贷款业务的合作关系。

2. 其他个人贷款合作机构营销

除住房贷款之外，其他个人贷款也大多与消费息息相关，因此，在消费场所开展营销，有利于获得客户，效率较高。对于经销商而言，他们考虑的就是如何在提供方便的同时给消费者更多的利益诱惑，从而提高产品销量。因此，商业银行要加强与经销商之间的合作。在这方面的典型做法是与经销商合作，并签署合作协议，由其向银行提供客户信息或推荐客户，如银行与4S店签订合作协议，为客户提供个人汽车贷款。

(二) 网点机构营销

网点机构是银行业务人员面向客户销售产品的场所，既是银行展示品牌形象的载体，也是银行主要的营销渠道。

1. 网点机构营销渠道分类

网点机构随着对客户定位的不同而各有差异，主要有以下几种。

(1) 全方位网点机构营销渠道。它为公司和个人提供各种产品和全面的服务。

(2) 专业性网点机构营销渠道。专业性网点机构有自己的细分市场，如有的网点机构侧重于房地产的抵押贷款业务等。

(3) 高端化网点机构营销渠道。这些网点机构位于适当的经济文化区域中，它们为高端客户提供一定范围内的金融定制服务。

(4) 零售型网点机构营销渠道。此类机构不做批发业务，专门从事零售业务。随着一家银行在同一城市批发业务的集中营销管理，支行以及以下分支机构逐步演化为零售型分支渠道。

2. "直客式"个人贷款营销模式

为尽快提升服务客户的综合能力，很多银行推出了全新的个人贷款营销模式——"直客式"个人贷款业务。所谓"直客式"个人贷款，就是利用银行网点和理财中心作为销售和服务的主渠道，银行客户经理按照"了解客户，熟悉客户"的原则，直接面向客户开展营销，受理客户贷款需求。

以个人住房贷款为例，这种"直客式"营销模式可以帮助客户摆脱房地产商指定银行贷款的限制，购房者完全可以自主地选择贷款银行。直接接触银行，而不是通过开发商或者中介公司间接地办理业务，可免去中间诸多收费环节，让客户买得放心、贷得明白。它的特点在于买房时享受一次性付款的优惠，主要包括房价折扣，保险、律师与公证的"一站式"服务，各类费用减免优惠，担保方式更灵活，可就近选择办理网点，不受地理区域限制等。

与此同时，"直客式"营销模式有利于银行全面了解客户需求，熟悉客户，从而有效防止"假按揭"，提高风险防范能力，还方便培育和发展稳定的优质客户群，有利于开展全方位、立体式的业务拓展。

"直客式"营销模式已成为银行近年来个人贷款业务长足发展的有力"助推器"，成为银行提升个人贷款业务竞争力的重要手段。银行可以通过摆放宣传资料、播放电视宣传片等方式进行宣传。网点的大堂经理和客户经理可以直接回答客户的问题，受理客户的贷款申请。

(三) 电子银行营销

网络的出现改变了商业银行赖以生存的环境。网上银行、电话银行、手机银行、自助银行、网上货币、网上支付、网上清算等新的金融方式冲击着传统的金融方式和理念，也迫使商业银行在市场营销战略方面进行一系列调整，构建网络时代的营销战略，以适应网络时代的客户需求和市场竞争需要。目前，电子银行业务已成为全球银行业服务客户、赢得竞争的高端武器，也是银行市场营销的重要渠道。

1. 电子银行的特征

(1) 电子虚拟服务方式。电子银行所有业务数据的输入、输出和传输都以电子方式进行，而不是采取"面对面"的传统柜台方式。

(2) 运行环境开放。电子银行是利用开放性的网络作为其业务实施的环境，而开放性的网络意味着任何人只要拥有必要的设备就可进入电子银行的服务场所接受银行服务。

(3) 模糊的业务时空界限。随着互联网的延伸，客户可以在世界的任何地方、任何时间获得同银行本地客户同质的服务，银行在技术上获得了将其业务自然延伸至世界各个角落的能力，不再受地域的局限。

(4) 业务实时处理，服务效率高。实时处理业务，是电子银行同传统银行的一个重要区别。

(5) 运营成本低，降低了银行成本。

(6) 安全系统严密，保证交易安全。

2. 电子银行的功能

(1) 信息服务功能。通过银行网站，银行员工和客户之间可以通过电子邮件联络。银行可以将信息发送给浏览者，使上网的客户了解更多银行信息。客户可以在任何时候、任何地点向银行咨询有关信息。

(2) 展示与查询功能。现在世界上大部分银行都有自己的主页，内容涵盖银行的各个方面。用户可以通过查询了解银行的情况，也可以查询自己的账户和交易情况。

(3) 综合业务功能。网上银行可以提供各种个人、企业传统金融服务，能够为客户提供各种信息并处理客户的各种资料报表等。

对于个人贷款营销而言，电子银行的主要功能就是网上咨询、网上宣传以及初步受理和审查。

3. 电子银行营销途径

电子银行营销有以下几种途径：建立形象统一、功能齐全的商业银行网站；利用搜索引擎提升银行网站的知名度；利用网络广告开展银行形象、产品和服务的宣传；利用信息发布和信息收集手段增强银行的竞争优势；利用交互链接和广告互换增加银行网站的访问量；利用电子邮件推广实施主动营销和客户关系管理。

此外，数据库营销也成为银行营销的一种趋势。例如，民生银行通过分析客户的基本情况、交易情况等，确定目标客户进而开展营销活动。总之，营销渠道的选择非常重要，它关系银行能否及时将资金筹集进来并快速运用出去，关系资金成本、中间业务收入和盈利水平，与银行业务的拓展有密切的关系。有效的营销渠道是银行竞争制胜的武器之一。因此，银行在确定营销战略时要根据经济发展、科技进步以及客户需求的变化适当调整营销渠道，形成合理的渠道组合，以便将产品和服务快捷地送到客户手中，使客户感到银行提供的产品和服务既具有可接受性，又具有便捷性，从而达到维持现有客户、增加新客户和提高营销效益的目的。

合同编号：

❧ 个人房屋按揭贷款合同协议书 ❧

甲方：××银行　　分行　　支行

地址：

邮政编码：

法定代表人/负责人(或委托代理人)：

电话：

乙方：

地址：

邮政编码：

法定代表人(或委托代理人)：

电话：

为促进_____楼盘(地址：_____)的房产销售，甲、乙双方根据有关法律、法规、规章，本着"平等互利、相互支持、合作发展"的原则，经友好协商，约定如下条款。

第一条：在符合甲方贷款条件的情况下，甲方同意为购买上述楼盘的借款人(即购房人，下称"借款人")提供个人房屋按揭贷款，贷款合作最高额度为_____万元。其中，单笔个人住房按揭贷款金额最高不超过所购住房全部价款的____%，贷款期限最长不超过____年；单笔个人商业用房贷款金额最高不超过所购商业用房全部价款的____%，贷款期限最长不超过____年。个人住房公积金贷款额度和期限，按照当地住房公积金管理中心的有关规定执行。

第二条：为确保双方的顺利合作，甲方承诺：

(一) 在楼房按揭总额度之内，对本协议项下符合甲方贷款条件的借款人提供个人房屋贷款业务。

(二) 甲方负责收集借款人资信等相关资料，并按内部流程审核批准本协议的个人贷款，甲方对借款人申请的贷款有最终决定权，未审核通过的须告知乙方。

(三) 甲方与借款人签订《贷款合同》后，应当依据贷款合同及贷款借据约定的划款方式和划款时间将贷款款项划入借款人指定的乙方账户(户名：_____ 账号：_____开户行：_____)，如划转款项有变更，甲方须取得乙方书面同意变更的证明。

(四) 负责向乙方提供借款人划转贷款资金的有关资料证明。

(五) 乙方如因办理借款人房屋产权证需要向甲方借出相关的贷款档案资料，甲方同意安排专人携带相关资料前往房管部门协助乙方办理或由乙方开具授权委托证明，指定乙方单位专人借取并在甲方处造册登记资料清单，并经双方经办人签字、盖章后方可借出。

第三条：为确保双方的顺利合作，乙方承诺：

(一) 保证按照国家有关部门批准的条件和要求合法建造并销售房屋，所签订的购房合同都具有真实的交易背景，并按购房合同中约定的期限和条件将房产交付借款人。

(二) 同意在售楼部提供必要场所，供甲方受理按揭和摆放宣传资料使用，并按甲方要求提交本协议项下贷款的有关文件资料。

(三) 从符合本协议约定条件的借款人处取得的按揭贷款资金，同意首先用于本协议所指的商品房建造，直至竣工验收交付使用，不得挪用他用，并接受甲方对项目资金的监控。

(四) 将借款人所持有的购房合同正本、首付房款的收款凭证、房屋发票复印件交甲方保管。乙方与借款人修改购房合同必须事先征得甲方的书面同意并将修改后的相关合同或补充协议正本提交甲方保管。

(五) 在竣工验收后，应同借款人尽快向房地产主管部门申领上述房产的产权证，并协助甲方办妥正式的抵押手续。乙方如因办理借款人房屋产权证而需向甲方借出相关的贷款档案资料的，所借资料应在_____天内全部归还。因任何原因造成借出的贷款档案资料的遗失、损毁，并因此而带来的纠纷和损失，均由乙方负责。

(六) 乙方与借款人之间的任何纠纷(包括但不限于因房屋工程质量存在瑕疵或交付使用拖期等引发的纠纷)，应当按照借款人与乙方签订的购房合同解决，一概与甲方无关。若借款人因前述纠纷与乙方解除购房合同而导致提前终止与甲方的贷款合同，借款人逾期还款或纠纷进入司法程序等影响甲方债权情形，乙方须向甲方承担偿付所有贷款本息及相关费用的连带责任。

(七) 甲方在借款人□抵押/□预抵押登记办妥之前发放贷款，从放款之日起，乙方须在_____天内协同甲方工作人员前往当地房管部门办理备案手续，并将备案回执交由甲方工作人员收妥；在_____天内携同甲方工作人员办妥备案登记手续；在_____天内协助甲方办妥□抵押/□预抵押登记手续。

第四条：乙方同意在借款人贷款期间发生逾期时协助甲方催收。乙方□同意/□不同意("不同意"栏仅在乙方不提供担保的情况下选取)在甲方为该贷款的□抵押/□预抵押登记办妥之前，如借款人发生连续逾期三期或累计逾期六期时，对贷款承担连带保证责任。

第五条：乙方为本协议项下所有借款人，向甲方申请的个人房屋按揭贷款□提供/□不提供连带保证担保责任，其担保方式为全额不可撤销的连带责任保证，保证范围为各借款人的借款本金及由此产生的借款利息(包括罚金)、违约金、赔偿金及甲方实现债权的费用。此担保为连续的无条件担保，保证期限为：_____。

(一) 从本协议项下甲方每笔个人房屋按揭贷款发放之日起至乙方协助甲方办妥借款人所购房产的正式抵押登记手续之日止。

(二) 从本协议项下甲方每笔个人房屋按揭贷款发放之日起至借款人归还全部贷款本息之日止。

(三) 从本协议项下甲方每笔个人房屋按揭贷款发放之日起至乙方协助甲方办妥借款人所购房产的预抵押登记手续之日止。

第六条：乙方如依据上述第四、五条为借款人提供保证担保，在保证期限内，若借款人连续三期或累计六期不按贷款合同的规定按时偿付借款本息及其他相关费用，或借款人违约导致甲方依据《贷款合同》提前收回贷款本息的，甲方有权向乙方发出《履行担保责任通知书》要求乙方承担连带责任，乙方应在接到甲方通知书后的一个月内按照通知书所载明的偿还金额、方式向甲方履行清偿义务。清偿方式包括但不限于：

（一）甲方有权从乙方在甲方处开立的"担保保证金专户"内直接扣收相应的金额，如有不足，甲方可继续向乙方追偿。

（二）由乙方对借款人已购房产进行回购，借款人因此获得的回购款项优先用于支付借款人尚未偿清给甲方的借款本息、违约金、赔偿金及相关费用等。

第七条：乙方在甲方□开立/□不开立"担保保证金专户"。乙方如在甲方开立"担保保证金专户"，则保证在"担保保证金专户"上的资金不少于____万元，且不得少于甲方为该协议发放全部贷款余额的____%，不足部分授权甲方在为借款人发放个人房屋按揭贷款给乙方时按贷款金额的____%逐笔提取担保保证金，提取部分可视同乙方收到借款人已划转相应房款。乙方"担保保证金"内资金专项用于但不限于履行乙方在本协议第五项下的保证责任。当借款人未按期偿付贷款本金、利息和其他应付款项时，乙方授权甲方可从"担保保证金专户"直接扣收乙方应承担的债务金额，实现甲方在本协议项下的担保权益。

第八条：乙方保证，其在本协议项下向甲方申请房屋按揭贷款合作、与甲方签署本房屋按揭贷款合作协议和为借款人提供连带责任保证的行为，均已得到乙方董事会或其内部相应有关机构的同意，且不违反乙方的公司章程及其他内部规定。

第九条：甲、乙双方应严格遵守上述条款，任何一方对上述任何条款的违反构成本协议项下的违约，违约方应无条件承担违约责任，包括但不限于赔偿因该等违约而对对方当事人造成的损失，支付违约金、赔偿金等。赔偿金自违约事件发生之日起计算，按日收取。

第十条：因本协议发生的争执，应通过协商解决，协商不成时，应向甲方所在地人民法院提起诉讼。在协商或诉讼期间，本协议不涉及争议部分的条款，双方仍需履行。上诉规定并不影响甲方就因履行本协议所发生的或与本协议有关的一切争议、纠纷选择在其他任何有管辖权的法院提起诉讼的权利。

第十一条：本协议自甲乙双方法定代表人或授权代理人签字并加盖公章后生效，有效期_____月。

第十二条：本协议未尽事宜，按照有关法律规定执行，或由当事人各方签订书面补充协议解决。补充协议(如有)应被视为本协议不可分割的组成部分，与本协议具有同等的法律效力。

第十三条：本协议正本一式____份，甲、乙双方各执一份。

第十四条：本协议于_____年_____月_____日在甲方所在地签订。

甲方：××银行_____分行_____支行 乙方：_____

(公章)   (公章)

知识小结

个人贷款的定位主要包括合作单位定位和贷款客户定位。合作单位定位根据贷款产品的不同而不同。其中，一手房贷款的合作单位主要是房地产开发商，二手个人住房贷款的合作单位主要是房地产经纪公司，其他个人贷款的合作单位主要是相应的经销商。贷款客户定位主要要求客户满足银行规定的借款人的基本条件。

个人贷款的营销渠道包括合作机构营销、网点机构营销和电子银行营销。

实训活动

一、模拟情境

小李刚到某银行工作，经过两周的培训，被分配到个贷业务中心工作。小李首先要做的工作就是开发客户，他该怎么做呢？

小李：企业贷款可以跑企业，个人贷款怎么跑呀？我怎么知道谁买房、谁买车呀？

培训专员：这简单，买房的都去看楼盘，买车的都去4S店，找他们合作，让他们给咱们推荐客户就行了呗！另外，很多买房的需要贷款，房产商为快速卖出房子，会主动找咱们。

小李决定从个人房贷客户入手，他首先调查了银行附近区域的楼盘和二手房中介，选择了5家目标合作单位进行调查，然后与合作单位进行洽谈，最后签订了合作协议。

要求：模拟小李营销合作单位的流程。

二、实训模拟——房产贷款的营销

1. 活动目的

通过实训模拟，使学生能够了解合作单位营销的方法和程序，并对个人贷款的合作单位开展营销。

2. 活动流程

活动流程如图2-3所示。

图2-3 活动流程

3. 活动安排

(1) 学生根据案例介绍简述客户经理寻找个人住房贷款合作单位的流程。

(2) 对照修改流程图。

(3) 针对实训内容撰写实训报告。

(4) 教师点评。

4. 活动准备

学生收集寻找合作单位时采用的营销渠道信息。

5. 活动评价

对学生模拟实训的各个环节进行打分。

任务三　个人贷款产品营销方法

知识目标

○ 掌握个人贷款客户应满足的6个基本条件；

○ 掌握个人贷款营销的3种方法；

○ 掌握银行营销的8种策略。

能力目标

○ 能够选择满足银行个人贷款基本条件的贷款客户；

○ 能够运用适当的营销技巧与方法对客户进行营销。

素质目标

○ 具有敏锐的市场洞察力和超强的沟通能力。

案例导入

❀ 成功推荐个贷业务的案例 ❀

一、案例简介

客户叶女士来银行网点提出要办理个贷业务。叶女士十分配合，所提供的资料也十分齐全，完全不像第一次办理贷款业务。营销人员与叶女士沟通后才了解到，叶女士曾数次到其他兄弟网点咨询过这笔贷款业务，对贷款流程也有初步的了解和认识，但最终还是选择回到该网点办理，因为叶女士的母亲与该网点的客户经理素有交情，客户经理平时的维护工作比较到位，有理财产品信息总是第一时间反馈给叶女士的母亲。在得知女儿要办理贷款业务时，叶女士的母亲便让女儿到该网点直接办理。由于所需资料准备齐全，营销人员第一天就把资料收集好并送到支行个人金融部，成功推荐了该笔个贷业务。

二、案例分析

该案例中，客户自备齐全手续前来办理贷款业务，给营销人员带来了极大的方便，也促成了业务办理的成功。但这种机会不常见，营销人员仍然需要做好挖掘潜在客户的营销工作，积极宣传银行贷款利率的优惠政策，把个贷业务做大做好，为网点创造更多的中间业务收入。

三、案例启示

(1) 银行营销人员要一如既往地做好客户维护工作，通过以点带面，把银行丰富多样的金融服务展现给更多有需要的客户。

(2) 专业的业务知识必不可少，当客户前来咨询或办理的时候，营销人员要把最专业的一面展示给客户，让客户觉得银行的工作人员是敬业的，是为客户着想的，所提供的资产配置方案也是专业的，从而提高银行的信誉度，进而促成业务办理。

学习任务

一、品牌营销

(一) 银行品牌营销的概念

品牌营销是指将产品或服务与其竞争者区分开的名称、术语、象征、符号、设计或它们的综合运用，通过发现、创造和交付价值以满足一定目标市场的需求，同时获取利润的一种营销活动。

品牌是银行的核心竞争力，是让一家银行在同业中卓尔不群的标志，有了该标志，即使品牌经理离去，甚至银行行长变更，对银行品牌的影响也不大。品牌已成为一种无形资产，从某种程度上说，品牌可以看成银行保持竞争优势的一种强有力的工具。

(二) 银行品牌营销的意义

国际市场上的普遍规律是20%的强势品牌占据着80%的市场，并且市场领袖品牌的平均利润率为第二品牌的4倍。一个知名品牌，甚至可以将产品本身的价格提高20%～40%。由此可见品牌营销的意义所在，它能通过品牌这一无形资产为企业带来源源不断的利润。

对于银行业来说，品牌营销有着更重要的作用。一方面，目前多数消费者对于金融产品的认知还不深，判断能力还比较差；另一方面，金融产品同质化现象比较严重，各家产品差异不大，导致消费者不愿花费太多精力去比较，往往凭直观感觉和朋友建议来选择。在这种状况下，品牌美誉度对吸引顾客和留住顾客起着非常重要的作用。

近年来，银行品牌竞争的氛围逐渐浓厚，不同品牌形象在公众心目中的差异也日趋明显，人们在选择银行服务时将进一步重视银行品牌。可以说，银行品牌竞争时代已来临，品牌将成为影响今后银行业务兴衰的关键因素之一。做好商业银行的品牌营销是提升其核心竞争力的重要策略。

(三) 银行品牌营销要素

从一般意义上讲，产品竞争要经历产量竞争、质量竞争、价格竞争、服务竞争到品牌竞争。前4个方面的竞争其实就是品牌营销的前期过程，当然也是品牌竞争的基础。从这一角度出发，要做好品牌营销，以下5个要素十分重要。

1. 质量第一

对于任何产品来说，恒久、旺盛的生命力无不来自稳定、可靠的质量。

2. 诚信至上

人无信不立，同理，品牌失去诚信，终将行之不远。

3. 定位准确

提炼对目标人群最有吸引力的优势竞争点，并通过一定的手段传达给消费者，然后转化为消费者的心理认识，是品牌营销的一个关键环节。

4. 个性鲜明

对于产品定位，一定要在充分体现独特个性的基础上力求单一和准确。单一可以赢得目标群体较为稳定的忠诚度和偏爱；准确能够提升诚信指数，成为品牌营销的有力支点。

5. 巧妙传播

有"整合营销传播先驱"之称的舒尔茨曾经说过，在同质化的市场竞争中，唯有传播能够创造出差异化的品牌竞争优势。

(四) 银行品牌营销途径

1. 改变银行运作常规

银行将品牌作为运作的核心，需要各部门通晓品牌的策略和发展方向，不再局限于市场营销部门内部分享。品牌的创立来自银行的整体行动，方向一致，才会有卓越的品牌，这是因为银行每一个产品都是品牌的延伸，每一个员工都是品牌的造就者，每一个客户都是品牌的传播者。

2. 传播品牌

好品牌不应放在银行行长的办公室里，而应树立于客户的心中。银行拥有一个好的品牌创意，犹如骑上一匹骏马，有了日行千里的工具。而传播方式的好坏，犹如草原与沼泽的区别，骏马奔驰在草原，自然日行千里；若借道沼泽，则可能人仰马翻，甚至陷入泥潭中难以自拔。

3. 整合品牌资源

银行品牌日益增多，是银行发展的必然。但是，如何整合品牌资源，是银行营销管理的一个重要课题。银行品牌间是否存在有机的内在联系，是决定银行品牌管理效率高低的关键。

4. 建立品牌工作室

银行应将品牌顾问、标识设计师、公关顾问和广告公司等整合在一起，发挥各自的专业功能。品牌制造的流程非常复杂，每一个环节都不可或缺。商业银行的品牌制造需要足够的时间和精致的包装。在产品同质化严重和模仿速度快的现状下，只有迅速建立品牌工作平台的银行才能赚取更多的利润。

5. 为品牌制造影响力和崇高感

银行要利用各种方式为品牌创造更多的附加值，以扩大品牌的影响力、提升品牌的崇高感。事实上，增加银行产品附加值的方式有很多种，如增加交叉式服务、提供更多个性服务和关联服务等，都可以提高银行品牌影响力和崇高感。

二、策略营销

(一) 银行营销策略内涵

银行营销策略是指银行在复杂的、变化的市场环境中，为了实现特定的营销目标以求得生存发展而制定的全局性、决定性和长期性的规划与决策。

银行为了能在激烈的市场竞争中获得商机，寻求更大的生存发展空间，必须努力提高营销活动的效率和效益，制定有效的营销策略，以适应不断变化发展的市场需要。只有这样，才能把握营销方向，突出营销重点，不断修订完善营销措施，增强应对复杂局面的能力。

有效的营销策略应该是营销目标与营销手段的统一。银行作为经营货币商品的特殊企业，以经营利润最大化为目标，要实现经营利润最大化，银行的经营活动就不可能脱离营销策略。营销策略是指导银行开展具体营销业务的指路明灯，营销手段就在这盏明灯的指引下向营销目标奋进。目标和手段是统一的，只有将目标和手段有机结合，银行才能对不断变化的环境做出系统和有效的反应，保证其经营活动顺利开展。有效的营销应以超前的眼光制定银行的发展目标，以灵活机动的战略战术和脚踏实地的工作作风为实现发展目标服务，预测未来市场发展趋势，随时调整营销策略，不断解决发展过程中的疑难问题，从而掌握营销活动的主动权，从中谋取更多的利益。

(二) 银行营销策略

根据美国著名管理学家迈克尔·波特的竞争战略理论，商业银行可以通过以下几种策略来达到营销目的。

1. 低成本策略

低成本策略强调降低银行成本，使银行保持令人满意的边际利润，同时成为一个低成本竞争者。然而，低成本并不一定等同于低价格。银行在成本领先的基础上展开竞争旨在取得产品的高效益，增加大额交易的客户，并减少银行在销售费用和服务方面的投资，从而使预算和总体成本得到非常严格的控制。在客户对价格十分敏感的情况下，竞争基本上是在价格上展开的，此时成本领先战略特别奏效。

2. 差异化策略

以差异性为基础的营销策略力求在客户的心目中树立一种独特的观念，并以这种独特性为基础，将它运用到市场竞争中。可以通过诸如形象设计或特殊服务等多种途径来实现差异化。当银行运用满足客户需求的有价值的方法使自己区别于竞争对手，而且竞争对手采用的差异化服务的数目少于有效的差异化服务的数目时，差异化策略就特别奏效。

3. 专业化策略

专业化策略要求银行在所选市场的一个或几个部分中加强竞争力度。从根本上来说，专业化策略建立在对产业内一个狭窄的竞争范围的选择上。当一家银行的经营范围狭窄、资源有限，或是面对强大的竞争对手时，专业化策略可能就是它唯一可行的选择。专业化策略旨在专注于某个服务领域，瞄准特定细分市场，针对特定地理区域。

4. 大众营销策略

所谓大众营销是指银行的产品和服务能够满足大众化需求，适宜所有的人群，其特点是目标范围大、针对性不强、效果差。

5. 单一营销策略

单一营销策略，又称一对一营销。它针对每一个客户的个体需求来设计不同的产品或服务，有条件地满足单个客户的需要。这种营销方式的特点是针对性强，适宜少数尖端客户，能够为客户提供所需要的个性化服务，但营销渠道狭窄，营销成本太高。

6. 分层营销策略

所谓客户分层，是指银行依据客户需求的差异性和类似性，把整个市场划分为若干客户群，区分为若干子市场。分层营销是现代营销的基本方法，它把客户分成不同的细分市场，提供不同的产品和不同的服务，但又不同于一对一的营销，研究的是某一层面所有的需求，介于大众营销和一对一营销之间，用相对较少的资源满足这一批客户的需求。

7. 情感营销策略

情感营销是在单一营销的基础上注入人性化的营销理念，它不局限于满足客户的一次性需要，而是用情感打动客户的心，把客户终身套牢，使其一生一世甚至几代人成为一家银行的忠实客户。如中国银行(香港)有限公司根据人的生命周期设计了从婴儿开始到年老每个生长阶段的金融产品，有"安儿保""置业理想按揭""全方位投资""业主万用钱""积富之选""幸运星""期权宝"等系列金融产品，促使客户从小到大自觉接受银行的营销理念，主动选择适合自己的金融产品。

8. 交叉营销策略

简单地说，交叉营销是基于银行同客户的现有关系，向客户推荐银行的其他产品。交叉营销的立足点不是放在争取新客户上，而是把工夫花在挽留老客户上，一个客户拥有银行的产品越多，被挽留的机会就越大。

交叉营销的关键在于银行要帮助客户寻求下一个需要的最佳产品，其步骤为：首先，看客户拥有什么产品；其次，对客户的资产、负债、年龄组和职业等进行分析研究，明确他们可能需要哪些产品；再次，分析判断他们购买每个产品的可能性；最后，推算出客户购买产品后银行可能获得的盈利。

三、定向营销

银行与客户之间需要建立长期友好的关系，为了保证共赢，双方必须建立有效的交流渠道，这就是银行的定向营销。

在与客户交流时，通常会经历感觉、认知、获得、发展和保留5个阶段。前两点很容易做到，通常作为大众式营销的基本手段，以建立品牌效应为主要目的。其中，广告形式较为常见。而后三个阶段，就是以销售为最终目的实施"一对一"的精确定位营销。

银行应该及时了解客户，了解市场的动态需求变化，设计和发展满足客户需求的产品和服务，从而激发客户的消费行为。客户同样需要银行满足自己的需要，他们想及时了解银行提供的产品和服务信息。目前，我国银行与客户之间的动态交流机制还比较差，单从这一点来看，国外的银行做得比较好。很多银行会向中介机构购买信息，进行筛选，进而建立自己的数据库，定期给客户发送信件、E-mail，或者直接致电给客户，为他们推荐贷款产品。

银行应重点营销优质客户，加大对优质客户的定向营销力度，对于优质客户要开辟绿色通道，在办理业务时做到区别对待，争取在定向营销方面取得更大的突破。

知识小结

个人贷款的营销方法包括品牌营销、策略营销和定向营销。品牌营销是指将产品或服务与其竞争者区分开的名称、术语、象征、符号设计或它们的综合运用，通过发现、创造和交付价值以满足一定目标市场的需求，同时获取利润的一种营销活动。策略营销是指银行在复杂、变化的市场环境中，为了实现特定的营销目标以求得生存发展而制定的全局性、决定性和长期性的规划与决策。定向营销是指银行通过与客户之间建立有效的交流渠道来进行的营销活动。

实训活动

一、模拟情境

小李作为客户经理，开发客户是其首要工作。每天，小李都能接触到一些前来银行咨询业务的客户。小李如何才能让这些客户成为银行的新客户呢？小王作为培训部经理，向小李介绍了一些基本的营销方法。

二、实训模拟——运用营销技巧对客户小张进行营销

1. 活动目的
通过实训模拟，帮助学生掌握个人贷款营销的方法和策略。

2. 活动流程
活动流程如图2-4所示。

图2-4　活动流程

3. 活动安排
(1) 学生分组收集营销案例。
(2) 学生针对案例，分组设计营销方案。
(3) 学生就给出的营销案例进行分析评价。

(4) 针对实训内容撰写实训报告。

(5) 教师点评。

4. 活动准备

学生收集成功的营销案例。

5. 活动评价

对学生模拟实训的各个环节进行打分。

考 核

客户准备全款购车，如何针对不同种类的客户，说服其由全款购买变为贷款购买？

任务：请各组任选下列客户进行情景演练。

(1) 客户在近期有换车计划；

(2) 客户对月供、利息有异议；

(3) 中年客户，上有老下有小，经济压力较大；

(4) 客户是有投资需求的私营企业主；

(5) 客户选择分期付款，但对手续有异议；

(6) 客户想买雅阁，但资金不够，正在考虑其他低价车型；

(7) 由于价格原因，客户在两款车前犹豫不决；

(8) 客户是普通公司职员、教师、公务员等每月有稳定收入的人群。

项目三 个人贷款申请受理

个人贷款申请受理是银行与个人贷款客户建立正式信贷关系的第一步，也是信贷营销与信贷管理的重要环节。在个人客户贷款申请受理的过程中，通过银行工作人员良好的服务给客户留下好印象，通过银行工作人员准确的风险判断能力对客户进行初步筛选，准确地掌握客户的基本信息并熟练地录入银行客户信息系统，日后与该客户建立长久的信贷关系，对商业银行后续环节的信贷业务的开展都具有非常重要的意义。

任务一　受理个人贷款业务申请

知识目标

- 掌握个人贷款受理环节的操作流程；
- 掌握个人客户的特点。

能力目标

- 能受理客户申请；
- 能对客户提交的材料进行初审。

素质目标

- 具备良好的服务意识，能耐心、细致地回答客户提出的问题；
- 具备较强的风险意识、准确的判断能力和灵活的应变能力。

案例导入

⌘ 温思思的贷前咨询 ⌘

客户温思思希望通过贷款的方式在阳光地产购房，她得知光大银行是阳光地产的合作银行，便到银行咨询有关购房贷款的相关问题。客户经理小李接待了温思思。

温思思：我计划在阳光地产购买一套价值40万元的住房，想在贵行申请贷款。

客户经理小李：可以，阳光地产是我们银行的合作单位，只要您满足我们银行的贷款条件，我们可以为您提供购房贷款。我行的基本贷款政策是：

(1) 借款人年龄为18周岁到60周岁。

(2) 如借款人为本地户口，一套房首付20%，利率下调10%；二套房首付30%，利率上调10%。

(3) 如借款人为外地户口，一套房首付30%，利率下调10%；二套房首付40%，利率上调10%。

温思思：我是本地户口，已婚，在一家私企做高管，月收入在2万元左右，工作7年左右，已经用公积金贷款买了一套住房。这套房子是给孩子买的学区房，想办理商业贷款。

客户经理小李：那您这是第二套房。我们可以为您设计适合您的贷款条件。目前，沈阳各家银行对于第二套房的贷款利率基本上都采取上调10%。

温思思：请问申请住房贷款需要提交哪些资料呢？

客户经理小李：您需要提交的资料包括：

(1) 居民身份证件(有效期内，或派出所证明)、户口本、结婚证原件及复印件。

(2) 借款人及配偶同意抵押声明。

(3) 主借款人、配偶双方工资收入证明及个人近3个月收入所得税完税证明或近半年代发工资明细账或个人存款明细账(其中，个体户需提供营业执照、税务登记证、税收证明及三期完税证)，如有共同借款人也需提供。

(4) 与阳光地产签订的购房合同原件。

(5) 首付款发票。

(6) 储蓄卡复印件(储蓄卡需要到贷款银行办理)。

(7) 个人信用信息查询授权书。

(8) 诚信保证书(个人书写)。

注意：所有复印件主借款人提供2份，其他提供1份；所有复印件必须提供原件当场核验。

温思思：贷款流程是怎样的呢？我将资料提交了以后都要办理什么手续呢？贷款一定能够申请下来吗？大概需要多长时间呢？

客户经理小李：您首先需要和开发商签订合同，交首付款，然后提交上述资料。我们经过调查、审批，如果没有其他问题，会通知您面签，整个过程需要两周到一个月。

温思思：我计划贷款40万元，大概贷款10年，请您帮我算算每个月大概需要还多少钱呢？

客户经理小李：目前，根据我行的房贷规定，二套房首付比例要求最少30%，您的房子总价60万元，您最多可以贷款42万元。如果贷款40万元，贷10年，按利率上调10%来计算，采用等额本息还款方式，每月需要还款4319.29元。

客户经理小李：您第一套房是用公积金贷款买的，现在每个月还款多少呢？您下次申请贷款的时候要提供一份月还款清单，如果一套房贷款每月还款比较多，您的压力应该也挺大的。

温思思：第一套房每个月还3000多元，用我的公积金就够了。

客户经理小李：按照您的月收入来看，买二套房的压力不大。按照目前全国各地的政策，二套房贷款不断地在收紧，学区房不好买，您选择贷款买房，压力不太大，是个好的选择。

温思思：是啊。那好吧，我了解了，回去准备一下，再去选户型。如果正式办理贷款，联系您就可以吗？

客户经理小李：是的，可以。您在此期间如有什么问题不明白，可以随时咨询我。

学习任务

一般而言，客户部门(主要是经办网点、营业部和业务部)承担信贷业务的营销、受理、调查、评估和审批后的经营管理，信贷管理部门承担信贷业务的审查和整体风险的控制。经办行信贷客户经理一旦要求客户填写借款申请书并提供相关材料，就表明银行正式开始受理客户申请；客户按照要求填写借款申请书并提供相关材料，则表明针对此客户的授信贷款业务正式启动。

一、个人贷款业务申请与资格初审

(一) 贷前咨询和客户申请

银行通过现场咨询、网上银行、业务宣传手册等途径介绍银行授信贷款的品种、申请人的条件要求、申请人需提供的材料、贷款程序、贷款利率和还款方式等主要条款及其他相关事宜。

该环节既可以是客户主动到银行申请信贷业务，也可以是银行主动向客户营销信贷业务，请客户向本银行提出信贷申请。信贷人员既要认真了解客户的需求情况，又要准确介绍本银行的有关信贷规定，具体包括借款人的资格要求、信贷业务的利率、费率、期限、用途、优惠条件及客户的违约处理等。

(二) 资格审查

1. 申请贷款的个人客户应具备的基本条件

(1) 具有本地常住户口或本地有效居住身份。

(2) 有稳定、合法的收入来源，有按期偿还贷款本息的能力。

(3) 遵纪守法，品德优良，个人资信状况良好，没有不良信用记录。

(4) 能够提供银行认可的担保或具备银行认可的信用资格。

2. 银行不接受贷款申请的条件

(1) 在征信系统内有不良信用记录或对银行有恶意拖欠贷款行为，而被列入"黑名单"的。

(2) 故意骗取、套取贷款行为的。

(3) 有严重违法或危害银行信贷资金安全行为的。

经办人员应针对不同性质的个人客户(优质客户和普通客户、初次申请的新客户和已与银行有过信贷业务往来的老客户)，采取不同的资格审查方法。

经资格审查合格的，经办人员应向客户介绍银行信贷条件和有关规定，协商具体信贷业务事宜；对不符合规定的，应婉言拒绝其申请并做出解释。

❧ 沈阳某银行对个人贷款申请者的受理条件 ❧

1. 年龄：20～60周岁。

2. 对象：工薪族、公务员、个体户和小企业主。

3. 贷款期限：1～24个月。

4. 信用状况：近5年内30天以内逾期10次以下，无60天、90天以上逾期。其他银行贷款逾期不超过2次。

5. 贷款用途：①贷款用途要明确，装修贷款要有房产。②汽车贷款要说明购买汽车用途。③其他用途也要贴近消费水平。④对于用于资金周转的客户，如是正规公司应有实际经营的业务并要说明资金去向。

6. 负债情况：每月偿还贷款额要在月收入的70%以下，申请人收入要在2 000元以上，每月剩余可支配收入不能低于1 000元。

7. 贷款所需资料：

(1) 10 000元以下。身份证、银行卡、医保卡(有保险的情况)、信用报告、近6个月工资流水。

(2) 10 000元以上。必需资料：身份证、户口本、信用报告、房产证、银行卡、个人银行流水(近6个月)、结婚证或离婚证、单身证明(酌情考虑可以不提供)。

根据实际情况需要客户提供的资料：

如是工薪族，应提供工作证明(能查询到保险者不需要)、房产证(自己没有则提供亲属的)；

如是个体或小企业主，应提供营业执照(正副本)、税务登记证(国税、地税)、近半年税票、对公流水、房屋或土地租赁协议、购销合同等。

8. 贷款金额：2 000～100 000元。

9. 担保人：根据申请人的实际条件酌情考虑提供担保人(身份证、信用报告、流水)。

10. 外访情况：①贷款10 000元以下的无须外访。②贷款10 000～20 000元的酌情考虑是否外访。③贷款20 000元以上的全部外访。

11. 户口及工作地址：在沈阳居住并在沈阳工作。

12. 工作年限：如为工薪族，现工作6个月以上，在沈阳累计工作1年以上。如为个体或小企业主，实际经营2年以上。

13. 从事铁路、工程、营运等工作的酌情处理。

14. 不受理客户明细，具体包括：

(1) 军人、地摊商贩、农民工、娱乐场所工作人员；

(2) 逾期10次以上；

(3) 年龄20周岁以下，60周岁以上；

(4) 外地人在外地工作；

(5) 贷款用途用于还信用卡或贷款。

二、申请受理与资料初审

(一) 提交材料

对符合资格要求的客户,受理人员邀请客户填写《××银行信贷业务申请书》,并提供给客户《××银行信贷业务申请材料清单》,要求客户提供的材料在《××银行信贷业务申请材料清单》相关栏内清晰标示,具体包括以下几种。

(1) 申请贷款的借款申请书。

(2) 申请人的身份证明材料,包括有效身份证件、户口簿、居住证明等。有配偶的,应同时要求申请人提交婚姻状况证明、配偶的身份证明材料。

(3) 申请人的工作单位及收入证明材料。应结合当地情况,取得能反映申请人实际还款能力的凭据。例如,政府机关、事业单位、知名企业等人事制度管理规范,收入水平较高的组织机构开具的个人工资收入证明、个人所得税完税凭证、交缴公积金证明,个体业主的营业执照及纳税凭证等。

(4) 所申请的贷款要求提供担保的,还应提交担保材料。

(5) 银行要求提供的其他材料。

❖ **学习资料2**

表3-1为××银行个人信贷业务申请提交材料清单。

表3-1　XX银行个人信贷业务申请提交材料清单

序号	是否需要	材料清单目录	是否提交	序号	是否需要	材料清单目录	是否提交
1		基本材料					
2		(1) 一般客户需提供的材料				担保材料	
3		□有效的身份证件原件(如需要还包括配偶)				□抵押物或质押权利权属证明文件原件	
4		□户口簿或有效的居留证件复印件				□抵押物共有人同意抵押的书面声明原件	
5		□婚姻状况证明材料复印件				□保证意向书	
6		□借款人经济收入或偿债能力证明原件(包括配偶)					
7		□学历证明、专业技术职称证书复印件					
8		□工作证复印件					
9		(2) 一般商业性助学贷款另外需要					
10		□借款人与学生的关系证明					
11		□学生有关证明材料					
12		(3) 国家助学贷款另外需要					
13		□学生证复印件					
14		□两名见证人的身份证、学生证或工作证的复印件					
15		□借款人所在学校出具的学生鉴定材料					

(续表)

序号	是否需要	材料清单目录	是否提交	序号	是否需要	材料清单目录	是否提交
16		(4) 个人助业贷款					
17		□营业执照、经营许可证复印件					
18		□共同经营人的有效身份证明复印件					
19		□经营纳税证明复印件					
20		(5) 个人汽车贷款					
21		□购车首期付款证明复印件(首付款收款收据及银行交款凭证)					
22		□商用车除自用车档案材料之外还需：经营权证复印件 营运挂靠协议、承包合同复印件					

(二) 申请资料初审

经办人员收到客户的申请材料后，应按清单所列内容清点材料是否齐全，对材料的完整性、规范性和真实性进行初步审查，具体审查要求有如下几点。

(1) 提交的材料是否齐全，要素是否符合银行的要求。

(2) 客户及保证人、出质人、抵押人的身份证件是否真实、有效。

(3) 担保材料是否符合银行的有关规定。

(4) 客户提供的指定放款账户是否为本银行开立的账户。

所有材料均需由经办人员负责验证材料原件，并确保所有复印件与原件一致。如客户提交的材料不完整或不符合规范，应要求其及时补齐材料或重新提供材料。

知识小结

个人贷款申请受理阶段主要包括贷前咨询和客户申请、资格审查、客户提交材料、初步审查等操作环节。受理人员依据有关法律法规、规章制度及银行的信贷政策，审查客户的资格及其提供的申请材料，决定是否接受客户的信贷业务申请。

实训活动

一、模拟情境

【模拟情境1】

❧ 个人住房贷款的申请与受理 ❧

王一，家庭月收入2万余元，2014年11月3日向兴业银行咨询个人住房贷款办理情况。王一拟新购住房，拟申请20年期个人住房贷款60万元。兴业银行业务咨询部门人员接待了王一，了解了王一的贷款需求，由银行个人客户部专门负责办理房贷业务的客户经理李新解答王一的咨询并与其面谈沟通，介绍了兴业银行个人住房贷款的授信政策及办理流程。

面谈后，王一填写了个人住房贷款申请表，并按照要求提供了贷款所需资料。李新对王一提交的资料进行初步审查后，正式受理了该笔贷款。

要求：根据情境，模拟完成个人住房贷款的贷前咨询与受理。

【模拟情境2】

❧ 个人汽车贷款的申请与受理 ❧

刘非月收入1万元左右，计划贷款15万元购买一辆价值25万元左右的家用轿车，计划贷款3年。刘非分别到建设银行、工商银行咨询了有关汽车贷款的办理事宜。最后，建设银行的个贷经理李畅与刘非进行了沟通，刘非填写了借款申请书，提交了汽车贷款的相关资料，李畅初步审查资料后，正式受理该笔贷款。

要求：根据情境，完成个人汽车消费贷款的咨询与受理。

二、实训模拟——贷前咨询与贷款受理

1. 活动目的

通过实训模拟，使学生能够熟练地按流程受理个人贷款申请，锻炼学生灵活运用个人贷款业务知识回答客户的咨询，培养学生热心为客户提供服务以及准确判断客户风险的素质。

2. 活动流程

个人贷款客户申请贷款业务的受理流程如图3-1所示。

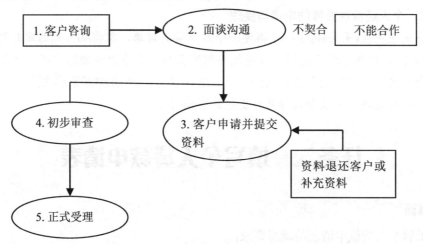

图3-1 个人贷款客户申请贷款的受理流程

3. 活动安排

(1) 分组，由学生分别模拟客户和个贷经理。

(2) 个贷经理向客户提供有关贷款的信息咨询服务。(模拟不同的情境：现场、电话)

(3) 个贷经理解答客户问题。(针对贷前咨询内容)

(4) 接受客户申请。

(5) 初审。(住房贷款、汽车贷款、个人经营性贷款)

(6) 针对实训内容撰写实训报告。(每组提交一份)

(7) 教师点评。

4. 活动准备

实训案例，个人贷款客户材料。

5. 活动评价

对学生模拟实训的各个环节以及最后的客户评价进行打分。

考 核

任务1：设计银行贷款宣传手册

贷款宣传手册要求包括如下内容。

(1) 个人贷款品种介绍。

(2) 申请个人贷款应具备的条件。

(3) 申请个人贷款需提供的资料。

(4) 办理个人贷款的程序。

(5) 个人贷款合同中的主要条款，如贷款利率、还款方式和还款额。

(6) 获取个人贷款申请书、申请表格及有关信息的渠道。

(7) 个人贷款经办机构的地址及联系电话。

(8) 其他相关内容。

任务2：个人经营性贷款的申请与受理

做外贸的王先生(王宏)接了一个需要一个月交货的订单，急需50万元的周转资金。假如丢掉这笔订单，打拼了十年的国外市场就会彻底丢掉，企业也将面临破产。于是，王先生计划向银行申请个人大额经营性贷款50万元，同时以房产(价值80万元)作抵押。

要求：根据情境，完成个人经营性贷款的咨询与受理。

任务二 填写个人贷款申请表

知识目标

○ 了解个人贷款申请表的填写要求；

○ 掌握客户信息的填写规范；

○ 熟悉贷款事项的填写规范；

○ 了解授权及声明的填写规范。

能力目标

○ 能帮助客户正确填写个人贷款申请表；

○ 能纠正个人客户填写贷款申请表的错误；

○ 能正确处理和对待填写错误的个人贷款申请表。

○ 具备良好的服务意识，能耐心、细致地回答客户提出的问题。

案例导入

客户温思思经过贷前咨询后，对住房贷款的申请条件和申请流程有了一定的了解，决定向光大银行申请住房贷款。

光大银行的客户经理小李正式受理了客户温思思的住房贷款申请，要求温思思填写光大银行的个人贷款申请表。个人贷款申请表是客户在申请贷款过程中的重要文件，按照要求填写以及确保填写内容的准确性和真实性对于银行了解借款人的基本情况，以及后续的审查、审批环节具有重要的意义。因此，客户经理小李首先向温思思介绍了填写个人贷款申请表的一些基本要求，然后针对温思思需要填写的个人信息，逐条指导填写，并核实其填写的信息的真实性和准确性。

学习任务

一、填写个人贷款申请表的总体要求

(1) 填写个人贷款申请表必须使用黑色钢笔或签字笔，如用铅笔、圆珠笔或蓝色钢笔填写贷款申请表，应要求客户重新填写。

(2) 填写个人贷款申请表必须字迹清晰、易于辨认。若有难以辨认或不认识的字，应请客户在边上标注标准字体(正楷)；遇到难(偏)字，应用拼音标注。

(3) 个人贷款申请表必须保持整洁，不许折叠、涂改，如由于笔误发生更改，需重新填写。

(4) 个人贷款申请表中的主借款人签名、共同借款人/保证人签名、主借款人配偶签名、介绍人签名、客户经理签名、经办单位负责人签名、初审人签章、扫描人签章或其他需签名处均需亲笔签名。

(5) 在填写个人贷款申请表的过程中，不能出现"同上"字样。

(6) 在个人贷款申请表上填写客户的固定电话号码时，须加上区号。

(7) 金额大小写都要顶格写。个人贷款申请表上的金额填写格式一般为数字加"万"，如200 000.00应填写为20万元，304 000.00应填写为30.4万元。若填写项中金额单位为"万元"，则只填写数字。其中，押品评估总值与评估净值则填写评估报告或口估单上的对应值。

(8) 应填写大写规范字，即壹、贰、叁、肆、伍、陆、柒、捌、玖、拾、佰、仟、万、元、整。特别注意贰、佰、仟、万、元。例如，大写为贰万零捌佰元整，小写应为20 800元或2.08万元。

(9) 客户填写个人贷款申请表时，客户经理应事先向客户详细介绍相关要求。

(10) 申贷资料中所有借款人签字必须同银行工作人员当面签章。

二、细节填写注意事项

(一) 客户信息的填写

1. 主借款人

(1) 姓名：

① 填写的客户姓名须与客户有效证件上所用姓名一致，笔迹应当清晰。

② 若证件姓名为繁体字，可使用简体字；若为外籍人士，须填写护照上的姓名。

(2) 出生日期：须与客户有效证件上的出生日期一致。

(3) 国籍与户籍所在地：

① 中国公民须填写国籍和户籍所在地，户籍所在地须填写×省×市，不能只填×市不填所属省份。

② 中国港澳台居民及外国公民只填写国籍，户籍所在地无须填写。其中，中国公民、中国港澳台居民的国籍只需填写代码(代码如下：中国公民和中国台湾居民为CHN，中国香港居民为HKG，中国澳门居民为MAC)，其他国家公民须填写国家名称，如英国、法国。

(4) 证件类型及证件号码：填写的证件类型必须为有效证件(身份证、中国护照、中国台湾居民通行证，军人军官证、军人文职干部证、军人士兵证、军人其他证件，武警警官证、武警文职干部证、武警士兵证、武警其他证件，中国港澳居民通行证，外国护照)，不含学生证、工作证、驾驶证、退休证等。

① 中国公民如勾选的证件类型为境内居民身份证，证件号码为15位或18位。

② 境外人士须提供护照作为有效证件，中国港澳台居民需提供港澳台居民通行证作为有效证件。

证件类型为"境内居民身份证"的，勾选"境内居民身份证"，并填写证件号码；证件类型为"境内居民身份证""港澳台居民通行证""护照"以外的，勾选"其他"，并填写有效证件名称。"港澳台居民通行证""护照"必须填写证件上所示的证件号码。

(5) 教育程度：根据实际情况勾选"博士及以上、硕士、本科、大专、高中及中专、初中及以下"。

(6) 婚姻状况：根据实际情况勾选"未婚""已婚""离婚"或"丧偶"。

(7) 有无子女：根据实际情况勾选"有"或"无"，且应与婚姻状况相匹配。

(8) 居住状况：根据实际情况勾选住房是"自建""自购无按揭""按揭""租用""亲属住房"或"单位住房"。若借款人有二套住房，只要其中任何一套还在银行按揭，则勾选"按揭"。

(9) 家庭有无二套以上住房："家庭"拥有二套以上(含二套)住房时选择"有"，否则选"无"。"家庭"指家庭所有成员，含配偶及未婚子女。

(10) 已有一笔或多笔房贷：借款人家庭在申请贷款当时(含其他银行)有一笔或多笔房贷选择"有"，没有房贷选择"无"。

(11) 居住地址：填写客户在贷款所在城市能收到信件的详细住址，应具体填写至门牌号码。并列的行政区域选择其中一种，将不选择的划去，例如"广东 省/直辖市"。

(12) 住宅邮编：填写所在城市的邮编，为6位数，须填写准确。

(13) 单位名称：填写客户申请贷款时就职的单位，不能填写客户贷款前曾就职但目前已经不在其工作的单位。

以下特例：无具体工作单位，但有固定营业场所的商贩在此处填写"营业场所的名称+(个体)"。例如，梅林××批发市场100号(个体)。

(14) 单位性质：在选项中勾选，个体工商户需选择"私营"。

(15) 所属行业：需根据可选项填写。

(16) 职业：需根据可选项填写。

(17) 职务：需根据可选项填写。

(18) 职务级别：在选项中勾选。

(19) 职称：可选择填写"无""高级""中级""初级""未知"。

(20) 上述单位工作年限：填写申请贷款时在所在工作单位的工作年限。

(21) 税后年收入：填写客户上一个自然年度的税后年收入。

(22) 电子邮箱：填写客户常用的电子邮箱地址，若没有可不填写。

(23) 单位地址：填写客户单位在贷款所在城市能收到信件的详细地址，应具体填写至门牌号码。并列的行政区域选择其中一种，将不选择的划去，例如"广东 省/直辖市"。

(24) 单位邮编：可填写所在城市的邮编，为6位数，须填写准确。

(25) 联系首选：在各种联系方式中勾选。

(26) 手机、住宅电话、单位电话：手机号码应填写清楚；住宅电话及单位电话要求全部填写，且要求住宅电话不能是租住地电话。固定电话必须填写电话号码对应的区号。其中，国家区号填写格式为"+区号去除零的数字"，如中国国家区号应填写为"+86"，中国香港区号应为"+852"。手机则无须填写区号。

(27) 邮寄首选：在选项中勾选贷款账单的邮寄地址。

(28) 出行交通工具：在选项中勾选。

(29) 本地已投社会保险：借款人在申请贷款当地已投社会保险的勾选"有"，否则选"无"。

(30) 代发工资户：在选项中勾选贷款客户的工资代发银行。

(31) 拥有本行以外产品：在选项中勾选贷款客户在本银行(或本集团)以外的其他机构所拥有的金融产品。

(32) 以下几项，私营企业主或个体工商户必须填写：

① 企业注册时间，根据营业执照上的注册时间计算填写。

② 注册资本金，填写营业执照上的注册资金。个体工商户若无此项，需填写"0"。

③ 年营业收入，应与上年度企业或个体户损益表一致。

④ 年净利润，应与上年度企业或个体户损益表一致。

⑤ 是否是贸易型企业，根据企业性质勾选。

2. 共同借款人/个人保证人

(1) 首先确认是共同借款人还是个人保证人的身份，勾选"共同借款人"或"个人保证人"其中一项。

(2) 各项信息填写要求同主借款人各项信息填写要求。

(3) 未成年子女作为共同借款人时，须填写未成年子女姓名及儿童身份证号码。

3. 主借款人配偶

(1) 若主借款人配偶在本贷款中同时也是共同借款人，因在"共同借款人"栏已填写各项信息，因此此处可勾选"同共同借款人信息"，其余各项无须填写。

(2) 若主借款人配偶在本贷款中不是共同借款人，则此栏各项均应填写。

(3) "结婚时间"项，填写结婚证上的结婚时间。

(4) 其余各项信息填写要求同主借款人相应的信息填写要求。

4. 受托人

若主借款人委托他人办理本笔贷款，则受托人须同时在受托人栏详细填写本人相关信息，填写要求同主借款人各项信息填写要求。

(二) 贷款事项的填写

1. 借款及还款

(1) 贷款用途：根据贷款的实际用途勾选，若选项中没有则在空格处填写具体用途。

(2) 是否循环贷款：根据该贷款是否是循环额度判断勾选。

(3) 贷款金额：填写客户申请贷款的金额，应为整数，只到千位。

(4) 还本宽限期：根据该贷款还本宽限期的实际月份数勾选，若无还本宽限期则填写"0"。

(5) 还款短信提醒：客户在每月贷款还款前，若需要银行发出还款短信提醒则填写"是"，否则填写"否"，不填写则默认为需要短信提醒。

(6) 还款方式：根据该贷款实际还款方式勾选。

① 等额还款法：每月还款金额固定。

② 等本还款法：每月还款金额递减，还本金额固定。

③ 按月付息到期还本：每月只还利息，贷款到期一次性归还本金。

④ 其他：除上述各项外的其他还款方式，如到期还本付息、按季付息到期还本等。

2. 担保及抵(质)押物

(1) 担保方式：根据贷款的实际担保方式勾选。

① 房屋抵押：以房屋作为抵押物，一手楼、二手楼、转按揭、加按揭、其他按揭中不涉及担保公司赎楼的贷款。

② 房屋加阶段性担保：先以担保公司或担保人担保，后以房屋作为抵押物，二手楼、转按揭、加按揭、其他按揭中涉及担保公司担保赎楼，且同时作为一份合同，两笔出账的贷款。

③ 汽车抵押：以所购买的汽车作为贷款抵押物。

④ 汽车销售商担保：汽车贷款需在抵押登记办理完毕前放款的，由汽车销售商提供阶段性连带责任担保，等汽车抵押登记办妥后，销售商担保责任解除。

⑤ 质押：以存单等有价单证作为贷款的质押物。

⑥ 担保公司/保险公司保证：无任何抵押或质押，仅凭担保公司或保险公司保证的贷款。

⑦ 自然人保证：由自然人提供个人连带责任担保的贷款。

⑧ 信用：无任何抵押或质押物，完全以个人信用作为还款保证的贷款。

⑨ 其他：除上述各种担保方式以外的其他方式。

(2) 抵质押类型：根据贷款的实际抵押物勾选。

(3) 权证号/车牌号/买卖合同号/存单号。

① 权证号：填写持证抵押贷款的房产证号及二手楼贷款过户后买方的房产证号，若申请贷款时没办出买方房产证，则填写"0"。

② 车牌号：填写汽车贷款的抵押车辆的牌照号，若申请贷款当时没办出车牌，则填写"0"。

③ 买卖合同号：填写一手楼贷款中房屋买卖合同的编号。

④ 存单号：填写质押贷款中质押定期存折账号或其他有价单证的编号。

(4) 权利人：填写抵押或质押物的产权所有人姓名，若有两人则全部列出。如房产证上的权利人名称、汽车的车主姓名、存折的户名等。

(5) 房屋，具体包括以下方面。

① 楼宇名称：填写抵押房产的详细名称，如具体哪个花园、哪个楼盘。应与房产证或一手楼房屋买卖合同上的楼宇名称一致。

② 售楼商(人)：填写一手楼楼房的开发商或二手楼的卖方。

③ 售楼代理商：填写一手楼中受开发商委托，负责帮助开发商销售楼房的公司或二手楼的房屋代理中介。

④ 房屋地址：填写房产证或一手楼房屋买卖合同上的土地位置。

⑤ 建筑面积：填写房产证或一手楼房屋买卖合同上的建筑面积。

⑥ 单价：填写一手楼房屋买卖合同或二手楼购房协议的房屋买卖成交价除以建筑面积的值。

⑦ 购房总价：填写一手楼房屋买卖合同或二手楼购房协议的房屋买卖成交价。建筑面积、单价、购房总价三者的关系为：建筑面积×单价=购房总价。

⑧ 首期交款额：填写购买一、二手楼时客户除银行借款外，以自有资金交付的房款。

⑨ 使用年限：填写房产证或一手楼房屋买卖合同上的使用年限。

⑩ 房屋目前抵押情况：根据本笔贷款的抵押房屋目前是否在本行和他行抵押勾选，若目前在抵押选"有"，否则选"无"。

⑪ 房屋用途：根据实际情况，勾选所抵押房屋是自用还是投资。

⑫ 房屋类别：根据房产证或一手楼房屋买卖合同上的用途勾选。

(6) 汽车，具体包括以下方面。

① 销售商：填写本辆抵押汽车的销售方名称。

② 组织机构代码：填写汽车销售商的组织机构代码证编号。

③ 销售商代号：在客户经理指导下，填写我行对汽车销售商规定的内部编号。

④ 销售员代号：填写销售本辆抵押汽车的业务员工号或代号。

⑤ 厂家/品牌：填写所购买汽车的生产厂家及品牌，如东风日产/祺达牌。

⑥ 车型：填写所购买汽车的型号，如DFL7161AA。

⑦ 价格：填写本辆汽车的购买净车价，不含上牌价、税费等。

(7) 存单，具体包括以下方面。

① 所属行：填写定期存折或其他有价单证的开户支行。

② 金额：填写定期存折的票面金额。如定期存折是多笔存款合并质押贷同一笔款，则填写多笔存款的合计金额。

③ 起息日期：填写质押的该笔定期存款的起存日期，应根据定期存折填写，并具体到年、月、日。若同时有多笔不同期限的存款，则填写最晚一笔的起存日期。

④ 到期日期：填写质押的该笔定期存款的到期日期，应根据定期存折填写，并具体到年、月、日。若同时有多笔不同期限的存款，则填写最早一笔的到期日期。

⑤ 支取方式：根据定期存折的实际支取方式勾选。

(三) 授权及声明的填写

(1) 主借款人、共同借款人、保证人、主借款人配偶均应在相应位置亲笔签名并按手印(统一以右手食指)，各项签名应与客户信息各栏姓名保持一致。未成年人若为共同借款人，需其法定监护人签名。如主借款人为张三，共同借款人为其未成年儿子张小三，则主借款人签名应为"张三"，共同借款人签名应为"张小三的监护人张三"。

(2) 日期应填写公历日期并具体到日。

(四) 银行填写事项

银行填写事项各栏由支行管户客户经理或个贷直销团队初审人员填写，填写内容应事先与客户达成一致意见。

(1) 贷款品种：填写本贷款对应的中文简称和代码，代码须填写完整。

(2) 方案编码：若为"经营性贷款"，则填写"01"；若为"非经营性贷款"，则不填。

(3) 贷款金额：填写初审人员核定可给予贷款的金额，应为整数，只到千位。

(4) 贷款期限：填写初审人员核定可给予贷款的期限，应为整数，以月为单位。

(5) 还款方式：根据核定的贷款还款方式勾选。

(6) 申请年利率：填写初审人员根据信贷政策核定的贷款年利率。

(7) 利率浮动幅度：填写申请年利率相对于银行基准利率的浮动百分比。若与基准利率一致，则填写数字"0"。

(8) 申请成数：填写客户申请贷款的金额占房产评估净值或新房价格的百分比，以两位数表示，如70表示7成。

(9) 核定成数：填写初审人员根据信贷政策对申请成数所做的成数核定，核定成数可比申请成数小，以两位数表示，如60表示6成。

(10) 是否是额度项下业务：根据该笔贷款是否属于某个大额度下的一笔业务勾选。

(11) 额度号：填写对应额度的编号。

(12) 额度名称：填写额度的具体名称，如"慢城三期楼宇按揭额度"。

(13) 押品评估总值、评估净值：填写抵押房产经银行指定评估公司评估后，评估报告上的评估总值、评估净值(除用途为购买住宅的置业贷款填写主动交易评估值外，其他用途贷款均填写被动交易评估净值)，具体到元。

(14) 保险单编号、保险到期日：填写经银行认可的保险公司购买保险的保单编号及到期日期。

(15) 担保机构名称、组织机构代码：填写担保机构的具体公司名称及该机构组织机构代码证编号。

(16) 担保期限：填写担保机构对该笔贷款的担保时限。

(17) 担保金额：填写担保机构为该笔贷款所作担保的金额。

(18) 赎楼金额：填写赎楼贷款在原贷款行的贷款余额。

(19) 介绍人签名：由该笔贷款的营销人员(含客户代表)亲笔签名。

(20) 客户经理签名：由该笔贷款在信贷系统的具体操作人员亲笔签名，若本笔贷款为网点营销，则介绍人签名与客户经理签名应为同一人。

(21) 日期应为公历日期并具体到日。

(22) 经办单位负责人签名：由贷款的经办行行长或团队长亲笔签名。

(23) 初审人签章和日期：由个贷综合岗经办人签名，填写UM账号(即登录系统的用户名)，标注日期。

(24) 扫描人签章和日期：由扫描岗经办人签名，标注日期。

知识小结

客户填写贷款申请表前，客户经理应首先向客户详细介绍填写个人贷款申请表的总体要求及细节填写的注意事项。

个人贷款申请表中需要填写的主要信息包括客户的信息，具体包括主借款人信息，共同借款人/保证人信息，主借款人配偶以及受托人的信息，涉及贷款用途、还款方式以及借款期限等借款和还款信息，担保及抵押或质押信息，授权及声明以及银行需要填写的事项。要求按照申请表的填写规范填写所有的信息，同时要保证信息的真实性和有效性。

实训活动

∞ 实训模拟——填写个人贷款申请表 ∞

1. 活动目的

通过实训模拟，使学生了解如何帮助客户正确填写个人贷款申请表。

2. 活动安排

(1) 学生的任务，具体包括：

○ 了解活动资料信息；

○ 2人一组，互相作为对方的客户；

○ 模拟填写银行个贷申请表；

○ 互相交换检查。

(2) 老师的任务，具体包括：

○ 分配学生任务，提出具体要求；

- ❍ 检查学生分组情况;
- ❍ 课堂巡查各组学生个人贷款申请表的填写过程和完成情况;
- ❍ 详细抽查5份个人贷款申请表;
- ❍ 老师讲评。

3. 活动资料

某银行信贷业务申请书,如表3-2所示。

表3-2　某银行信贷业务申请书

某银行(贷款人):

申请人姓名		性别	□男 □女		民族	
身份证号码						
(其他证件名称及号码)						
户籍所在地						
配偶姓名		性别	□男 □女		民族	
身份证号码						
(其他证件名称及号码)						
户籍所在地						

借款申请				
借款金额/元	大写		小写	
借款期限				
借款用途				

借款申请人基本情况		
健康状况	□良好 □一般 □差	职　业
最高学历	□研究生及以上 □大学 □大专　□中专、高中及技校　□初中以下	
职　　称	□高级 □中级 □初级 □无职称	所属行业
现在工作单位		
参加工作时间	年　　月	本地居住时间　　年
居住状况	□自有住房 □贷款购买住房 □与亲属合住 □租房 □其他	
社会保障号码		住房公积金账号
是否VIP客户	□是　□否	是否参加养老保险　□是 □否
是否参加失业保险	□是　□否	是否缴纳公积金　□是 □否
是否参加医疗保险	□是　□否	是否享受住房补贴　□是 □否
联系电话		移动电话
传真电话		E-Mail

借款申请人收支情况	
主要经济来源	□工资收入　□个体经营者收入　□其他非工资性收入
其他经济来源	供养人数
申请人月收入	元

(续表)

家庭月收入		元	家庭月支出		元
家庭资产总额		万元	家庭负债总额		万元
担保方式	□抵押 抵押物：				
	□质押 质物/权利凭证：				
	□第三方保证 保证人：				

借款申请人声明

1. 本人承诺按照贵社(行)的要求提供真实、完整、有效的有关资料，根据合同的约定履行义务。

2. 本人同意贵社(行)将本人信用信息提供给中国人民银行个人信用信息基础数据库及信贷征信主管部门批准建立的其他个人信用数据库，并同意贵社(行)向上述个人信用数据库或有关单位、部门及个人查询本人的信用状况，查询获得的信用报告限用于中国人民银行颁布的《个人信用信息基础数据库管理暂行办法》规定的用途范围内。

申请人签字：

年 月 日

借款担保人申明

同意以本人所有的或依法有权处理的财产为借款人向贵社(行)借款提供抵(质)押担保。本人同意贵社(行)将本人信用信息提供给中国人民银行个人信用信息基础数据库及信贷征信主管部门批准建立的其他个人信用数据库，并同意贵社(行)向上述个人信用数据库或有关单位、部门及个人查询本人的信用状况，查询获得的信用报告限用于中国人民银行颁布的《个人信用信息基础数据库管理暂行办法》规定的用途范围内。

担保人签字：

年 月 日

共有人签字：

年 月 日

考 核

填写个人抵押贷款申请表，如表3-3所示。

【考核资料】

表3-3 某银行个人抵押贷款申请表

申请日期： 年 月 日

申请人注意事项：

1. 所有申请人年龄必须满十八周岁。

2. 递交本申请表时请随同提交以下文件的正本及复印件作为附件，以便本行为您快速办理有关申请：

　　a. 申请人/担保人的有效身份证件；

　　b. 最近的收入证明(需要加盖单位公章或人事劳资章)/近三个月的纳税税单或工资单，银行认为必要时，需提供其他个人财产证明；

　　c. 学历证明；

　　d. 婚姻证明；

　　e. 购房首付款发票及商品房买卖合同；

　　f. 银行要求的其他材料。

(续表)

3. 申请人填写的本申请表及交来的一切文件的复印件，本行恕不退还，但承诺按国家有关法律的规定对上述资料予以妥善保管及保密。

4. 请申请人用正楷体填写本申请表(签名除外)。

5. 请在适合你的项目前的"○"中打√；如表中个别栏目不适合您，请用斜线勾掉。

第一部分：申请人资料

1. 第一申请人

姓名_____性别_____有效身份证件名称及编号_____

国籍_____户口所在地_____婚姻状况○未婚○已婚○其他_____

教育程度：○小学 ○中学 ○大学 ○硕士及以上 ○其他_____

职业状况：○在职 ○学生 ○家庭主妇 ○退休 ○其他_____

家庭月收入_____收入来源：○薪金 ○营业收入 ○租金 ○红利 ○其他_____

家庭月支出_____○住房 ○教育 ○交通 ○食品 ○娱乐 ○其他_____

供养人数_____包括：

工作单位名称_____工作单位地址_____

邮政编码_____电话_____职务_____服务现职年限_____

供职单位类型：

○机关事业 ○金融 ○航空运输 ○邮电通信 ○律师事务所、会计师事务所等 ○教育事业○医疗卫生

○计算机/网络应用服务业 ○保险 ○能源生产和供应业 ○娱乐服务业○餐饮业 ○建筑业 ○房地产

○旅游业 ○社会服务业 ○农、林、渔、牧业 ○采掘业 ○制造业

○销售行业 ○部队

○其他，请说明_____

现住宅地址_____邮政编码_____住宅电话号码_____

现住房情况 ○分期付款 ○租借 ○自有 ○公司提供 ○其他，请说明_____(租住请填写)租住起始至终

止时间_____地址_____月付租金_____

移动电话号码_____电子邮箱_____

个人资产：

○房产___○汽车__○债券___○股票_____○银行存款_____○其他请说明_____

○资产总值_____

申请人及/或联名申请人/担保人是否有向其他银行/财务公司/其他单位和个人借贷？

○无 ○有，每月还款额_____贷款余额_____

2. 共同申请人

姓名_____性别_____与第一申请人的关系_____

有效身份证件名称及号码_____国籍_____户口所在地_____

婚姻状况_____教育程度_____

职业状况：○在职 ○学生 ○家庭主妇 ○退休 ○其他_____

月薪_____工作单位名称_____职位_____服务现职年限_____

单位电话_____地址_____邮编_____

开立于本行的银行账户_____

个人资产表

○房产___○汽车__ ○债券___○股票_____○银行存款_____○其他请说明_____

○资产总值_____

(续表)

申请人及/或联名申请人/担保人是否有向其他银行/财务公司/其他单位和个人借贷？

○无 ○有，每月还款额_____ 贷款余额_____

第二部分　担保资料

1. 自然人担保人

姓名_____与申请人关系_____有效身份证件名称及号码_____

婚姻状况_____

工作单位名称_____职位_____服务现职年限_____月薪_____其他收入请说明_____

通讯地址_____住宅/单位电话号码_____

其他联系方式_____

个人资产表

○房产___○汽车__ ○债券___○股票_____○银行存款_____ ○其他请说明_____

○资产总值_____

申请人及/或联名申请人/担保人是否有向其他银行/财务公司/其他单位和个人借贷？

○无 ○有，每月还款额_____ 贷款余额_____

2. 法人或其他组织担保人

名称_____地址_____邮编_____联系电话_____

法定代表人_____

开户银行_____账号_____

担保人是否为售房人：○是 ○否

3. 抵押物资料

抵押物名称_____

抵押物位置_____

抵押物编号(型号)/特征_____

抵押物权利证书号

抵押物价值 ○评估价值_____ ○市场价值_____

抵押物权属 ○自有 ○他人 ○其他，请说明_____

4. 质押物资料

质押物名称_____

质押物价值_____质押物编号_____

质押物权属 ○自有 ○他人 ○其他，请说明_____

第三部分：拟(已)购物业资料

售房者全称_____

物业地址_____门牌及街道名称_____

楼宇名称_____楼___栋___室_____楼龄_____购买价格_____

面积_____建筑面积_____使用面积_____

竣工日期_____购买价格_____物业费_____

物业类型：○别墅 ○公寓 ○商业用房 ○商住两用 ○经济适用房 ○自有 ○他人 ○其他，请说明_____

购房目的：○自住 ○投资 ○其他，请说明_____

是否取得权利证书：○是，权利证书编号_____

　　　　　○否 商品房买卖合同日期_____

　　　　　商品房买卖合同编号_____

　　　　　预/销售许可证编号_____

(续表)

申请人声明:

本人(等)证实上述资料以及提交于贵行的相关证明文件正确无误,并同意以此作为日后达成协议的基础。如上述资料或文件失实或虚假,本人(等)愿承担相应的民事及法律责任。

申请人签字:

担保人签字:

抵押物/质物共有人声明:

本人同意以本申请书所列的房产(或本申请所列的其他抵押物/质物)作为申请人借款的担保,并愿意承担由此产生的一切法律责任。

担保人签字:

任务三 个人贷款客户信息管理

知识目标

◯ 掌握个人客户信息录入的方法;

◯ 能够及时管理和更新个人客户信息。

能力目标

◯ 能以信贷员身份新建个人客户并完整录入客户基本信息;

◯ 能查询已有客户信息,并及时维护和修改已有客户信息。

素质目标

◯ 具备细致、认真的工作态度。

案例导入

∞ 银行客户信息管理 ∞

目前,各家银行基本上都建立了银行信贷业务系统。中国民生银行新核心银行业务系统是以流程银行为基础的核心系统。所谓流程银行,是指将银行业务的关注点由传统的会计科目核算转移到"以客户为中心"的金融产品设计、业务流程管制以及客户开发与服务。通过完整的业务交易信息分析,提升银行抵御风险的能力。在银行的新核心系统建设中,客户信息管理系统是建立其他业务系统的基础。

客户信息管理系统的建立,基本上能实现以下目标:

(1) 实现客户号的统一生成和管理功能,确保全行客户号的唯一性。

(2) 实现个人客户信息的创建、修改、查询功能。

(3) 实现单位客户信息的创建、修改、查询功能。

(4) 实现全行签约信息的统一登记和维护。

(5) 为销户、销卡提供相应的检查服务。

客户信息的生命周期包括客户信息创建、客户信息查询、客户信息维护、客户的逻辑删除及逻辑激活。其中,客户信息维护包括客户信息修改、相关客户信息同步、客户角色维护以及客户关系维护。

学习任务

一、个人客户基本信息的查询与录入

(一) 如何利用信贷业务软件查询和更新老客户信息

打开信贷业务软件,单击"客户信息",进入"登记查询",先查询系统中已有客户的信息。如图3-2所示,从软件系统中可以查询到的已有客户信息包括客户基本信息、详细信息、收入信息、住房信息、其他财务信息、保险信息、对外担保信息、重大事件信息、违规信息、调查信息、客户现有贷款合同、个人征信特殊交易、保证人担保登记、质押物担保登记、抵押物担保登记等。

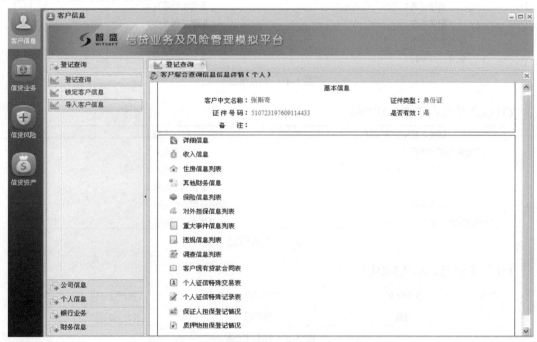

图 3-2 信贷业务系统个人客户信息查询

(1) 客户基本信息。主要包括客户姓名、证件类型、证件号码及证件有效性等,如图3-3所示。

基本信息	
客户中文名称:王宏	证件类型:身份证
证件号码:430421198104024235	是否有效:是
备 注:	

图 3-3 客户基本信息

(2) 详细信息，如图3-4所示。

出生日期：1981年04月02日	证件类型：身份证
证件号码：430421198104024235	发证机关：
通讯地址邮编：	通讯地址：
家庭邮编：	家庭详细住址：深圳市南山区前海湾花园一期四栋
单位邮编：	单位详细地址：
家庭联系电话：	单位联系电话：
文化程度：研究生	最高学历：
民族：汉	政治面貌：党员
婚姻状况：未婚	单位所属行业：
户籍类型：农村	户籍地址：
社会保险账号：	供养人口：
在当前住房居住时间（月）：	工作单位：阿里巴巴集团
最高职称：	职业类型：不便分类的其他从业人员
目前所在单位工作起始年份：2000	事业单位干部级别：其他
企业单位职务级别：高级领导（局级或以上）	技术职称级别：高级
职业稳定性：不稳定	个人公共信誉：优
司法记录：未涉及司法纠纷	是否我行股东：否
配偶姓名：	配偶工作单位：
配偶联系电话：	配偶证件类别：
配偶证件号码：	备注：

图 3-4　详细信息

(3) 收入信息，如图3-5所示。

职务名称：开发部主管	月薪：
工资账号开户银行：	工资账号：
证明单位：阿里巴巴集团	证明单位经办人：李煜
证明时间：2015年03月12日	配偶职务名称：
配偶月薪：	配偶证明单位名称：
配偶证明单位经办人：	配偶信息证明时间：

图 3-5　收入信息

(4) 住房信息，如图3-6所示。

序号	住房性质	产权证类型	房产证号码
1	自置	房产证	201106196853

图 3-6　住房信息

(5) 其他财务信息，如图3-7所示。

信息类型	评估金额	是否有效
其他资产	1200000.00	是

图 3-7　其他财务信息

(6) 保险信息，如图3-8所示。

保险公司名称	保险险种	保险金额
平安保险	第三人责任险	100000.00

图 3-8　保险信息

(7) 对外担保信息，如图3-9所示。

担保对象	担保对象开户行	担保金额
王宏	中国工商银行	12000.00

图 3-9 对外担保信息

(8) 重大事件信息，如图3-10所示。

事件类型	发生日期
欠息	2011年02月02日

图 3-10 重大事件信息

(9) 违规信息，如图3-11所示。

违规种类	违规日期	逃债金额
未按期办理年检手续	2011年03月17日	500.00

图 3-11 违规信息

(10)调查信息，如图3-12所示。

序号	调查日期
1	2015年11月13日
2	2015年11月16日
3	2015年01月22日

图 3-12 调查信息

(11) 客户现有贷款合同，如图3-13所示。

合同编号	贷款种类	签约金额	起始日期	期限	利率
00000001	个人大额经营性贷款	500000.00	2015年01月30日	60	4.79

图 3-13 客户现有贷款合同信息

(12) 个人征信特殊交易，如图3-14所示。

借据号码	特殊交易类型	发生时间	发生金额
021020124521	展期延期	1995年01月03日	9000.00

图 3-14 个人特殊交易信息

(13) 保证人、质押物或抵押物的担保登记情况，如图3-15所示。

序号	抵押合同号	抵押物性质	抵押物类型	评估价值	抵押率	抵押金额
1	D0000001	动产	房产	100.00	1	1000.00
2	D0000004	不动产	房产	1200000.00	70	800000.00

图 3-15 保证人、质押物或抵押物的担保登记信息

原有客户信息如需更新或修改，可将该客户信息锁定，然后进入"个人信息"，即可更新或修改系统中原有的客户信息。

(二) 如何利用信贷业务软件录入新客户信息

打开信贷业务软件，单击"客户信息"，进入"登记查询"，单击右上角的"新增"，弹出"新增-个人客户"，即可输入新客户基本信息，完成新客户添加，如图3-16所示。

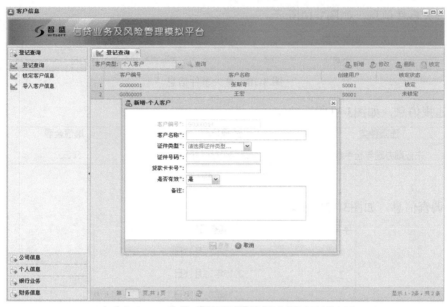

图 3-16　信贷业务系统新增个人客户信息

系统中出现新添加客户的基本信息，将新客户锁定，进入"个人信息"，根据客户提交的资料，依次填写个人详细信息、个人收入信息、房产信息、其他财务信息、保险情况、对外担保情况、重大事件、违规记录、个人征信-特殊交易、个人征信-特殊事件等，如图3-17所示。

图 3-17　录入新客户信息

二、个人客户信息管理

个人客户信息管理主要是基于对客户信息的收集、整理和分析，对客户进行分类和管理，进而提高工作效率，它是客户关系管理的必要前提。

客户信息管理可分成三个步骤：第一，尽量收集大量精确的客户信息；第二，迅速准确地分析客户信息并进行客户细分；第三，根据实时客户信息做出最优决策，使客户终生价值最大化。在整个过程中，要强调两点：实时客户信息分析和前瞻性的最优动态决策。客户信息管理是一种基本的经营方法，它以客户为重点并以客户为导向，涵盖企业经营活动的各个方面，目的是满足企业的客户对产品的需求，并为他们提供高质量和及时的服务。采取这种以客户为重点并以客户为导向的经营方法的公司就是以客户为中心的公司。个人客户信息管理的目的很明显，即获取新客户，留住现有客户，增强与现有客户的关系。

通常情况下，客户信息管理的作用与目的可归纳为以下几点。

(1) 用于客户沟通，让客户经理了解客户"是谁"，通过这些基本信息，能够对客户有一个相对明晰的描述。

(2) 用于客户分析与分类，让客户经理了解客户"是怎样的"，帮助客户经理制定沟通策略。在此需要特别指出的是，一定要明确哪些客户信息对于客户分析与分类是有帮助的，且可以指导客户经理制定沟通策略。否则，再多的信息都是没有效用的。

(3) 用于客户关系的管理，帮助管理者了解客户经理的工作现状，帮助客户经理进行客户维护，帮助客户经理记录沟通计划、沟通过程、沟通结果。

(4) 用于客户关系管理的分析，帮助管理者分析客户管理的效率与瓶颈，以便指导客户经理的工作。比如，通过客户线索的增加数量，可以看到客户经理的开拓能力；通过赢得客户的比率，可以看到客户经理的销售能力；通过客户的生命周期以及所实现的交叉销售，可以看到客户经理维护客户的能力；通过客户的流失率，可以看到客户经理的服务能力或公司存在的问题等。对以上问题的分析，哪些数据是必要的或必需的，取决于公司以及产品所处的市场阶段。比如，在市场导入期，看重市场开拓能力；在市场成长期，市场开拓与市场维护并重；在市场成熟期，更看重市场的维护能力。

知识小结

个人客户信息是关于个人客户的原始数据和相关信息，主要包括个人基本情况、收入、房产、债务、保险、对外担保、重大事件、违规记录、与银行往来等私人信息。对于客户的个人信息，银行信贷工作人员应及时录入系统并在信息发生变化时及时更新。

客户信息管理是客户关系管理的必要前提。基于客户信息的收集、整理和分析，对客户进行分类和管理，可以提高工作效率，从而实现银行"以客户为中心"的服务宗旨。

实训活动

一、软件介绍

(略)

二、模拟实训

仿真操作——新建客户和登录、查询客户信息

1. 活动目的

熟悉客户信息管理系统的操作：在模拟系统中新建客户，登录、查询客户信息。

2. 活动安排

(1) 学生的任务，具体包括：

① 学生根据老师分配的操作号登录系统，修改密码。

② 新建一个个人贷款客户(为确保不重复，可以用自己的名字作为新客户的名字)，并输入该贷款客户的详细信息。

③ 学生自己选定个人客户，在系统内查询。

④ 同学之间进行讨论和互动。

(2) 教师的任务，具体包括：

① 向学生提供业务模拟系统网址。

② 对学生提出操作要求和注意事项的同时，进行教学演示。

③ 明确学生所建的客户，必须保证是唯一的客户，今后所有信贷业务的具体操作，都必须针对自己的客户进行。

④ 期末考核的实训结果中，客户必须是自己新建的客户，否则不给予实训成绩。

⑤ 讲评学生学习情况。

3. 活动准备

准备实训室，安装调试好信贷管理模拟系统，准备实训电脑，要具备上网功能。

4. 活动评价

对学生模拟实训的各个环节进行打分。

考　核

利用信贷软件查询一个个人贷款客户的基本情况及贷款情况，并撰写实训报告。

知识拓展

∞ 商业银行如何合法合规收集和使用客户信息 ∞

一、商业银行应合法合规收集客户信息

1. 确保渠道合法

一方面，应确保信息提供主体资质适当。如商业银行拟收集的客户信息涉及征信信息(企业及个人信用信息)，则属于征信业务范畴，信息的提供主体应具备相应的征信业务经营资质，即根据《征信业管理条例》及《征信机构管理办法》的规定，经营个人征信业务应经中国人民银行批准，并取得个人征信业务经营许可证；经营企业征信业务应向中国人民银行备案。商业银行在收集信息时，应区分个人及企业信息的不同，核实信息提供主体是否具有相应资质。另一方面，应确保信息来源合法合规。根据《网络安全法》第二十二条、第四十一条的规定，网络产品、服务具有收集用户信息功能的，其提供者应当向用户明示并取得同意。网络运营者收集、使用个人信息，应遵循合法、正当、必要原则并经收集者同意。为此，应关注合作机构拟提供的个人及法人客户信息的来源合法性，并应取得客户书面同意或授权。

2. 确保收集行为合法

银行收集客户信息往往需要同时向合作机构提供客户基础信息，根据《中国人民银行关于银行业金融机构做好个人金融信息保护工作的通知》(银发〔2011〕17号，以下简称《通知》)第四条，向本金融机构以外的其他机构和个人提供个人金融信息，须为个人办理相关业务所必需并经个人书面授权或同意。《征信业管理条例》中虽未明确规定企业客户征信查询的具体条件，但根据人民银行征信中心的要求，机构参与者查询企业和个人信用报告均要取得信息主体书面同意。此外，收集企业信息还应注意避免侵犯企业的商业秘密。

二、商业银行如何合法使用客户信息

1. 信息使用应符合银行客户信息保护要求

目前，对商业银行个人客户信息保护方面的规定较企业客户信息更为细致。我国法律对银行个人客户信息保护的规定主要体现为《商业银行法》所规定的对储户保密的法律义务。此外，从目前有关监管机构的意见和司法实践情况看，通常将个人银行客户信息归属于公民"隐私权"的范畴。如果公民认为银行未尽到保护其客户信息安全的义务侵犯其隐私权，有权依照《侵权责任法》的相关规定，向人民法院依法提起诉讼；客户也可依据与银行之间的合同要求银行承担违约责任。

2. 合规开展信息内部共享

为加强信息内部共享的合规管理，应当注意以下问题：强化征信信息安全，健全征信信息查询管理，加强征信系统用户管理；严禁留存非本机构的支付敏感信息(包括银行卡磁道或芯片信息、卡片验证码、卡片有效期、银行卡密码、网络支付交易密码等)，确有必要留存的应取得客户本人及账户管理机构的授权；尽管目前允许境内银行业金融机构向其境

外集团内机构提供境内个人金融信息，但集团内的信息共享还应充分遵守信息主体及信息所在地法律法规关于信息提供及使用的规定，并应取得信息主体的必要授权。

3. 重视向第三方提供客户信息的合规性问题

商业银行对外提供客户信息主要基于业务合作和委托外包情形，此外，商业银行在提供顾问服务过程中，也可能涉及客户信息的整合、加工和对外提供。对外提供客户信息是社会公众和监管部门比较关注的领域，也是相关风险比较集中的领域。一方面，银行应确保对外提供客户信息行为符合相关法律规定并取得客户授权；另一方面，鉴于商业银行不具备征信业务相关经营资质，对外提供信息时应避免涉及对企业和个人的信用信息进行采集、整理、保存、加工。

资料来源：https://wemedia.ifeng.com/71923842/wemedia.shtml.

项目四 个人贷款业务贷前调查

贷前调查是贷款发放的第一道关口，也是信贷管理的重要程序和环节，是贷款发放的基石，是防范风险、减少坏账的重要前提，其真实性和可靠性对保证贷款的安全性意义重大。作为银行的个贷客户经理，必须做好贷前调查这项基础工作，控制风险源头，保证贷款质量。个别客户经理人在贷前调查过程中，由于只查看借款申请人提供的资料，未能对借款申请人的基本情况、财产状况、效益状况和存在的风险有一个客观、全面的了解，没有真正起到调查作用，这样的调查本身就存在不可忽视的风险。一次不负责任的贷前调查，就有可能导致一笔不良贷款的产生，由此带来的是欠息、逾期、催收甚至起诉等一系列烦琐的工作。

任务一 贷前调查

知识目标

- 熟悉贷前调查的方法；
- 了解个人贷款贷前调查需要收集的资料；
- 掌握个人贷款贷前调查的内容；
- 掌握贷款调查操作流程。

能力目标

- 能够针对具体的个人贷款申请准备贷款调查材料；
- 能正确开展个贷调查工作。

素质目标

- 在办理个贷业务过程中能够做到细致、认真；
- 具备较强的风险意识。

案例导入

刘先生以其拥有的一栋房产作抵押，向某银行支行提出申请个人房屋装修贷款，并提供了房产证、土地证、个人身份证明、户籍证明、婚姻证明以及收入证明。该银行支行个人贷款业务部的客户经理小王受理了刘先生的贷款申请，小王在确认此房屋存在后，由刘先生备齐房产估价证明、贷款担保人同意担保证明等，并与贷款担保人一同在该银行支行签订了同意抵押担保文件。手续齐全后，该银行支行报其上级行审批，并将借款合同送至公证部门公证。在办理房屋抵押登记手续期间，由于路途较远，该支行同意由刘先生自行办理抵押手续。后来，刘先生将办好抵押的"他项权证"交给该银行，该银行就为其办理了房屋装修贷款。结果，后期发现了问题，经查证，证实土地证、房产证、他项权证均系伪造，贷款被骗。

该案例是一起典型的由于客户经理贷前调查失职造成的信贷风险事件。贷前调查是指贷款发放前银行对贷款申请人基本情况的调查与核实，并对其是否符合贷款条件和可发放的贷款额度做出初步判断。在该案例中，贷前调查的失职主要体现在：一是面谈过程中未按规定约见借款人、财产所有人和共有人，并未核对以上人员的身份证件；二是未尽职调查借款人的第一还款来源的情况；三是未充分核实借款人的贷款用途，对房产所有权及装修合同未进行实地核查；四是客户经理未核实房屋产权证的抵押状况和权属情况。

学习任务

贷前调查是商业银行个人贷款办理流程中较为重要的环节之一，是贷款决策的基本组成部分。贷前调查工作是否充分，是银行贷款安全的重要保障。作为银行的客户经理，贷前调查是其核心工作之一。银行在受理借款人的贷款申请后，应履行尽职调查职责，对个人贷款申请内容及相关情况的真实性、准确性、完整性进行调查核实，并形成调查评价意见。

一、贷前调查方式

银行客户经理在开展贷前调查工作之前，首先需要审查借款人提交的贷款申请资料，了解借款申请人的基本情况、贷款担保情况等，具体包括：借款人、担保人(共有人)身份证明资料；借款人、担保人资信评估资料；借款人工作及收入证明资料；抵押物、质物产权证明资料，以及银行认可的评估机构出具的评估报告；与贷款用途有关的资料，包括购销合同、合作协议等；借款人首付款资金的证明资料；担保人为公司的，担保人所需提供资料按照公司担保管理的有关规定执行；银行认为需要提供的其他文件及证明等。

对贷款人的基本情况有了初步了解后，银行客户经理应当利用科学适当的调查方法，来获取并核查银行所需的相关信息。根据银监会的要求，银行在进行贷前调查时应以实地调查为主、间接调查为辅，采取现场核实、电话查问以及信息咨询等途径和方法。具体的调查方法包括以下几种。

(一) 面谈调查

通过与借款人、担保人面谈的方式，核实当事人的身份，确定当事人的民事行为能力，核实借款人的借款意愿、担保人的担保意愿，并通过面谈调查当事人的基本情况、综合素质和履约能力。根据《个人贷款管理暂行办法》，商业银行在个人贷款调查阶段，应当实施面谈调查制度，即银行应当面核实借款人身份及贷款用途的真实性，除通过电子银行渠道发放的低风险个人质押贷款外，其他个人贷款都应执行面谈制度。

(二) 实地调查

实地调查是指对申请人、担保人及抵(质)押品进行实地调查，核实所提供资料的真实性，现场查看申请人、保证人的经济情况以及资产分布状况和抵(质)押品的现状。

(三) 电话调查

电话调查是指对于申请资料完备，收入、资产证明符合要求的借款申请，可对其中的一些辅助项目用电话调查的方式核实。

❖ 学习资料1

✍ 银行个人贷款贷前调查中电话核查技巧探讨 ✍

1. 贷前调查存在的问题

个人贷款客户信息核查制度作为零售贷款集中审批运作模式下的重要配套制度之一，起到了保证客户申请信息的真实性以及防范虚假贷款诈骗的重要作用。但是，在贷前调查中可能存在以下5个方面的问题。

(1) 贷前调查流于形式，没有按照贷款操作规程的要求去深入细致地进行实地调查。

(2) 有的信贷人员直接将借款申请人提供的资料作为贷前调查结果，导致贷前调查失实。

(3) 信贷员在贷前调查过程中没有对申请人进行必要的外部调查，没有摸清申请人的真实背景。

(4) 有的信贷员凭经验和感觉办事，没有进行贷前调查便形成了调查报告。

(5) 贷前调查中没有用影像图片等有效手段记录借款申请人的真实经营情况，不能给贷款审批人提供直观的、原始的审批依据。

2. 贷前调查的内容

电话核查是对客户经理发起业务真实性的监督和检查，不是对发起机构承担客户身份真实性、交易真实性、用途真实性的职责的替代，客户经理仍然承担保证发起业务真实性的第一性责任。电话核查的形式是依靠询问借款相关人员的情况来判断相关信息的真实性与否，既不同于实地调查取得证据证实，也无法看到被调查者在回答问题时的表情和肢体动作，所以在判断真实性方面有很大的局限性，只能依靠有准备、有重点的提问和被调查者对提问的回答之间的逻辑关系是否有矛盾来得出初步核查结论，所以电话调查只能作为一种辅助调查方式。调查内容主要包括以下6个方面。

(1) 客户身份真实性。核实客户姓名、年龄、证件类型及号码、联络方式、学历等要素。在日常业务中，可通过询问被调查者生日的方式核实其身份、年龄信息。

(2) 婚姻状况真实性。核实客户婚姻状况，对已婚者可询问其在哪一年结婚，对未婚者可参考查看其信用报告上的婚姻状况来印证是否结婚。

(3) 交易真实性。通过核实所购房产地理位置、房产面积、所购层数、房号、户型结构、购车品牌、型号、交易金额、交易时间、首付款金额、贷款金额等确定交易的真实性。

(4) 工作单位真实性。核实借款人所处行业、工作单位、职务、工作电话、公司成立的时间及经营期限、工作年限，还应核实借款人及其配偶是否为开发商、建筑商、经销商关联企业员工等。此项核查的重点多集中在工作单位一项。工作单位造假是贷款核查中最重要的造假行为，主要形式有三：开发商帮助造假；担保人帮助造假；借款人自己造假。这样做的目的是帮助没有工作单位或工作单位稳定程度较低或提供工作单位证明不方便的借款人通过银行的审批。但是作为贷前核查人员，最重要的职责是将借款人最真实的情况呈现出来，所以就要解伪。询问方法包括以下几种。

① 询问所在单位经营内容、经营流程。例如，如是运输企业，可询问其运输线路、运输车辆情况；如是房地产企业或建筑施工企业，可询问其曾经开发过哪几个楼盘，铺设过哪些道路和桥梁等；如是养殖业，可询问其养殖面积、疫病防治情况等。

② 询问其在单位从事何岗位、有何职称。例如，如是教师，可询问其教授几年级以及哪一门课程；如是财务人员，可询问其单位采用何种记账法。

③ 询问其单位地址，对工作单位地址与所购房产地址不在同一地的情况，如所购房产在户籍所在地，可不询问；如所购房产既不在工作所在地也不在户籍所在地，应着重询问原因。

(5) 收入证明真实性。与借款人及其所在单位的财务人员或部门经理以上负责人电话联系核实借款人收入，可参考借款人提供的银行流水中的交易金额，着重提问此项金额交易的背景是什么，观察背景与所提供的工作内容是否匹配。对于租金收入，可询问当前租户的简单情况以及从事何种经营。

(6) 抵押真实性。核实抵押物的状态、抵押物的权属、抵押物的价值等。可询问抵押人抵押物的位置，附近有哪些建筑或有哪些住户，现在用途是什么并与所拍照片进行匹配。询问借款人抵押人的姓名，以及与抵押人的关系等。

(7) 用款的真实性。核实循环额度类贷款项下的单笔实际用款是否与提供的用途证明一致等。消费类贷款用途多为装修，可询问装修公司名称，所装修房屋位置，并判断装修金额与房屋面积是否匹配。如为旧房装修，可简单询问原因，看其所答是否合乎常理。如贷款用于经营，则要根据其购货合同中所载内容来核实。例如，用途为购买轮胎，则可询问所购规格、型号、单价以及销售商名称等。

以上提供了判断各项资料真实性的方法，对方回答的流畅、熟练程度，以及逻辑关系是否合理都可作为判断依据。总之，电话核查就是要与借款相关人员直接对话，听其言，辨其声，合乎理，去伪存真。如回答与所提供资料有出入、有疑点，应坚决指出来，要求经办客户经理再次调查或干脆拒绝其申请。真实性是贷款审批的根本，是铸就正确审批的铜墙铁壁。

资料来源：张国林. 开封支行[J]. 消费导刊，2014(2).

二、贷前调查的主要内容

贷前调查包括但不限于以下内容：借款人的基本情况；借款人的收入情况；借款用途；借款人的还款来源、还款能力及还款方式；保证人的担保意愿、担保能力或抵(质)押物价值及变现能力。具体来说，包括以下几个方面。

(一) 材料一致性

贷前调查人应认真审核贷款申请材料，以保证审批表的填写内容与相关证明材料一致；相关证明材料副本(复印件)内容与正本一致，并需要由贷前调查人验证正本后在副本(复印件)上盖章签名。

(二) 审核借款申请人(包括代理人)的身份证明

贷前调查人须验证借款申请人提交的身份证件，具体包括身份证照片与申请人是否一致，是否经有权部门签发，是否在有效期内。

(三) 调查借款申请人的信用情况

如要调查借款申请人的资信情况，可充分利用银行的共享信息，调查了解借款申请人与银行的历史往来；如要调查借款人的信誉状况，可以查阅个人信用报告。个人信用报告是人民银行征信中心出具的个人信用信息记录，它记载的信息有以下几类：一是个人基本信息，包括姓名、证件类型及号码、通讯地址、联系方式、婚姻状况、居住信息、职业信息等；二是信用交易信息，包括信用卡信息、贷款信息、其他信用信息；三是其他信息，包括查询记录等。

商业银行在审核个人贷款申请，审核个人贷记卡、准贷记卡申请，审核个人作为担保人申请，以及对已发放的个人信贷进行贷后风险管理时，都可以查询个人信用报告。其中，除进行贷后风险管理时无须取得被查询人的书面同意外，其余情况都必须取得被查询人的书面授权。

❖ **学习资料2**

∞ 授 权 书 ∞

本人授权中国××银行××支行可以通过人民银行个人信用信息基础数据库查询本人信用报告，并将本人的信用信息报送至人民银行征信服务中心。

授权人签字：

身份证号：

年　月　日

❖ **学习资料3**

个人信用报告如表4-1所示。

表4-1 个人信用报告(个人查询版样本)

报告编号:	查询时间:	报告时间:
2008030700000156789×××	2008.03.08 09:50:17	2008.03.07 09:52:20

查询信息					
	查询者查询原因 被查询者姓名				
张三被查询者证件类型被查询者证件号码	身份证	35260119661127×××		中国人民银行××市中心支行	本人查询

个人身份信息						
姓名	性别	证件类型	证件号码	出生日期	最高学历	最高学位
张三	男性	身份证		1966.11.27	未知	未知
通讯地址	邮政编码	户籍地址	住宅电话	单位电话	手机号码	电子邮箱
××××	123456			1		
婚姻状况	配偶姓名	配偶证件类型	配偶证件号码	配偶工作单位	配偶联系电话	信息获取时间
已婚	—					2008.02.19

报送单位
中国××银行

居住信息					
编号	居住地址	邮政编码	居住状况	报送单位	信息获取时间
1		000000	按揭	中国××银行	2008.02.19
2		364000	自置	××银行	2008.01.27

职业信息					
编号	工作单位名称	单位地址	邮政编码	单位所属行业	职业
1		—	—	未知	未知
2		—	—	未知	办事人员和有关人员
职务	职称	年收入	本单位工作起始年份	报送单位	信息获取时间
一般员工	高级	—	—	中国××银行	2008.02.19
一般员工	中级	—	—	中国××银行	2007.12.04

信用交易信息
信用卡明细信息

编号	卡类型	发卡机构名称	担保方式	币种	开户日期	信用额度	共享授信额度	最大负债额	透支余额/已使用额度
1	准贷记卡	中国××银行龙岩分行	信用/免担保	人民币	2006.09.24	5000	5000	4998	4968
2	贷记卡	中国××银行	信用/免担保	人民币	2006.03.07	5000	5000	0	0
	账户状态	本月应还款金额	本月实际还款金额	最近一次实际还款日期	当前逾期期数	当前逾期总额	准贷记卡透支180天以上未付余额	贷记卡12个月内未还最低还款额次数	信息获取时间
1	正常	0	0	2006.03.07	0	0	—	0	2008.02.19
2	正常	0	0	2007.11.07	0	0	—	0	2008.02.19

(续表)

信用卡最近24个月每个月的还款状态记录												
编号	24	23	22	21	20	19	18	17	16	15	14	13	结算年月
1	/	/	/	/	/	/	/	/	*	1	1	1	2007.12
2	1	2	3	1	2	1	2	3	1	2	3	1	2007.10
3	/	/	*	*	*	*	*	*	*	*	*	*	2007.12
编号	12	11	10	9	8	7	6	5	4	3	2	1	
1	*	1	1	1	1	1	1	1	1	1	1	1	
2	2	1	N	1	2	1	2	1	2	1	2	3	
3	*	*	*	*	*	*	*	*	*	*	*	*	

还款状态说明

准贷记卡：

/-未开立账户；　　　　　　　*-本月没有还款历史，即本　　　N-正常，是指准贷记卡透支后还
　　　　　　　　　　　　　　月未透支；　　　　　　　　　　清；

1-透支1～30天；　　　　　　2-透支31～60天；　　　　　　3-透支61～90天；

4-透支91～120天；　　　　　5-透支121～150天；　　　　　6-透支151～180天；

7-透支180天以上；　　　　　C-结清的销户；　　　　　　　G-结束(除结清外的，其他任何形
　　　　　　　　　　　　　　　　　　　　　　　　　　　态的终止账户)。

#账户已开立，但当月状态未知

贷记卡：

/-未开立账户；　　　　　　　*-本月没有还款历史，即本月未　N-正常，是指当月的最低还款额已被
　　　　　　　　　　　　　　使用；　　　　　　　　　　　　全部还清或透支后处于免息期内；

1-未还最低还款额1次；　　　2-连续未还最低还款额2次；　　3-连续未还最低还款额3次；

4-连续未还最低还款额4次；　5-连续未还最低还款额5次；　　6-连续未还最低还款额6次；

7-连续未还最低还款额7次及　C-结清的销户；　　　　　　　G-结束(除结清外的，其他任何形
以上；　　　　　　　　　　　　　　　　　　　　　　　　态的终止账户)。

贷款明细信息												
编号	贷款种类	贷款机构名称	担保方式	币种	账户状态	还款频率	还款月数	贷款发放日期	贷款到期日期	贷款合同金额	贷款余额	信息获取时间
1	农户贷款	××省信用合作联合社	保证	人民币	逾期	季	15	2006.11.16	2007.10.16	50000	0	2008.01.27

编号	剩余还款月数	最近一次实际还款日期	本月应还款金额	本月实际还款金额	当前逾期期数	当前逾期总额	累计逾期次数	最高逾期期数	逾期31～60天未归还贷款本金	逾期61～90天未归还贷款本金	逾期91～180天未归还贷款本金	逾期180天以上未归还贷款本金
1	0	2007.10.17	1	0	1	1	1	1	0	0	0	0

(续表)

贷款最近24个月每个月的还款状态记录

编号	24	23	22	21	20	19	18	17	16	15	14	13	结算年月
1	/	/	/	/	/	/	/	/	/	/	*	N	2007.12
2	/	/	/	/	/	/	/	/	/	/	/	/	2007.12

编号	12	11	10	9	8	7	6	5	4	3	2	1	
1	*	*	N	*	*	1	2	3	1	1	1	1	
2	/	/	/	/	/	/	/	/	/	*	*	N	

还款状态说明:

/-未开立账户;

*-本月没有还款历史,还款周期大于月的数据用此符号标识,还款频率为不定期,当月没有发生还款行为的用此符号表示,开户当月不需要还款的也用此符号表示。

N-正常 (借款人已经按时归还该月应还款金额的全部);

1-逾期1~30天;

2-逾期31~60天;

3-逾期61~90天;

4-逾期91~120天;

5-逾期121~150天;

6-逾期151~180天;

7-逾期180天以上;

D-担保人代还 (表示借款人的该笔贷款已由担保人代还,包括担保人按期代还与担保人代还部分贷款);

Z-以资抵债 (表示借款人的该笔贷款已通过以资抵债的方式还款,仅指以资抵债部分);

C-结清 (借款人的该笔贷款全部还清,贷款余额为0。包括正常结清、提前结清、以资抵债结清、担保人代还结清等情况);

G-结束 (除结清外的,其他任何形态的终止账户)。

为他人贷款担保明细信息

编号	被担保人姓名	被担保人证件类型	被担保人证件号码	为他人贷款合同担保金额	被担保贷款实际本金余额
1	李四	身份证		80000	80000
2	王五	身份证		100000	100000

个人结算账户信息

编号	开户银行代码	开户日期	销户日期	电话号码	居住(通讯)地址	邮政编码	信息获取时间
1	10240504301600	2005.02.12	—	—	—	—	2006.06.08
2	10240504206400	2003.03.14	—	—	—	—	2006.06.08
结算账户总数			8				

个人住房公积金信息

编号	个人账号	单位名称	开户日期	初缴年月	缴至年月	最近一次交缴日期	单位缴存比例	个人缴存比例	月缴存额	信息获取时间
1			1999.09.09	1999.09	2007.11	2007.11.22	12	12	502	2007.12.27

最近24个月交缴状态

编号	24	23	22	21	20	19	18	17	16	15	14	13	12	11	10	9	8	7	6	5	4	3	2	1
1	N	N	N	N	S	N	N	N	N	N	N	N	N	N	N	N	N	N	N	S	N	N	N	N

(续表)

还款状态说明：

/-未开立账户；

*-当前已开户，但尚未开始缴纳；

M-账户已开始缴纳，但当月没有缴款(包括正常缴纳和补缴)；

N-正常(缴款人已经按时缴纳该月应缴纳金额的全部)；

S-补缴(缴款人当月没有按时缴纳当月应缴公积金，但之后补缴了当月的欠缴公积金)；

K-封存。

个人支付信用信息

查询记录

编号	查询日期	查询者	查询原因
1	2008.03.06	福建省信用合作联合社	担保资格审查
2	2008.03.06	中国××银行龙岩分行	信用卡审批
3	2008.03.06	中国××银行龙岩分行	贷款审批

**********************************报告结束**********************************

报告说明

1. 除本人声明、查询记录和异议标注外，所有的信用信息均是从各家银行或其他各类机构采集所得，征信中心承诺保持其客观、中立的地位，并保证将这一原则贯穿于信息汇总、加工、整合的全过程

2. 本人声明是客户对本人信用报告中某些无法核实的异议所做的说明，征信中心不对本人声明的真实性负责

3. 本报告的生成依据是截至报告时间为止的个人信用信息基础数据库从商业银行和其他部门采集到的有关信息

4. 本报告中的币种为账户开立时所使用的币种。无论账户以何种币种开立，金额类数据已由各上报单位折算成人民币金额，所采用的汇率是离报文产生当日最近的国家外汇管理局公布的人民币基准汇价。所有数值型数据都为各上报单位上报时取整所得，金额精确到元

5. 信息获取时间是指该信息被加载入个人信用信息基础数据库的时间

6. 对于用"斜体"展示的数据，属于不符合某些规则，数据项之间存在矛盾的数据，在使用时需特别关注

7. 如本人对信用报告中的内容有异议，可以联系数据报送单位或当地中国人民银行分支机构征信管理部门或中国人民银行征信中心

(四) 调查借款申请人的偿还能力

贷前调查人应结合借款申请人所从事的行业、所任职务等信息，对其收入水平及证明材料的真实性做出判断，必要时可进一步调查、取证。借款申请人偿还能力证明材料主要包括：稳定的工资收入证明，如至少过去3个月的工资单，银行卡对账单、存折对账单等；投资经营收入证明，如验资报告、公司章程、股东分红决议、纳税证明等；财产情况证明，如房产证、存单、股票、债券；其他收入证明材料。贷款调查人能通过有关渠道查询到申请人资信和偿还能力证明的，可不要求申请人提供。

(五) 借款用途的调查

贷前调查人应调查借款申请人贷款行为的真实性，对存在虚假贷款行为套贷的，不予贷款。真实的借款用途和可靠的还款来源关系借款人是否正确地使用该笔贷款以及贷款能

否按期偿还，因此客户经理需要核查借款人直接的、真实的借款用途，判断该用途是否合法、合理。

(六) 担保调查

采用抵押担保方式的，应调查以下内容：①抵押物的合法性，包括抵押物是否属于《担保法》和《物权法》及其司法解释规定且银行认可的抵押财产范围。②抵押人对抵押物占有的合法性，包括抵押物已设定抵押权属情况，抵押物权属情况是否符合设定抵押的条件，借款申请人提供的抵押物是否为抵押人所有，财产共有人是否同意抵押，抵押物所有权是否完整。③抵押物价值与存续状况，包括抵押物是否真实存在以及存续状态，评估价格是否合理，如抵押物交易价格或评估价格明显高于当地平均房屋价值或明显高于当地同类物业价格，调查人可要求经贷款银行认可的评估机构重新评估。

采取质押担保方式的，应调查以下内容：①质押权利的合法性，包括出质人出具的质物是否在银行个人贷款管理办法规定的范围内，是否有伪造迹象。各银行对可以用于个人贷款质押的权利凭证规定不尽相同，但大多接受以下权利凭证作为质物：1999年及以后财政部发行的凭证式国债、国家重点建设债券、金融债券、单位定期存单、个人定期储蓄存款存单等。②出质人对质押权利占有的合法性，包括权利凭证上的所有人与出质人是否为同一人，出质人是否具有处分有价证券的权利。③质押权利条件，包括质物的价值、期限等要素是否与贷款金额、期限相匹配，质物共有人是否同意质押。

采用保证担保方式的，应调查以下内容：①保证人是否符合《担保法》及其司法解释规定，具备保证资格。保证人为法人的，要调查保证人是否具备保证人资格、是否具有代偿能力。如果保证人在三年内连续亏损，在银行黑名单之列或有重大违法行为损害银行利益的，均不得作为保证人。保证人为自然人的，应要求保证人提交相关材料，应查验贷款保证人提供的资信证明材料是否真实有效，包括基本情况、经济收入和财产证明等。②保证人与借款人的关系。③核实保证人保证责任的落实，查验保证人是否具有保证意愿并确知其保证责任。

三、贷前调查中应注意的问题

(1) 核实借款人提供的材料是否齐全，原件与复印件是否吻合，身份证件是否由有权部门签发，是否在有效期内，各种材料内容是否一致等。

(2) 核实借款人提供的个人资信及收入状况材料的真实有效性，判断借款人还款资金来源是否稳定，是否能够按时偿还贷款本息。其中，提供个人工资性收入证明的，应由申请人所在单位确认收入证明，并加盖公章；提供经营性收入证明的，需提供营业执照、财务报表及纳税证明等；提供租赁收入证明的，需提供租赁合同、租赁物所有权证明文件及租金入账证明等；提供个人金融及非金融资产证明的，需提供相关权利凭证。

(3) 落实其家庭住址及居住稳定情况，包括房产证明、房屋租赁或买卖合同及居委会或派出所出具的借款人居住证明等。当居住地址与户口本记录地址一致时，可不要求提供居住证明，但需予以注明。

(4) 对借款人的申请资料内容的齐全性进行检查，检查资料是否存在不应有的空白项。例如，表格填写是否完整，申请书是否经申请人签字，收入证明是否填列联系人等。

贷前调查完成后，贷前调查人应对调查结果进行整理、分析，填写审批表或撰写调查报告，提出是否同意贷款的明确意见及贷款额度、贷款期限、贷款利率、担保方式、还款方式、划款方式等方面的建议，并形成对借款申请人还款能力、还款意愿、担保情况以及其他情况等方面的调查意见，连同申请资料等一并送交贷款审核人员进行贷款审核。

知识小结

根据银监会的要求，银行在进行贷前调查时应以实地调查为主、间接调查为辅，采取现场核实、电话查问以及信息咨询等途径和方法。具体的调查方法包括面谈调查、实地调查和电话调查。

贷前调查的主要内容包括：借款人的基本情况；借款人的收入情况；借款用途；借款人的还款来源、还款能力及还款方式；保证人的担保意愿、担保能力或抵(质)押物价值及变现能力。

实训活动

一、模拟情境

【模拟情境1】

❧ 个人住房贷款的贷前调查准备 ❧

王一，家庭月收入2万余元，拟申请20年期个人住房贷款60万元购买新房。李新计划对王一进行贷前调查。

要求：根据情境，模拟完成个人住房贷款的贷前调查准备。

【模拟情境2】

❧ 个人汽车贷款的贷前调查准备 ❧

刘非月收入1万元左右，在建设银行申请贷款15万元购买一辆价值25万元左右的家用轿车，计划贷款3年。建设银行的个贷经理李畅计划对刘非进行贷前调查。

要求：根据情境，完成个人汽车消费贷款的贷前调查准备。

二、模拟实训——贷前调查准备

1. 活动目的

通过模拟实训，使学生能够熟练地掌握贷前调查需做的准备工作，锻炼学生准确判断客户风险的能力以及耐心细致的工作素质。

2. 活动流程

确定调查目标，准备调查内容提纲。

3. 活动安排

(1) 确定调查对象；

(2) 阅读客户提交的调查资料；

(3) 撰写调查内容提纲；

(4) 提供调查内容提纲；

(5) 教师点评。

4. 活动准备

实训案例，个人贷款客户申请材料。

5. 活动评价

对学生提交的贷前调查内容提纲进行打分。

考　核

做外贸的王先生(王宏)接了一笔需要一个月交货的订单，但急需50万元的周转资金。假如丢掉这笔订单，打拼了10年的国外市场就会彻底丢掉，企业也将面临破产。于是，王先生计划向银行申请个人大额经营性贷款50万元，同时以房产(价值80万元)作抵押。客户经理张三计划对王宏进行贷前调查。

要求： 根据情境，完成个人经营性贷款的贷前调查准备工作，提交实训报告。

任务二　面谈

知识目标

○ 了解面谈的方法；

○ 了解面谈的主要内容。

能力目标

○ 能设计制作面谈记录表；

○ 能完成一次面谈并做好记录。

素质目标

○ 在办理个贷业务过程中能够做到细致、认真；

○ 具备较强的风险意识。

案例导入

温思思，月收入2万余元，2014年11月3日向上海浦发银行申请个人住房贷款40万元，并以其房产(价值60万元)作抵押。客户经理小李对温思思进行了贷前调查。对于温思思提交的本人及其配偶的身份证件、户口本和结婚证等证件，核查了原件。对于温思思提交的工资收入证明等收入材料，通过其预留的工作单位电话证实了其收入的真实性。对与阳光地产签订的购房合同，通过阳光地产的售楼员得到证实，并实地调查了该楼盘的情况。小李查询了温思思及其配偶的信用信息，并让温思思及其配偶签订了银行指定格式的同意抵押声明和诚信保证书。

学习任务

面谈调查是指在贷款调查阶段，银行当面核实借款人身份及贷款用途的真实性。除通过电子银行渠道发放的低风险个人质押贷款外，其他个人贷款都应执行面谈调查制度。在实际操作方面，个贷经营部门在贷前尽职调查阶段约见借款当事人(含借款申请人、共同借款人、保证人、抵/质押人或有权处分人)，当面核实其身份、贷款申请内容、担保内容(如有)的真实性，了解借款的真实用途等，并亲自见证借款当事人本人当场签署借款申请书、面谈笔录、征信查询授权书等资料文本。

一、面谈调查的内容

在贷前尽职调查过程中，个贷客户经理应通过谈话、核对资料等方式与所有借款当事人至少面谈一次，且至少就以下事项逐一核实，并作为与客户面谈的主要内容。

(1) 所有借款当事人与其提供身份证件(原件)的一致性。

(2) 所有借款当事人提供的身份证件、与相关交易对手的交易合同等文件资料的真实性；如为复印件，则该复印件与相关原件核对一致性情况。

(3) 借款申请人、共同借款人(如有)对借款、还款意愿的确认；如涉及担保或有共有人，还包括保证人、抵(质)押人或有权处分人的担保意愿。

(4) 借款申请人、共同借款人(如有)对贷款申请及相关要素(含申请贷款金额、贷款期限、还款方式等)的确认；如涉及担保，则包括保证人、抵(质)押人或有权处分人对担保相关要素(含担保方式、担保责任、担保期限、保证金安排等)的确认。

(5) 个贷客户经理认为其他需当面核实或确认的事项。

二、面谈记录

面谈记录应根据个贷产品、客户和银行自身等的特点和需要，设置成一定形式，以方便记录，同时也可作为面谈的见证材料。

◆ 学习资料1

✂ 个人贷款客户谈话备忘录 ✂

时间：____年____月____日　　　　地点：_____

借款人：_____　　　联系电话：_____

工作单位：_____　　现住所地址：_____

现根据××银行个人贷款的有关规定，请您答复以下问题，并保证内容的真实性。

1. 您申请贷款的情况必须属实，否则您个人可能承担相应的法律责任。对此，你是否了解？

　　□是　　□否

2. 您是否自愿在××银行××分行(支行)办理个人贷款？

　　□是　　□否

3. 您在填写个人贷款合同之前是否认真阅读过?

　　□是　　□否

4. 您是由个人亲自撰写还是委托他人撰写借款申请?□我本人　□委托他人。此借款申请是否真实体现您的个人意愿?

　　□是　　□否

5. 您目前或准备经营的项目是什么?地点在哪里?

答:

6. 您申请贷款的实际用途是什么?

　　□流动资金(　　　　　　　　　　　)

　　□购房(　　　　　　　　　　)

　　□购车(　　　　　　　　　　)

　　□其他(　　　　　　　　　　)

7. 您申请贷款的担保方式是什么?

　　□抵押(　　　　　　　　　　)

　　□质押(　　　　　　　　　　)

　　□保证(　　　　　　　　　　)

　　□信用及其他(　　　　　　　　　　　)

8. 您作为借款人,应当有足够的偿还贷款本息的能力,并按合同规定按期归还银行贷款。对此,您是否清楚?

　　□是　　□否

9. 如您有配偶,根据《中华人民共和国婚姻法》的规定,如您与您的配偶对所购房产权属未作约定,则该房产将作为夫妻共有财产,还贷及其他相关义务由夫妻双方承担连带责任。对此,您和您的配偶是否清楚?

　　□是　　□否

10. 您签订借款合同时,应在贷款人处开设还款账户。贷款发放后,依照合同约定的还款方式归还贷款本息。您应当在每期还款日前存入不少于当期应还本息的存款,并授权贷款人从账户扣收。如您不能按时归还贷款本息,贷款人则要求您承担以下责任:

(1) 未按约定时间还款,将按国家规定对逾期贷款计收罚息;

(2) 对未按约定支付的利息,计收复利;

(3) 如您违约3个月,贷款人有权宣告合同提前到期,并要求提前偿还全部贷款本息,或依法律规定拍卖、处置抵押房屋。对此,您是否清楚?

　　□是　　□否

11. 您签订借款合同后,应按照合同中条款规定,将抵押物的全部财产权利抵押给贷款银行,抵押担保的范围包括但不限于借款合同项下的贷款本金、利息(含违约贷款复利、罚息)及实现债权的费用。对此,您是否清楚?

　　□是　　□否

12. 您以房屋或其他房产办理抵押,应当依照法律规定到房产所在地的房地产管理机构办理抵押登记,并将抵押物的他项权利证书交付我行。在贷款全部清偿后,才能办理抵押注销登记手续。对此，您是否清楚？

　　□是　　□否

　　13. 您的贷款为保证贷款，保证人应对以下事项承担连带责任：

　　(1) 归还借款合同项下的贷款本息(含罚息)；

　　(2) 支付合同发生纠纷引起的诉讼费用；

　　(3) 实现债权的其他费用。

　　您的保证人是否清楚并承诺承担上述责任？

　　□是　　□否

　　对此，您是否清楚？

　　□是　　□否

　　14. 贷款人依据合同约定或按照法院裁决处置抵押物时，您将被要求搬离已用于抵押的房屋，我行不承担任何责任。对此，您是否清楚？

　　□是　　□否

　　15. 您是否已对办理个人贷款所享有的权利和承担的义务有了明确的了解？

　　□是　　□否

　　16. 上述谈话记录是否是您真实的意思表示？

　　□是　　□否

　　17. 您所提供的各种资料是否属实？

　　□属实　□不属实

　　18. 您是否还有其他要说明的问题？

　　申请人签名：

　　申请人财产共有人签名：

　　调查人签名：

　　主调查人签名：

◆ **学习资料2**

∞ 农户贷款客户谈话备忘录 ∞

时间：＿＿＿年＿＿＿月＿＿＿日　　　　　地点：＿＿＿＿＿＿＿＿＿＿＿＿

借款人：＿＿＿＿＿＿＿＿＿＿＿＿＿　　联系电话：＿＿＿＿＿＿＿＿＿

工作单位：＿＿＿＿＿＿＿＿＿＿＿＿　　现住所地址：＿＿＿＿＿＿＿＿

现根据××银行农户贷款的有关规定，请您答复以下问题，并保证内容的真实性。

1. 您是否常年在户口所在地居住？

　　□是　　□否

2. 您申请贷款的情况必须属实，否则您个人可能承担相应的法律责任。对此，你是否了解？

　　□是　　□否

3. 您是否自愿在××区农村信用合作联社信用社办理农户贷款?

　　□是　　□否

4. 您在填写个人贷款合同之前是否认真阅读过?

　　□是　　□否

5. 您是由个人亲自撰写还是委托他人撰写借款申请?　□我本人　□委托他人。此借款申请是否真实体现您的个人意愿?

　　□是　　□否

6. 您目前或准备经营的项目是什么?地点在哪里?

答:

7. 您申请贷款的实际用途是什么?

　　□种植业(　　　　　　　　　　　)

　　□养殖业(　　　　　　　　　　　)

　　□购农机具(　　　　　　　　　　)

　　□其他(　　　　　　　　　　)

8. 您申请贷款的担保方式是什么?

　　□抵押(　　　　　　　　　　)

　　□质押(　　　　　　　　　　)

　　□保证(　　　　　　　　　　)

　　□信用及其他(　　　　　　　　　　)

9. 您作为借款人,应当有足够的偿还贷款本息的能力,并按合同规定按期归还银行贷款。对此,您是否清楚?

　　□是　　□否

10. 如您有配偶,根据《中华人民共和国婚姻法》的规定,夫妻双方拥有共同财产,在还贷及履行其他相关义务时,由夫妻双方承担连带责任。对此,您和您的配偶是否清楚?

　　□是　　□否

11. 您的贷款为信用贷款,您必须按照贷款的用途使用贷款,并按约期偿还贷款本息。如出现违约,贷款人有权通过法律途径追索债务权利,直到还清贷款本息。对此,您和您的配偶是否清楚?

　　□是　　□否

12. 您的贷款为联保贷款,保证人应对以下事项承担连带责任:

(1) 归还借款合同项下的贷款本息(含罚息);

(2) 支付合同发生纠纷引起的诉讼费用;

(3) 实现债权的其他费用。

您的保证人是否清楚并承诺承担上述责任?

　　□是　　□否

对此,您是否清楚?

　　□是　　□否

13. 您的贷款为抵押贷款,抵押人及抵押人财产共有人是否同意为贷款提供抵押担保?

　　□是　　□否

如贷款到期不能偿还，贷款人有权处置、变现抵押物用于偿还贷款本息，不足部分由借款人继续承担。对此，您是否清楚？

□是　　□否

14. 您签订借款合同时，应在贷款人处开设还款账户。贷款发放后，依照合同约定的还款方式归还贷款本息。您应当在每期还款日前存入不少于当期应还本息的存款，并授权贷款人从账户扣收。如您不能按时归还贷款本息，贷款人则要求您承担以下责任：

(1) 未按约定时间还款，将按国家规定对逾期贷款计收罚息；

(2) 对未按约定支付的利息，计收复利；

(3) 如您违约3个月，贷款人有权宣告合同提前到期，并要求提前偿还全部贷款本息，或依法律规定拍卖、处置抵押房屋。对此，您是否清楚？

□是　　□否

15. 您签订借款合同后，应按照合同中的条款规定，将抵押物的全部财产权利抵押给贷款银行，抵押担保的范围包括但不限于：借款合同项下的贷款本金、利息(含违约贷款复利、罚息)及实现债权的费用。对此，您是否清楚？

□是　　□否

16. 您以房屋或其他房产办理抵押，应当依照法律规定到房产所在地的房地产管理机构办理抵押登记，并将抵押物的他项权利证书交付我社。在贷款全部清偿后，才能办理抵押注销登记手续。对此，您是否清楚？

□是　　□否

17. 贷款社依据合同约定或按照法院裁决处置抵押物时，您将被要求搬离已用于抵押的房屋，我社不承担任何责任。对此，您是否清楚？

□是　　□否

18. 您是否已对办理个人贷款所享有的权利和承担的义务有了明确的了解？

□是　　□否

19. 上述谈话记录是否是您真实的意思表示？

□是　　□否

20. 您所提供的各种资料是否属实？

□属实　□不属实

21. 您是否还有其他要说明的问题？

申请人签名：
申请人财产共有人签名：
联保小组组长签名：
联保小组成员签名：

调查人签名：
主调查人签名：

▶ **学习资料3**

❦ 个人贷款客户面谈记录 ❧

时间：＿＿＿年＿＿月＿＿日　　　　　　地点：＿＿＿＿＿＿＿＿＿＿＿＿

借款人：＿＿＿＿＿＿＿＿＿＿＿＿＿＿　　联系电话：＿＿＿＿＿＿＿＿＿＿

感谢您对××农村合作银行的信赖，现根据××农村合作银行个人贷款的有关规定，请您答复以下问题，并保证内容的真实性。

1. 您申请的个人贷款是　　□公职消费贷款　　　□抵押贷款　　　　□担保贷款

　　　　　　　　　　　　□联保贷款　　　　　□个体工商户定向贷款

2. 您本次的贷款用途为＿＿＿＿＿＿＿＿＿＿。

3. 您申请贷款的用途及申请个人贷款的情况必须属实，否则您个人可能承担相应的法律责任。对此，你是否了解？

　　□是　　□否

4. 您与我行签订的合同生效后，符合受托支付条件的，您将授权贷款人将贷款直接划入指定的账户。对此，您是否清楚？

　　□是　　□否

5. 您作为借款人，应当有足够的偿还贷款本息的能力，并按合同规定按期归还银行贷款。对此，您是否清楚？

　　□是　　□否

6. 贷款发放后，您应当依照合同约定的还款方式归还贷款本息，并在每期还款日前到我行营业部柜面进行还款，以保持良好的还款信用记录。如您不能按时归还贷款本息，贷款人则要求您承担以下责任：

(1) 未按约定时间还款，将按国家规定对逾期贷款计收罚息；

(2) 对未按约定支付的利息，计收复利；

(3) 如您违约3个月，贷款人有权宣告合同提前到期，并要求提前偿还全部贷款本息，或依法律规定拍卖、处置抵押物，或依法扣划你户工资。

对此，您是否了解？

　　□是　　　□否

7. 您可以要求提前还款，但需注意以下问题：

(1) 应于计划提前还款日期一周书面通知贷款人；

(2) 如提前归还贷款本金，利率档次不变，对提前还款部分按实际占用时间结算利息。

对此，您是否了解？

　　□是　　　□否

如果您办理的是抵押贷款，请阅读并回答8～13项。

8. 您在申请办理抵押贷款时，所抵押的房产是否已对外出租？

　　□是　□否

如以上回答"是"，请回答：您的房屋已出租，在我行办理抵押贷款时，您需要告知承租人并承诺承租人已放弃优先购买权，同意请选择"是"。

 □是 □否

9. 您在申请办理抵押贷款时，是否拥有除抵押房产外的第二套房产？

 □是 □否

10. 您申请办理抵押担保贷款，对即将签订的合同项下有关评估、登记、公证、保险等费用，按有关规定将全部由您承担。合同生效后，应按照合同中抵押条款的规定，将抵押物的全部财产权利抵押给贷款银行。抵押担保的范围包括借款合同项下的贷款本金、利息(含违约贷款复利、罚息)及实现债权的费用。对此，您是否了解？

 □是 □否

11. 您以所购房屋或其他物产办理抵押，应当依照法律规定到所在地的登记管理部门办理抵押登记，并将抵押物的他项权利证书交付贷款银行。在贷款全部清偿后，才能办理抵押注销登记手续。

对此，您是否了解？

 □是 □否

12. 抵押期间，您应对占有抵押物合理使用、委托保管，如抵押物在抵押期间造成价值减少，您应在贷款人要求的期限内提供与减少的价值相当的担保。如不能提供担保，贷款公司可视抵押物受损程度，并按照合同条款约定，有权就处分抵押物所得价款优先受偿。

对此，您是否了解？

 □是 □否

13. 我行依据合同约定或按照法院裁决处置抵押物时，您将被要求搬离已用于抵押的房屋或其他抵押物。

对此，您是否了解？

 □是 □否

如果您办理的是担保贷款(含联保贷款)，请阅读并回答14项。

14. 如果您选择保证人，则保证人应对以下事项承担连带责任：

(1) 归还借款合同项下的贷款本息(含罚息)；

(2) 支付合同发生纠纷引起的诉讼费用；

(3) 实现债权的其他费用。

您的保证人是否清楚并承诺承担上述责任？

 □是 □否

对此，您是否了解？

 □是 □否

15. 您的贷款如出现违约，我行有权将违约情况载入人民银行个人征信系统或其他违约客户查询系统，可能会影响您获得新的贷款和其他授信业务。对此，您是否清楚？

 □是 □否

16. 您是否已对办理个人贷款所享有的权利和承担的义务有了明确的了解？

 □是 □否

17. 您对与我行签订的相关申请、承诺、授权、合同是否都已经充分阅读并没有任何异议？

　　□是　　　□否

18. 我行建议您在变更手机号码和联系方式时及时联系我行经办人员并办理变更手续，以便我行对还款进行及时提醒，避免贷款产生逾期影响您的信用记录。

19. 您是否还有其他要说明的问题？

20. 您所提供的资料是否真实？

　　□是　　　□否

21. 以上谈话内容是否真实？

　　□是　　　□否

　　感谢您的合作！

　　申请人签字：　　　　　　　调查人签字：

实训活动

一、模拟情境

【模拟情境1】

☙ 个人住房贷款的贷前调查 ☙

王一，家庭月收入2万余元，拟申请20年期个人住房贷款60万元购买新房。李新针对王一提交的贷款申请材料，通过电话对王一的基本情况、借款用途、还款来源和担保情况等进行了贷前调查。

要求：根据情境，采用面谈调查的方式，模拟完成个人住房贷款的贷前调查。

【模拟情境2】

☙ 个人汽车贷款的贷前调查 ☙

刘非月收入1万元左右，向建设银行申请贷款15万元购买一辆价值25万元左右的家用轿车，计划贷款3年。建设银行的个贷经理李畅约谈了刘非，对刘非进行了贷前调查。

要求：根据情境，模拟采用面谈调查的方式完成个人汽车消费贷款的贷前调查。

二、模拟实训——贷前调查

1. 活动目的

通过实训模拟，使学生能够熟练地掌握贷前调查的内容，能够运用适当的方法核查客户的信息，锻炼学生准确判断客户风险，以及耐心细致的工作素质。

2. 活动流程

根据不同的情境设计面谈备忘录，模拟面谈调查。

3. 活动安排

(1) 分组,由学生分别模拟客户和个贷经理。

(2) 针对不同的情境设计面谈备忘录。

(3) 个贷经理贷前针对面谈备忘录所涉及的调查内容对客户的基本情况、借款用途、还款来源和担保情况等一一进行调查。

(4) 整理面谈备忘录,进行初步分析,为后面的调查报告撰写做准备。(每组提交一份贷前调查面谈备忘录)

(5) 教师点评。

4. 活动准备

实训案例,个人贷款客户申请材料。

5. 活动评价

对学生模拟实训的各个环节以及其完成的客户评价进行打分。

考 核

做外贸的王先生(王宏)接了一笔需要一个月交货的订单,但急需50万元的周转资金。假如丢掉这笔订单,打拼了10年的国外市场就会彻底丢掉,企业也将面临破产。于是,王先生计划向银行申请个人大额经营性贷款50万元,同时以房产(价值80万元)作抵押。客户经理张三实地走访了王先生的公司,对该笔贷款进行了贷前调查。

要求:根据情境,模拟采用面谈调查的方式完成个人经营性贷款的贷前调查。

任务三 对借款人进行信用评分

知识目标

❍ 掌握信用评分表评价方法。

能力目标

❍ 能够利用信用评分表对借款人打分。

素质目标

❍ 具有较强的风险意识和准确的判断能力;

❍ 具备细致、耐心的品质,以及准确的判断分析能力。

案例导入

❧ 银行借钱给你花——解读商业银行个人信贷业务 ❧

近年来,国内一些商业银行纷纷推出了没有用途限制的个人贷款业务。以前你可能告贷无门，但现在你只需找到银行，递上申请，资金紧缺的问题就有可能迎刃而解。

第一："肥肉"，银行都想争夺的一块市场

2000年10月17日，对于中国建设银行广东省分行乃至广东金融界来说，是一个值得纪念的日子。这一天，该行面向社会推出了个人消费额度贷款，揭开了广东个人信贷业务的新篇章。

个人消费额度贷款的特色是：①额度高，以保证、信用方式申请，额度最高达60万元；以抵押、质押方式申请，没有最高额度限制。②用途广，贷款可自由使用，既可取现，也可消费，没有用途限制。③可循环，在有效期内，可一次申请，多次使用。④申请容易，在营业网点或网上申请，10个工作日即可办完贷款手续。

当天，在公证员的监督下，4位个人客户与建行成功签约。其中，一人获得抵押贷款额度29万元，一人获得信用贷款额度20万元。签约后，广州某企业高级主管陈先生激动地说："这是个人信用的象征，这项业务手续简便、用途无限制、方式多样……"

第二：松绑，让个人对贷款有支配权

纵观我国个人信贷的发展历程，可谓进步神速。前几年人们较为陌生的供楼、供车以及耐用消费品、助学、旅游消费信贷业务，目前已深入人心。但与发达国家和地区相比，还存在明显差距。

与发达国家相比，我国银行对个人对贷款的支配权的限制有些过多。比如，按揭贷款仅限于消费者购房，汽车消费信贷仅限于消费者购买汽车。贷款不可以直接汇入消费者指定的账户，而是由银行打给其认可或有协议的开发商或商家。面对社会大众日益扩大的信贷需求，我国商业银行除建设银行以外，工商银行、华夏银行、招商银行等也推出了没有用途限制的个人贷款业务。

第三：算算，你能贷到多少款

建行推出的个人贷款业务给人们带来的兴奋点是，用户凭个人信用(不用房产、存单、国债质押)就可以获得最高60万元的贷款额度。

据悉，建行将依据诚实守信程度、年龄、学历、职业、职务、收入、行业发展前景以及与建行的往来关系等对借款人进行信用等级评定：AAA级客户的信用程度最高，可获得60万元贷款，接下来依次是AA级、A级、BBB级、BB级和B级，可分别获得10万元、5万元、1万元、5000元、3000元贷款，而C级则不能获得信用贷款。对照建行的信用评分表，你可以估算出自己能获得多少信用贷款额度，但这只是一个参考指标。

当然，如果个人想通过房产、设备抵押，或通过存单、有价证券质押来获得贷款，那么这个贷款额度是不封顶的。按照建行规定，质押贷款额度可达质押权利价值的90%，抵押贷款额度可达抵押物价值的70%。

资料来源：刘伯饶. 银行借钱给你花[N]. 人民日报：华南新闻，2000-10-26.

学习任务

信用评分是目前商业银行普遍使用的一种评价贷款客户的信用状况的方法。商业银行的客户经理在对客户进行贷前调查的同时，可以利用信用评分表计量和评价客户的偿债能

力和偿债意愿，以反映客户违约风险的大小，从而确定可以给予客户的授信额度。

　　商业银行针对不同的个人贷款业务类型的特点，会采用不同的信用计量标准，利用不同的信用评分表对贷款客户的信用状况进行计量。

一、个人住房贷款的信用评分

　　个人住房贷款与其他个人贷款相比，具有贷款金额大、贷款期限长的特点，因此在对个人住房贷款的申请人进行信用评分时，需要重点对个人客户的职业及工作单位的稳定性、收入的稳定性、收入及财产情况以及客户长期的偿债能力等做出评价。

❖ **学习资料1**

　　个人住房贷款信用评分表如表4-2所示。

表4-2　某银行个人住房贷款信用评分表

序号	项目	满分	客户情况	标准分	申请人姓名申请人数据	申请人得分	共同申请人姓名共同申请人数据	共同申请人得分
1	年龄	10	<25	4				
			25～35	10				
			35～45	8				
			45～60	4				
			>60	0				
2	工作单位	5	无	0				
			三资企业	4～5				
			国有企业	3～5				
			机关、事业单位	4				
			私营企业	2～5				
			其他_____	1～4				
3	职业	10	工人	2～5				
			管理人员	6～10				
			职员	2～5				
			公务员	8				
			专业技术人员	8～10				
			其他_____	1～10				
4	文化程度	20	高中或以下	2				
			中专	8				
			大专、大本	16				
			研究生以上	20				
5	婚否*	5	独身	0				
			已婚	5				
1～5小计_____			*申请人和共同申请人中如有1人已婚，即得5分；如多于1人已婚，仍得5分					
6	过去3年人均换工作次数	5	=2次	0				
			0～2次	5				
7	过去3年人均搬迁次数	5	=2次	0				
			0～2次	5				

序号	项目	满分	客户情况	标准分	申请人姓名 申请人数据	申请人得分	共同申请人姓名 共同申请人数据	共同申请人得分
8	申请人和共同申请人月总收入(除去借债以后)	50	<5000元	10~19				
			5000~10 000元	20~29				
			10 000~20 000元	30~49				
			>20 000元	50				
9	每月按揭还款额占偿债后月总收入的比例	30	<30%	30				
			30%~60%	0~29				
			61%~70%	−10				
			71%~80%	−20				
			>80%	−30				
10	现有负债总额(3年期以上)	5	无	5				
			年收入的50%或以下	2				
			>年收入的50%	0				
11	每月偿债占总收入的比例	15	无	15				
			30%或以下	10				
			>30%	0				
12	申请人和共同申请人流动资产(现金、银行存款、股票、债券)	20	<50 000元	0~5				
			50 000~100 000元	6~10				
			100 000~500 000元	11~19				
			>500 000元	20				
13	申请人和共同申请人拥有汽车	10	<100 000元	0				
			100 000~200 000元	1~9				
			>200 000元	10				
14	申请人和共同申请人拥有房地产	15	<100 000元	0~5				
			100 000~500 000元	6~14				
			>500 000元	15				
15	有无寿险、大病保险*	5	有	5				
			无	0				
16	购房目的	5	自主	5				
			投资	0				
17	首期付款比例	30	<20%	0				
			20%~40%	10~19				
			40%~60%	20~29				
			>60%	30				
18	申请按揭年限	10	<10年	10				
			10~20年	8				
			>20年	6				

注：*如申请人和共同申请人中有1人有寿险或大病保险，即得5分；如多于1人有寿险或大病保险，仍然得5分

1~18总分_____ 满分300分

签名：_____ 日期：_____

二、个人消费贷款客户的信用评分表

个人消费贷款种类多，各类贷款具有不同的特点。例如，汽车贷款，贷款金额相对较大，风险管理难度也相对较大；其他如旅游贷款、耐用品消费贷款，借款金额相对较小，风险较小。对个人消费贷款客户的信用评价注重对借款人的资格、偿债能力、担保能力以及存贷款情况的综合评价。

❖ **学习资料2**

个人消费贷款客户的信用评分表如表4-3所示。

表4-3 个人消费贷款客户的信用评分表

项目		评定区间	得分
借款人资格 20分	年龄	36～49岁	3
		24～35岁	2
		18≤年龄≤23或50≤年龄≤退休年龄	1
	文化程度	高等教育(大学本科及以上)	5
		中等教育(大专学历)	3
		初等教育(高中及以下)	2
	婚姻状况	有配偶	0
		无配偶	4
	单位性质	国家机关、金融保险、邮电通信	3
		科教文卫、水电气供应、商业贸易	2
		工业交通、房地产建筑、部队系统	1
		农林牧渔、社会服务业及其他	4
	职务或职称	董事/厅局级及以上	3
		总经理/处级以上(或高级职称)	2
		部门经理/科级(或中级职称)	1
		职员/科级以下(或初级职称)	1
	从业稳定性	现单位工作10年(含)以上	2
		现单位工作5年(含)以上，10年以下	2
偿债能力 30分	借款人月均收入	收入2万元(含)以上	8
		收入8000元(含)～2万元	6
		收入3000(含)～8000元	4
		收入3000元以下	2
	配偶月均收入	收入2万元(含)以上	8
		收入8000元(含)～2万元	6
		收入3000(含)～8000元	4
		收入3000元以下	2
	家庭净资产	10万元以下计1分，超过10万元计2分，每增加20万元再计1分，最高不超过6分	6
	收入还贷比(家庭月均收入/本笔和其他贷款月还款)	3以上	8
		2(含)～3	6
		1.5(含)～2	5
		1.2(含)～1.5	4

(续表)

项目		评定区间	得分
担保能力 25分	担保类别	质押类担保	17
		住房抵押担保	15
		家用轿车等所购汽车	10
		第三方保证担保	8
		其他	5
	担保形式	提供房产抵押和保证人两种(含)以上担保或提供质押担保	8
		提供房产抵押和车辆抵押两种(含)以上担保	7
		有房产抵押担保、车辆抵押担保或两位保证人担保	5
		有一位保证人担保或其他	3
存款情况		按年日均存款每万元计0.3分,最高不超过5分	
存贷款情况 25分	借款记录	贷款已正常归还,再次申请贷款的	4
		与本行首次发生贷款关系的	2
		有贷款余额且形态正常的	1
	贷款乘数	房产抵押率≤50%或质押率<90%或车辆抵押率≤40%	7
		50%<房产抵押率≤60%或40%<车辆抵押率≤50%	6
		60%<房产抵押率≤70%或50%<车辆抵押率≤60%	4
		60%<车辆抵押率≤70%	2
	贷款期限	1(含)~3年	4
		1年以下	3
		3年(含)以上	1
	还款方式	按月等额、按月还本金	5
		按季等额、按月还本金	3
		其他方式	1

三、个人经营性贷款信用评分表

个人经营性贷款的资金主要用于满足个人控制的企业的生产经营资金需求,因此对借款人的信用评价主要在于评价个人控制的企业的生产经营状况、财务状况以及借款人的资信状况。

❖ **学习资料3**

个人生产经营贷款客户的信用评分表如表4-4所示。

表4-4　某银行个人生产经营贷款客户的信用评分表

姓名			身份证号码			家庭住址		
经营单位名称						经营地址		
评定指标		标准分	评定标准				指标值	初评分
个人基本情况 25分	年龄	3	18～26岁	27～40岁	41～54岁	55岁以上		
			1	3	2	1		
	婚姻	3	单身无子女	单身有子女	结婚无子女	结婚有子女		
			1	2	2	3		
	供养人口	3	无	1人	2～4人	4人以上		
			2	3	2	1		
	经营场所	11	农村城镇	县城	地级市以上城市			
			1～3	7～9	8～11			
	有无住所	5	无固定场所	租住房	已购商品房			
			0	3	5			
履约能力 40分	行业类别	6	商贸	加工制造	服务	其他		
			6	4	3	3		
	经营年限	6	10年(含)以上	5～9年	1～4年	1年以内		
			6	4	3	1		
	年销售收入	14	200万元以上	100万～200万元	50万～100万元	50万元以下		
			14	12	8	4		
	家庭财产	11	100万元以上	50万～100万元	30万～50万元	30万元以下		
			11	9	7	3		
	保险情况	3	商品、家庭财产全部	只保商品	只保家庭财产	没有保险		
			3	2	1	0		
资信状况 35分	业务往来	12	密切	一般	极少			
			12	9	3			
	月平均存款	11	15万元以上	8万～15万元	2万～8万元	2万元以下		
			11	8	6	2		
	信用记录	12	信用记录良好	无不良信用记录	有不良信用记录	有不良信用记录		
			12	9	6	-10		
其他不利因素		-40	有逃废债务或信用卡恶意透支行为					
		-40	品行差,有赌、毒、嫖等不良行为					
		-20	有社会不良记录,有犯罪前科					
		-20	与银行合作诚意差					
总得分		100						

个人经营性贷款的信用评价与公司贷款的信用评级类似。例如,某银行按表4-4对个人经营性贷款按照分值高低进行评级,设立4个信用等级:AAA级(90分及以上),

AA级(80～90分)，A级(70～80分)，B级(70分以下)。其中，AAA级和AA级客户为优良客户，A级为一般客户，B级为限制淘汰客户。

实训活动

一、模拟情境

【模拟情境1】

ᔆ 个人住房贷款的信用评分 ᔆ

王一，家庭月收入2万余元，拟申请20年期个人住房贷款60万元购买新房。李新针对王一提交的贷款申请材料，利用该行个人住房贷款信用评分表对王一的该笔贷款进行了信用评分。

要求：根据情境，利用个人住房贷款信用评分表完成个人住房贷款的信用评分。

【模拟情境2】

ᔆ 个人汽车贷款的信用评分 ᔆ

刘非月收入1万元左右，向建设银行申请贷款15万元购买一辆价值25万元左右的家用轿车，计划贷款3年。建设银行的个贷经理李畅根据刘非提交的贷款资料，利用该行的个人消费贷款信用评分表对刘非申请的个人汽车贷款进行了评分。

要求：根据情境，利用个人消费贷款信用评分表完成对个人汽车消费贷款的信用评分。

二、模拟实训——利用信用评分表对借款人进行信用评价

1. 活动目的

通过实训模拟，使学生能够熟练地运用信用评分表对客户进行定量的信用评价，锻炼学生准确判断客户风险的能力，以及耐心、细致的业务素质。

2. 活动安排

(1) 完善客户信息。

(2) 利用信用评分表计算客户得分。

(3) 对客户的信用状况做出评价。

(4) 部分学生对客户的信用评价情况进行汇报。

(5) 将客户的基本信息材料、已经填好的信用评分表、对客户做出的信用评价整理成作业材料交给教师。

(6) 教师点评。

3. 活动准备

实训案例，个人贷款客户的具体信息资料，信用评分表。

4. 活动评价

对学生模拟实训的各个环节以及其所作的客户评价进行打分。

考 核

做外贸的王先生(王宏)接了一笔需要一个月交货的订单，急需50万元的周转资金。假如丢掉这笔订单，打拼了10年的国外市场就会彻底丢掉，企业也将面临破产。于是，王先生计划向银行申请个人大额经营性贷款50万元，同时以房产(价值80万元)作抵押。客户经理张三利用该行对个人经营性贷款的信用评分表对该笔贷款进行了信用评分。

要求： 根据情境，利用个人经营性贷款信用评分表完成个人经营性贷款的信用评分。

任务四 调查报告撰写

知识目标

○ 掌握调查报告的内容；
○ 掌握调查报告的撰写方法。

能力目标

○ 能够针对具体的贷款类型结合调查情况准备调查报告资料；
○ 能够根据调查情况撰写调查报告。

素质目标

○ 具备细致、耐心的品质以及准确的判断分析能力；
○ 具备综合分析客户的能力以及良好的语言和书面表达能力。

案例导入

∞ ××分(支)行个人贷款尽职调查报告 ∞

根据借款申请人××提交的贷款申请，我行履行双人上门见客谈话、核实贷款要件、面签相关手续后，现将调查情况报告如下：

一、基本情况

××，××岁，已婚，配偶××，系共同借款申请人。目前，借款申请人及其配偶居住在郑州市××区××路××号院××号楼××号。借款申请人户口、工作单位均在郑州市区。此次以××名下住宅一套作抵押，向我行申请个人××贷款××万元，期限××年，用于借款申请人××(贷款用途)。

二、资信状况及还款能力分析

客户信息系统和个人信用报告显示，借款申请人无融资和不良信用记录。借款人××是河南省××公司员工，月工资收入××元。有工商银行理财金账户，月均存款余额××元，配偶××是郑州市××公司员工，月收入××元。家庭月工资收入××元，真实可靠。此次拟申请贷款××万元，期限××年，经测算借款申请人月均还款额××元，月收入还贷比××%，第一还款来源稳定充足，具有按月足额偿还贷款本息的能力。

三、贷款用途及借款人经营情况分析

借款申请人此次申请贷款用于购买××地板公司木地板一批。此批货物共计××平方米，××元/平方米，货款共计××元，借款申请人自筹资金××元，资金缺口××元，现申请贷款筹集。借款申请人与××地板公司建立了长期合作关系，从××地板公司进货，在河南省范围内销售，平均每月销售量达××平方米，每平方米净利润××元，每年净利润××元。

四、抵押物变现能力分析

抵押物系××名下的住房，位于××路与××路(具体位置)，××号院××号楼××号××层，建筑面积××m^2，20××年建成，双气，产权证号××号，抵押人及共有人已出具同意抵押的书面声明。

该房产由河南省××房地产评估咨询有限公司评估，评估价××万元(单价××元/m^2)，成新率××%，快速变现价值××万元。

五、调查意见

经调查，借款申请人主体资格合规，第一还款来源稳定充足。抵押物价值合理，变现能力强。抵押物房龄、评估价值、贷款金额、贷款期限、贷款成数、贷款用途均符合我行个人××贷款条件。

综上，同意向借款申请人××发放个人××贷款××万元，期限××年，年利率××%，还款方式为按月等额本息还款。

第一调查人： 联系电话：
第二调查人： 联系电话：

年 月 日

学习任务

商业银行客户经理完成了贷前调查工作以后，需要撰写个人贷款调查报告，上报到个贷审查部门进行审查。撰写个人贷款调查报告是个贷客户经理必须掌握的重要技能。

个人贷款调查报告主要由申请人的基本情况、申请贷款的用途、担保情况、收入来源及资信状况、还款来源、综合调查结论等内容组成，具体包括以下几个项目。

一、标题

标题可以是"××申请×××贷款调查报告",也可以是"×××支行关于对王××申请××万元购买店铺贷款的调查报告""××对李×申请××万元生产经营贷款的调查报告"。

二、开头

开头应当写明贷款调查的事由、自然人姓名、申请贷款金额、申请贷款用途等情况。如"接到××××年×月×日李××递交的×万元生产经营贷款申请之后,我们随即对李××的基本状况、资信状况、贷款用途、贷款担保等进行了调查,现将有关情况报告如下"。

三、申请人基本情况

主要包括申请人姓名、性别、年龄、学历、工作单位、户口所在地及家庭具体住址、婚姻状况、工作年限、配偶及子女姓名、工作单位等。

四、申请贷款的用途

主要包括申请人投资或消费的项目名称、投资总额、资金来源、贷款金额、使用时间等。

五、担保情况

如果是保证担保,要详细介绍保证人姓名、工作单位、与申请人之间的关系、月收入多少、是否具有保证能力等;如果是抵(质)押担保,要介绍抵(质)押物的合法、真实、有效情况。

六、申请人收入来源及资信状况

主要包括:借款人本人及家庭月收入各多少,与当地平均月收入相比各高出多少或低多少;家庭有何主要财产,是房产、店铺、机动车辆,还是其他固定资产,价值各多少;存单、债券、股票等有价票证各多少;在本行存款有多少,在本行及其他金融部门贷款各多少,按期归还情况如何。

七、还款来源

包括借款人的工资收入、财产收入或其他收入等。

八、综合性结论

提出贷款的主要风险点及防范措施,明确是否同意办理此项贷款业务,并对贷款的种类、币种、金额、期限、利率、还款方式、担保方式和限制性条件提出初步意见。

❖ **学习资料1**

个人经营性贷款尽职调查表如表4-5所示。

表4-5　个人经营性贷款尽职调查表

申报事项：　□授信　□贷款　业务品种：

尽职调查评价

一、借款人基本情况								
姓名		性别		年龄		文化程度		
有效证件名称及号码		婚姻状况						
经营主体名称		从业时间						
经营地址		经营范围						
配偶姓名		年龄		文化程度				
有效证件名称及号码		联系电话						
单位名称		担任职务		年收入				
家庭住址								
我行账户	开户日期：	结息情况/元	一季度	二季度		三季度		四季度
	账号：							
关联户	户名：	结息情况/元	一季度	二季度		三季度		四季度
	账号：							
征信情况评价	申请人：当前逾期 □无 □有，累计逾期＿＿次，最高逾期＿＿期 配　偶：当前逾期 □无 □有，累计逾期＿＿次，最高逾期＿＿期 申请人家庭银行借款余额：＿＿＿＿＿万元；对外担保余额：＿＿＿＿＿万元 不良记录说明：							
个人品行评价	□有黄赌毒传闻 □有民间欠债传闻 □有移民或转移资产传闻 □有被诉或被执行案件 □没有上述负面传闻 社会口碑： 其他说明：							
经营能力评价	□有着丰富的从业经验，有很好的市场资源，经营能力很强 □从业经验一般，有一定的市场渠道，经营能力较强 □无从业经验，经营能力一般 其他说明：							

二、面谈及实地调查记录				
日期	地点	调查人员	被调查人员	调查方式及调查内容
其他需要说明的情况				

三、借款人资产负债分析		
(一) 个人(含个体工商户性质的经营主体)资产负债情况(单位：万元)：		
固定资产(房产、汽车等)	银行负债	
流动资产(存款、股票等)	其他负债	
其他资产	对外担保	
总资产	总负债	

(续表)

净资产		融资给该借款人的银行家数	
主要资产负债明细：			

(二) 经营主体(企业法人性质)概况(单位：万元)：

经营场地地址		成立时间	
经营场地性质	□自购 □租用	电话号码	
经营场地类型	□市场摊位 □营业房 □写字楼 □厂房	贷款卡号	
营业执照号码		组织代码证	
注册资金及股份结构		我行账号	

编制财务简表(根据实地调查情况按市场估值计算)

项目	上期余额	本期余额	项目	上期余额	本期余额
固定资产			银行借款		
存货			其他借款		
应收账款			应付账款		
其他流动资产			对外担保		
其他资产			其他负债		
总资产			总负债		
净资产			资产负债率		
经营收入			经营利润		
净利润率			纳税额		

主要资产负债明细：

(三) 经营情况及其他说明：

四、本笔贷款的资金用途及还款来源分析

五、担保评价　　　　　　　　　　　　担保方式：□抵押　□保证　□质押　□信用

(一) 抵押分析

抵押物名称		地址	
抵押物所有权人		与借款人关系	
土地使用权 使用面积 出让日期	权证号		
		土地性质	
		出让金交付情况	

(续表)

	权证号			
房屋情况 建筑面积 使用状况		建成时间		
	□自用 □出租，年租金：	房屋结构		
房产评估价值		评估机构		
抵押金额		抵押率		
变现能力分析				
(二) 保证分析				
自然人				
保证人名称		与借款人关系		保证金额
有效证件名称及号码				
婚姻状况		住所		
工作单位		职务		月收入
目前家庭资产余额		主要资产明细		
目前家庭负债余额		主要负债明细		
目前家庭对外担保余额		征信情况评价	当前逾期 □无 □有，累计逾期____次，最高逾期期____，原因：	
担保能力分析				
法人				
保证人名称		与借款人关系		保证金额
法定代表人		股权结构		
主营业务		经营地址		
目前资产余额		主要资产明细		
目前负债余额		主要负债明细		
对外担保余额		信用记录情况评价		
资产负债率		年度销售收入		年度销售利润率
担保能力分析				
(三) 质押分析				

六、风险分析

(续表)

七、综合效益分析

八、调查结论

综合评价：

建议给予_____ □授信 □贷款_____万元，期限_____，利率基准上浮_____%，执行_____%，担保方式为_____，贷款用于_____，还款付息方式为_____。

本人愿对涉及数据和资料的真实性、完整性和准确性负责。

主办客户经理(签名)： 协办客户经理(签名)：	
	年 月 日
部门负责人意见：	
	签名： 年 月 日
分管行长意见：	
	签名： 年 月 日

❖ **学习资料2**

❧ 个人贷款贷前调查报告 ❧

借款人姓名：

身份证号码：

工作单位：

经办支行：

部门：零售业务部

关于×××申请信用贷款的调查报告

借款人×××因购买拖拉机需要，于201×年×月20日向我行提出了15万元的信用贷款申请，我们于201×年×月21日对其基本情况及借款用途等进行了实地调查。经调查，该笔业务符合《三法一指引》的有关规定，我们认为可以为借款人发放金额为15万元、期限1年、利率为××‰的信用贷款。

现将借款申请人截至目前的基本情况、资产负债、家庭成员信用等情况的调查结果报告如下。

一、借款申请人情况

×××，曾用名×××，男，汉族，今年40岁，身份证号码是41040319××××××××557，户籍所在地是××市××派出所。×××于2001年7月毕业于河南农业大学土地管理专业(专升本)，现在许昌市×××局东城区分局工作，任局长，工作稳定，月工资性收入3300元。借款人为人厚道，讲究诚信，交际面广泛，清正廉洁。目前住址为许昌市东城区魏文路怡景花城××××。联系电话为159×××××××。

二、申请人其他家庭成员的情况

申请人配偶×××，汉族，今年38岁，身份证号码41100219×××××××047，户籍所在地为许昌市南关派出所，中专学历，现工作单位是×××××，任所长，工作稳定，月工资性收入2400元。申请人配偶另承包87亩土地和10亩水面，用于生态农业建设，每年盈利约40万元。联系电话：×××××××××××。

儿子×××，今年14岁，学生。

三、借款人家庭财产债务及收入支出情况

1. 借款人家庭资产情况

经调查，×××家庭总资产253.3万元，明细如下：

×××有两处房产，价值65万元。一处位于许昌市魏文路怡景花城××××××，面积130平方米，购入时房屋总价款14.5万元，现价值25万元；另一处位于公务员二期小高层×号楼×单元×楼东户，面积165平方米，车库36平方米，储藏室20平方米，总购入价30万元，现价值40万元。

借款人配偶于2006年承包土地87亩、水面10亩，已经在经营用地及河面上投资约187万元。土地主要用途为生态农业，承包期限为2006年12月20日至2027年12月20日。地上种植有价值20万元的银杏树，价值15万元的杨树。河流中养的鱼大约有6万斤，价值约36万元。地上盖的房屋价值约30万元。院内养有各类名犬，价值约60万元；各类猪，价值约3万元。×××购买的机械设备价值约10万元。土地已经缴纳13万元的租金。

×××夫妻双方三金齐全，截至目前×××公积金账户余额1.3万元。

2. 借款人家庭负债情况

×××有住房公积金贷款余额约19.2万元，个人住房贷款余额约6.3万元，负债总额为25.5万元。

借款人未向他人借款，也无其他债务。

资产合计253.3万元，负债余额25.5万元，家庭净资产227.8万元。

3. 借款人收入情况

(1) 工资收入。申请人×××月工资收入为3300元。申请人配偶×××月工资收入为2400元。

(2) 经营收入。×××租赁经营的土地面积为87亩，水面面积为10亩。种植的各类树及养的鱼、狗、猪的年盈利情况如下：树，总价值约35万元，年盈利5万元左右。鱼，进价均价6元左右，截至目前大概投资了3万斤鱼苗，河流里大概存有7万斤鱼，年盈利15万元左右。狗，年利润17万元左右。猪，年利润3万元左右。总经营收入年净利40万元左右。

综上，借款申请人及配偶年收入共46.84万元左右。

4. 借款人支出情况

(1) 借款人家庭生活消费支出每年约2.5万元。

(2) 借款人儿子年教育支出约1万元。

(3) 借款人家庭年住房按揭贷款还贷支出约2.2万元。

综上，借款人家庭年总支出为5.7万元，借款人家庭年净收入为41.14万元。

四、借款人债务详细信息及对外担保情况

经授权，我行通过中国人民银行个人信用信息基础数据库对×××夫妇进行了查询。

×××有一张贷记卡和一张准贷记卡，使用状况良好。×××有一笔个人住房贷款，贷款合同金额8万元，合同期限为240个月，目前贷款余额为6.3万元，月还款额536元；有一笔个人住房公积金贷款，合同金额20.9万元，合同期限240个月，贷款余额19.2万元，月还款额1260元；有一笔我行信用贷款，贷款金额10万元，经核实，已经全额归还。×××负债总额25.5万元，月还款总额1796元，以上两笔贷款还款状态较好。此外，×××曾在我行六一路支行发生三笔贷款，目前均已归还，还款记录良好。

配偶×××无任何借款记录，夫妻双方均无对外担保。

五、借款原因及还款来源

借款申请人配偶×××租赁了87亩土地和10亩河流水面，用于生态农业建设，现急需一辆拖拉机协助耕种。由于×××已经投入约187万元的资金，暂时资金紧缺，所以借款15万元用于购买拖拉机。

借款申请人及配偶的年净收入有41.14万元，我认为到期有能力全额归还贷款。

六、贷款担保分析

我认为可以将该笔贷款发放为信用贷款，借款人配偶同意与借款人共同承担还本还息义务，并已出具我行认可的保证书。

七、贷款的支付方式

经调查，借款申请人的交易对象不具备条件有效使用非现金结算方式，约定在取得贷款后以自主支付的方式使用贷款，并向我行通报资金使用情况。

八、贷款风险分析

借款人为人诚实，注重信用，信誉度较高，能重合同守信用，是我行的长期往来客户，一直为我行的健康发展做贡献。我行已经给予借款申请人额度为人民币壹拾伍万元整的授信，期限为2010年05月19日至2012年05月18日，授信剩余期限为××月。

借款人承包的土地及河流水面离我行较远，不方便我们了解其资金流动状况，我们已建议并督促借款人在我行结算，便于了解资金动态，借款人表示同意。

借款人承包土地养殖的牲畜和河流里养殖的鱼类受环境影响较大，一旦出现不可控的传染病等，就会给借款人造成巨大损失。借款人表示，他们挖了一条备用河流，如果有污染水源事件，他们将在第一时间将水流引入另外一个渠，将有鱼类的河流用橡胶坝截流。同时，他们会聘请有资质的专家为养殖的牲畜进行医疗检查。

除此之外，我们要加倍关注其工作状况及变动情况，关注其贷款用途。

九、调查结论

综上，我们认为借款申请人职业前景较好，收入较高，并且信用状况良好，有较强的偿债能力。贷款安全性、流动性和效益性良好。我们拟同意在我行授信额度内给予借款申请人15万元贷款，期限1年，利率按××‰执行。对以上调查情况，我们愿意负调查失实之责，请审查人员审查。

调查人：
201×年×月21日

实训活动

一、模拟情境

【模拟情境1】

❀ 个人住房贷款的贷前调查报告撰写 ❀

王一，家庭月收入2万余元，拟申请20年期个人住房贷款60万元购买新房。李新针对王一申请的该笔贷款，进行了贷前调查。

要求：根据情境，完成王一的个人住房贷款的贷款调查报告。

【模拟情境2】

❀ 个人汽车贷款的贷前调查报告撰写 ❀

刘非月收入1万元左右，在建设银行申请贷款15万元购买一辆价值25万元左右的家用轿车，计划贷款3年。建设银行的个贷经理李畅根据刘非提交的贷款资料，对刘非申请的个人汽车贷款进行了贷前调查。

要求：根据情境，完成对刘非申请的个人汽车消费贷款的贷款调查报告的撰写。

二、撰写贷款调查报告

1. 活动目的

通过实训模拟，使学生能够熟练地掌握贷前调查报告的撰写方法及内容要求，使学生具备综合分析客户的能力以及良好的语言和书面表达能力。

2. 活动准备

实训案例，个人贷款客户的具体信息资料，贷款调查报告模板。

3. 活动安排

(1) 学生的任务，具体包括：
- ❍ 仿写个人贷款调查报告；
- ❍ 提交个人贷款调查报告。

(2) 老师的任务，具体包括：

- 跟进检查学生的活动开展情况和调查报告完成情况;
- 收齐学生提交的个人贷款授信调查报告;
- 对不符合要求的,指出错误,限期改正。

4. 活动评价

对学生提交的贷款调查报告进行评分,向全班学生展示优秀作品。

考　核

做外贸的王先生(王宏)接了一笔需要一个月交货的订单,急需50万元的周转资金。假如丢掉这笔订单,打拼了10年的国外市场就会彻底丢掉,企业也将面临破产。于是,王先生计划向银行申请个人大额经营性贷款50万元,同时以房产(价值80万元)作抵押。客户经理张三对王宏的该笔贷款进行了贷前调查与分析。

要求: 根据情境,完成王宏申请个人经营性贷款的贷前调查报告。

知识拓展

∽ 撰写贷前调查报告的要求 ∝

一、实事求是,不夸张

以事实为依据,客观地陈述调查内容。在调查中尽量不用夸张的语句,如"没有任何理由怀疑此笔贷款有到期不偿还风险"等语句。

二、条理清晰,结构完整

按照调查需要揭示的内容,分清主次,确定条理清晰的结构。

三、分析透彻,不含糊

有的信贷员在调查报告中只简单罗列数据和陈述借款申请人的一般情况,没有进行深入分析;有的报告篇幅很长,读后仍然让人觉得不得要领,主要原因是分析不透彻、论证不充分。

四、略有文采,无病语

撰写调查报告时,可在实事求是的前提下增添一些文采,但不能夸夸其谈和使用夸张语气,力求做到内容前后照应、结构上下连贯、语句通顺、无语病。

个人贷款业务的审查与审批是个人信贷营销与管理的重要环节。商业银行信贷管理部门对商业银行个人授信业务的报审材料进行审查，有助于客观地了解、评价授信项目，及时发现授信业务中可能出现的风险，为授信业务审批提供依据。审批是商业银行个人授信业务的决策环节，是个人授信业务实施的前提和依据。

任务一　个人贷款业务审查

▶ 知识目标

- ○ 掌握个人贷款审查的原则；
- ○ 掌握个人贷款审查的内容。

▶ 能力目标

- ○ 能够按照不同个人贷款类型的审查要点对个人贷款进行审查；
- ○ 能够熟知个人贷款的审查流程。

▶ 素质目标

- ○ 具有认真、细致的工作态度；
- ○ 具备较强的风险意识；
- ○ 具备较强的判断能力。

案例导入

∞ 审查申请人资料 ∞

客户王一，月收入1万余元，2014年11月3日向中国农业银行海南省分行申请15年期一手个人住房贷款30万元，并以其房产50万元作抵押。

客户经理小李将王一的贷款申请资料报送到个贷中心审查部门进行审查，审查人员按照住房贷款对客户王一的申请资料进行了审查，具体包括以下几方面。

一、借款人及其配偶(或共有人)有效身份证件

(1) 借款人及其配偶(或共有人)的身份证件须真实且在有效期限内。

(2) 借款人身份证件的姓名和号码须与《个人房地产贷款申请表》、《商品房买卖合同》、《征信授权书》、《面谈笔录》、本人《收入证明书》、《同意抵押承诺书》等资料上的姓名和号码核对一致。

(3) 借款人配偶(或共有人)身份证件的姓名和号码须与《个人房地产贷款申请表》、《征信授权书》、本人《收入证明书》、《同意抵押承诺书》等资料上的姓名和号码核对一致。

(4) 提供《公证委托书》的,应注意审核:

① 委托人与受托人的身份证件须真实且在有效期限内,且《公证委托书》上记载的委托人与受托人的名称和号码须与其身份证件核对一致。

② 受托人的代理行为是否在《公证委托书》委托事项的范围内,是否存在超授权的代理事项,是否在有效期限内行使代理行为。

③ 《公证委托书》出具的日期和相关代理行为实施时间之间的逻辑关系是否合理。

二、借款人婚姻状况证明

(1) 对于未婚人士,除须按规定提供书面未婚声明之外,还应提供户口簿(卡)原件及复印件,且户口簿(卡)上的婚姻状况应为"未婚"或未记载婚姻状况。

(2) 对于已婚人士,按规定提供结婚证/户口簿(卡)之一。仅提供户口簿(卡)的,借款人及其配偶应为同一户口簿(卡)且婚姻状况应为已婚。

(3) 对于离异或丧偶人士,按规定提供离婚证书/离婚判决书/配偶死亡证明/户口簿(卡)之一。为明确当前婚姻状况,建议要求提供书面未再婚声明。

(4) 提供离婚判决书的,如涉及房产等财产分割事项的,应注意审核是否属于借款人提供的房产等证明其还款能力的辅助资产,如是须进一步调查确认该资产的产权及价值。

(5) 借款人提供的户口簿(卡)显示的婚姻状况与未婚声明、借款人提供的其他资料及我行调查获取的情况不相符的,应进一步深入调查其原因,并在调查审查报告中予以说明。

三、购房首付款证明

(1) 调查人员须核实借款人首付款支付的真实性和充足性,并在调查报告中予以说明。

(2) 一般情况下,定金发票(或收据)的出票日期可在《商品房买卖合同》签订日期之前,首付款发票(或收据)的出票日期不应早于《商品房买卖合同》签订日期。如有异常情况的,应进一步深入调查其原因,并在调查审查报告中予以说明。

(3) 定金或首付款发票(或收据)上记载的购房人和房产须与《商品房买卖合同》中记载的借款人和所购房产核对一致。

四、借款人还款能力证明

1. 借款人为工薪人士

(1) 对于借款人士所在单位出具的收入证明书(见图5-1),调查人员应结合当地经济发

展、借款人年龄、职业、职务等基本情况，判断收入证明书所列收入是否合理，同时还可通过拨打收入证明上的单位人事部门电话查询核对。

(2) 对收入证明书所列收入远高于正常水平导致收入真实性难以判断的，应要求借款人按规定提供其他基本收入证明进行佐证(如个税证明，见图5-2)。其他基本收入证明中的任何一项明显低于收入证明书所列收入的，应从低认定借款人收入。

(3) 借款人未能按规定提供其他基本收入证明的，应要求提供还款能力辅助证明，且流动资产和房产价值之和≥贷款本金。

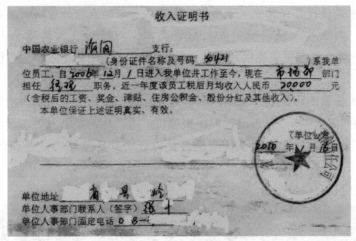

图 5-1　收入证明书示例

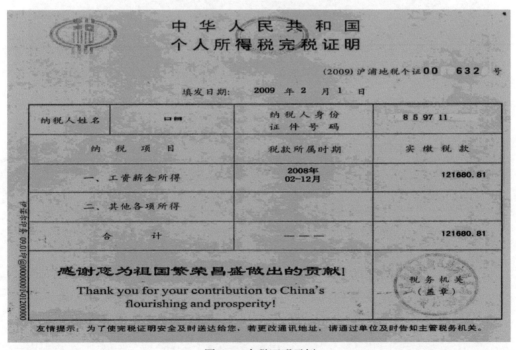

图 5-2　个税证明示例

2. 借款人为个私业主

(1) 基本收入证明，以下各项可任选其一。

① 借款人近一年之内的个人所得税完税凭证。调查人员可根据纳税比例推算借款人月均收入。

② 投资经营收入证明。提供近一年之内经工商登记的借款人持有的企业股权证明、经审计的公司净资产证明，以及近两年之内股东分红的证明。调查人员应根据股东分红的稳定性及可预期性进行适当折价，再除以分红间隔月数，即可换算月收入。

(2) 个私业主提供投资经营收入证明的，调查人员应结合当地经济发展、借款人从事职业等基本情况，判断收入证明所列收入是否合理。对所列收入远高于正常水平导致收入真实性难以判断的，应要求提供还款能力辅助证明，且流动资产和房产价值之和≥贷款本金。

(3) 对借款人提供的还款能力辅助证明，应注意审核资产的权属是否清晰，是否有共有人，是否已设为抵(质)押物，是否已解押，根据资产所在地的经济发展水平和地理位置等合理评估其价值，调查人员应判断该资产是否足以证明其还款能力，并在调查报告中予以说明。

常用的审查资料有验资报告(见图5-3)、完税证(见图5-4)。

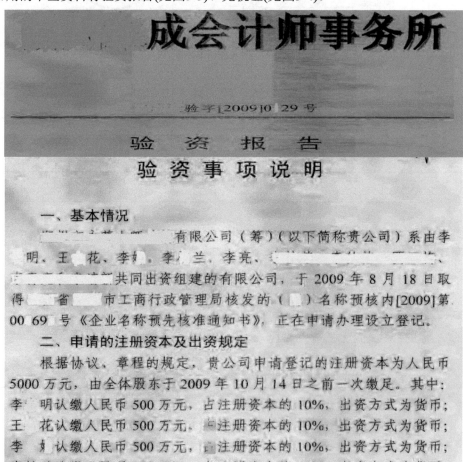

图 5-3　验资报告示例

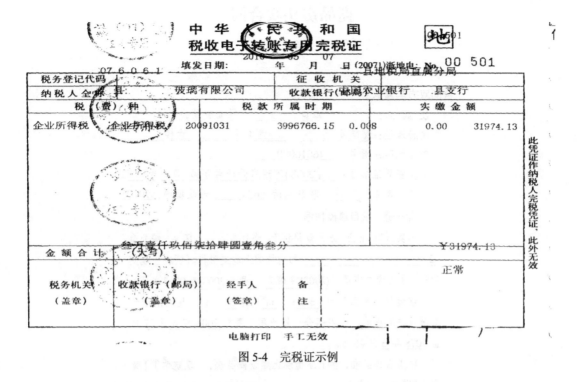

图 5-4 完税证示例

五、商品房买卖合同

(1) 调查核实借款人提供的《商品房买卖合同》(见图5-5)的真实性。

(2) 一般情况下，单一开发商所签订的《商品房买卖合同》应有合同编号且具有唯一性。

(3) 将《商品房买卖合同》记载的出卖人信息和项目情况与楼盘准入时开发商提供的资料进行核对，买受人的信息应与其提供的身份证件、《个人房地产贷款申请表》等一致，如不一致应进一步深入调查，并在调查审查报告中予以说明。

(4) 《商品房买卖合同》上应记载《商品房预售许可证》(见图5-6)号码，调查人员须核实借款人所购房产是否在该《商品房预售许可证》范围内，并在调查报告中予以说明。

(5) 注意审核《商品房买卖合同》与《个人房地产贷款申请表》、定金或首付款发票(或收据)所记载的日期之间的逻辑关系是否合理。

商品房买卖合同

（合同编号：HF-2009- 141   ）

合同双方当事人：

出卖人： _____海口_____ 置业有限公司

注册地址：海口市 ···· 龙华区 ···· 大楼

营业执照注册号：_____46010000_____

企业资质证书号：_____【2008】琼建房开证暂字第 01号_____

法定代表人：___·___ 联系电话：6675 邮政编码：570105

第一条　项目建设依据

出卖人以 出让 方式取得位于 海口市 ____区、编号为 2-0-1-9 _____ 的地块的土地使用权。【国有土地使用证号】为海口市国用(2008)第007 号、(2008)第0036号。

该地块土地面积为 3333 m²、3333 m²，规划用途为商服与住宅用地，住宅部分土地使用年限自 2008 年 6 月 27 日至 2078 年 6 月 26 日。

出卖人经批准，在上述地块上建设商品房，【现定名】【暂定名】海口 中心 _____。建设工程规划许可证号为 09A 04 ＼____，施工许可证号为 4601002008 _____

第二条　商品房销售依据

买受人购买的商品房为【现房】【预售商品房】。预售商品房批准机关为 海口市房产管理局，商品房预售许可证号为【2009】海房预字(0 2)号。

图 5-5　商品房买卖合同示例

海口市商品房预售许可证

〔2009 〕海房预字 01   〕号

预售方(发展商)海南   置业有限公司   房屋座落 海口市 房 住宅小区二期一区19、20、21栋

房屋建筑面积 5939 平方米   房屋结构钢砼   层数 地上6-9层/地下

土地使用面积 3099.66平方米   经审查，该房产符合有关预售条件。

特发此证。

有效期至：2010-12-30日

监管帐号： 海口 支行 .1020

注：预售人应在有效期限满三十日前申请延期，逾期本证自动失效。
预售许可证查询网址：http://hidrealestate.gov.cn/

监管账户：农行海口 支行 400104

发证机关

图 5-6　商品房预售许可证示例

学习任务

根据自然人办理授信业务应具备的基本条件，自然人授信业务需要报审的材料包括：客户授信申请书；个人身份有效证明；个人及家庭收入证明；个人及家庭资产证明；不同信贷业务品种和信用方式需提供的其他材料；自然人客户的信息查询资料，如个人信用卡的信息查询资料；授信调查报告等。商业银行信贷管理部门要对授信业务的报审材料进行审查，以及时发现授信业务中可能出现的风险，为授信业务审批提供依据。

一、贷款材料审查要点

客户经理收集授信资料，调查客户并撰写调查报告，在调查经办人和调查主责任人签字后，将全部授信资料送交授信审查部门审查。需要注意的是，针对不同授信品种的风险特点，审查的重点各有不同。一般来说，授信审查部门审查的基本内容包括以下几方面。

(一) 合规性审查

合规性审查主要审查借款人、担保人(物)以及具体授信业务有关资料是否齐备，申报资料及其内容是否合法、真实、有效，授信业务内部运作资料是否齐全，是否按规定程序操作，调查程序和方法是否合规，调查内容是否全面、有效，调查结论及意见是否合理。

(二) 借款人主体资格及基本情况审查

主要审查借款人主体资格及经营资格的合法性，授信用途是否在其营业执照规定的经营范围内；借款人股东的实力及注册资金的到位情况，产权关系是否明晰，法人治理结构是否健全；借款人申请授信是否履行了法律法规；借款人的银行和商业信用记录；法定代表人和核心管理人员的背景、主要履历、品行和个人信用记录。

(三) 授信业务政策符合性审查

主要审查授信用途是否合法合规，是否符合国家宏观经济政策、产业行业政策、土地、环保和节能政策以及国家货币信贷政策等；客户准入及授信用途是否符合银行区域、客户、行业、产品等的信贷政策；借款人的信用等级评定、授信额度核定、定价、期限、支付方式等是否符合信贷政策制度。

(四) 财务因素审查

财务信息主要是指客户家庭的收支与资产负债状况，以及相关的财务安排(包括储蓄、投资、保险账户情况等)。授信审查部门主要审查借款人的收入状况，考察其收入支出是否合理，借款人是否有稳定的收入来源。收入多少是保证借款人能否按时足额还款的决定性因素。

(五) 非财务因素审查

主要审查借款人的年龄、工作单位与职务、婚姻状况、健康状况、职业生涯发展，以及重要的家庭、社会关系信息(包括需要供养的父母、子女信息)。

(六) 担保审查

主要审查贷款担保是否足额、合法、可靠,是否符合所申请贷款品种的相关规定。以共有财产担保的,是否已经其他共有人的书面同意;有公司担保的,公司对外提供担保的决策程序及担保限额是否符合章程的规定,公司同意担保的决议是否符合公司章程及《中华人民共和国公司法》的规定。

(七) 贷款投向和用途

主要审查贷款投向是否符合国家有关政策、法规和银行的有关规定,贷款用途是否明确,是否符合所申请贷款品种的相关规定。

(八) 充分揭示信贷风险

分析、揭示借款人的财务风险、经营管理风险、市场风险及担保风险,提出相应的风险防范措施。

(九) 提出授信方案及结论

在全面论证、平衡风险收益的基础上,提出审查结论。

二、贷款审查

在贷款审查阶段,应对贷款调查内容的合法性、合理性、准确性进行全面审查,重点关注调查人的尽职情况和借款人的偿还能力、诚信状况、担保情况、抵(质)押比率、风险程度等。贷款审查人认为需要补充材料和完善调查内容的,可要求贷前调查人进一步落实。

贷款风险评价应以分析借款人的现金收入为基础,采取定量和定性分析方法,全面、动态地进行贷款审查和风险评估。贷款人应建立和完善借款人信用记录和评价体系。

授信审查部门审查结束后,应将授信审查信息资料及时输入信贷管理系统,撰写授信业务审查评价报告,提出明确的审查意见,并针对揭示的风险,提出可信的风险控制措施,包括授信是否实施的审查意见等。

审查的重点主要包括以下几个方面。

(1) 审查申请人的有关资料是否齐全,内容是否完整,申请表、借款合同等填写是否符合规范。

不同类型的产品需要申请人提供的资料是不一样的,审查岗需要根据不同产品的要求,审查借款人的资料是否齐全和完整。对于申请表及借款合同等需要借款人填写和签字的文件,需要查看填写是否符合要求、字迹是否清晰可辨、签名是否有遗漏等。

(2) 审查岗需要根据公司对不同产品的要求审查借款人是否符合公司的准入条件,其中需要关注的重点包括:确认借款人身份是否真实,行业是否属于限制性或禁止性行业,贷款项目是否有政策性、合规性风险,年龄是否符合准入条件,行业是否是准入行业,是否有不良信用记录,社会信誉、道德品行等方面是否良好,是否有明确的借款用途,用途是否合理、合法,户籍是否符合条件,是否符合要求的其他条件等。

(3) 审查调查报告是否按要求填写完整,关键财务指标计算是否准确,对获得数据的方式是否进行了说明,是否进行了交叉验证,前后内容是否符合逻辑,客户信用评级表中的评级是否合理，调查报告中的贷款建议方案是否合理，贷款金额、期限、利率、担保方式、还款方式等是否适合客户实际情况，信用评级表和调查报告是否签字确认。

(4) 审查申请人的主要收入来源是否可靠和稳定，主要经营风险以及担保人的担保能力如何等。

(5) 审查信贷员是否按规定履行了实地调查职责，管户信贷员与申请人是否为关系人，授信调查意见是否客观、全面，是否按照公司业务流程操作。

如果发现其中有不符合条件的地方应该退回给信贷员，由信贷员根据审查意见，补充相应的材料或做拒贷处理。

❖ **学习资料1**

∞ 全款车抵押业务 ∞

1. 全款车抵押业务的准入条件

(1) 年龄18周岁到60周岁的具有完全民事行为能力的自然人；

(2) 信用状况良好，有固定职业或企业经营正常，有可预见的还款来源；

(3) 有明确的借款用途，借款用途合理、合法；

(4) 有本地户口，外地户口需要在业务开展城市长期居住和工作；

(5) 借款人是车辆的所有权人；

(6) 车辆牌照是本地牌照；

(7) 车辆在5年以内，车型可以是轿车或商务车；

(8) 登记证、行驶证、驾驶证、保险单、备用钥匙等齐全；

(9) 购车3个月以上(购车3个月以内慎入)。

注：以上准入条件仅供参考，由于借贷机构的风险偏好、各地情况不同，从事车贷业务的借贷机构可根据自己的情况在上述基础上进行调整。

2. 禁止进件(不予受理)的情形

(1) 年龄在18周岁(不含)以下，或在60周岁(不含)以上；

(2) 无具体贷款用途或贷款用途不符合公司贷款规定；

(3) 不能按照公司要求如实完整地提供相应材料；

(4) 提供虚假证明材料，如虚假的营业执照、租赁合同、购销合同、产权证明、银行账户流水、担保人收入证明等；

(5) 有不良信用记录；

(6) 车辆发生过重大事故；

(7) 有犯罪记录、劳改、劳教、刑满释放人员等；

(8) 车辆改装、二手车修理及车贷行业从业人员；

(9) 其他情形。

注：以上情形供参考，由于借贷机构的风险偏好、各地情况不同，从事车贷业务的借贷机构可根据自己的情况在上述基础上进行调整。

三、个人贷款审查报告

(一) 个人贷款审查报告的定义

个人贷款审查报告是借贷审查人员在认真审阅调查人员所提交的贷款资料的基础上，对贷款的核对合法性、风险程度、资料完整性进行揭示，并提出明确审查意见的书面报告。

调查报告是审查报告的基础，调查工作扎实深入、调查报告客观公正，审查工作量就会相对少些，内容就简单得多，篇幅也会更短。

(二) 贷款审查报告的撰写

对于贷款审查报告的结构与内容，各行要求有所不同，有的要求将贷款审查内容在报告中反映出来，有的只要求反映发现的问题。

贷款审查的主要任务是揭示风险、把关守口、堵塞漏洞、加以限制。

贷款审查报告与调查报告相比，篇幅更为短小，应当突出问题、突出风险控制点，切忌照搬调查报告内容。

审查报告与调查报告结构相同，也分为标题、正文和尾部。

(三) 贷款审查报告的内容

1. 借款申请人家庭和经营情况简要介绍

主要包括申请人的姓名、性别、年龄、婚姻状况、户籍、常住地、职业、健康程度、家庭人口、信誉、有无不良嗜好等情况和家庭成员的相关情况，以及家庭资产负债情况和经营情况。

2. 借款申请人目前授信、用信及本次申报贷款(授信)情况

(1) 借款申请人在他行授信及用信情况。

(2) 借款申请人在本行授信、用信及本次申请贷款(授信)情况。

3. 审查内容

1) 贷款(授信)业务的合规性

(1) 贷款(授信)权限。审查信贷业务是否在申报行的信贷授权范围内。

(2) 贷款(授信)程序审查信贷业务是否符合申报行规定的流程和办理时限，是否存在减少程序或逆程序操作问题。

(3) 贷款(授信)对象主体资格和准入。审查贷款对象是否符合法律规定和申报行相关规定。

(4) 贷款(授信)金额。审查申报信贷业务金额是否超过风险限额，单笔贷款业务申请金额是否符合本行有关制度的规定。

(5) 贷款(授信)期限。审查信贷业务期限是否符合本行有关产品制度的规定。

(6) 贷款(授信)用途。审查信贷业务用途是否符合本行有关产品制度和相关法律法规的规定。

(7) 贷款(授信)担保方式。审查信贷业务担保方式、担保率等是否符合本行担保管理办

法和有关产品制度的规定；保证人担保能力、抵(质)押物估值是否合理，产权是否明晰；专业担保公司是否准入，合作协议是否失效，在本行的保证金是否足额，有无违约等。

(8) 其他需要审查的事项。

2) 贷款(授信)资料及内容的完备性

(1) 审查调查报告是否对借款申请人的家庭基本情况、资产负债情况、人品、职业、健康等对贷款有重要影响的要素进行准确、充分表述，有无必要的证明材料。

(2) 审查调查报告是否对借款申请人的还款能力进行分析，分析是否充分，有无必要的证明材料。

(3) 审查调查报告是否对担保的有效性进行分析，分析是否充分，有无必要的证明材料。

(4) 审查调查报告是否对贷款用途、贷款金额、贷款期限的合理性进行分析，分析是否充分，有无必要的证明材料。

(5) 其他需要提供的资料。

4. 风险分析

对可能影响贷款回收的重要因素(包括但不限于行业、担保、综合还款能力等因素)进行综合分析。

5. 审查意见

(1) 对本次申报的授信业务出具明确的意见，包括授信对象、品种、金额、期限、利率、担保方式和还款方式等。

(2) 提出贷款发放条件、信贷资金支付要求、贷后管理要求和其他要求。

❖ 学习资料2

×× 银行 ×× 分行个人贷款审查意见

××分行:

你行上报《关于谢×授权贷款的请示》和相关资料收悉，借款人谢×向我行申请个人综合贷款200万元，期限5年，利率7.776%，贷款成数4.4成，还款方式为等额本息，贷款用途为房屋装修。

借款人谢×，男，××市人，1964年出生，高中学历，身体健康，已婚；配偶宋某，1965年出生，初中学历。夫妻双方身体健康。借款人夫妻经营的某市森源食品有限责任公司，由妻子任法人代表，从事果仁、核桃加工销售、出口业务及本企业生产所需原辅材料的进口业务。经查借款人资信情况，夫妻双方在CIIS系统、人民银行个人征信系统均无不良记录，借款人及其配偶个人资信状况良好，借款人在我行的资信评级为A级，具备借款人主体资格。

从收入来源分析，借款人收入包括两个部分：一是借款人经营××市森源食品有限责任公司的利润；二是自有门市房长期对外出租的租金收入。××市森源食品有限责任公司注册资本50万元，借款人双方以妻子名义出资45万元，占资本的90%。经支行信贷员核实各项账簿、资产负债表、利润表、纳税申报表等资料，借款人1—10月份实现主管业务收入

1209万元，实现主营业务利润130.7万元，扣除费用38.1万元，实现利润收入92.6万元，按33%计算所得税为30.56万元，净利润62.04万元，扣除按10%计提公积金6.2万元，按5%计提公益金3.1万元，剩余可分配净利润52.74万元，按出资比例90%，借款人妻子应得47.47万元。考虑到该企业的行业特点是季节性销售经营，因此按前10个月平均计算，每月纯收入4.75万元。借款人自有门市房1栋，常年出租给曹某经营天福酒楼，楼租10年(2002—2012年)，年出租收入14万元，扣除房屋租赁税金24 500元(按12%的房产税和5.5%的营业税合计)，平均月收入9625元，月收入总合计57 125元，贷款200万元、期限5年、利率7.776%，平均月还款40 338.94元，扣除生活支出后足以偿还贷款额。

借款人抵押物位于××市新华街，处于市区繁华地段，左临威尼斯门市房，右临中街城市信用社，对面是市爱民医院，变现能力较强。房屋建筑面积1320平方米。其中，1~5层的房屋结构是混合，设计用途为综合楼，该抵押房屋现出租用于经营××市天福酒楼，其中1~4层用于酒楼经营，5层用于该酒楼服务人员办公、居住，房屋结构为砖混，产权证号为37453，土地用途为商业服务，使用证号为051920292。经过实地勘察，该抵押物符合我行要求，经××房地产估价有限责任公司评估，房屋抵押价值为455万元，抵押率44%。

从资料完整性来看，个人贷款审批申请表、身份证明、收入证明、资信评估表、面谈笔录、个人查询授权书及CIIS和个人征信报告、贷前调查报告、承租人身份证明和营业执照、电话核实记录、房屋产权证、房地产估价报告、支行审贷会纪要、分行请示等资料齐全；从资料合规性来看，基本符合要求，房租收入未扣除租赁税金，但总体不影响月收入扣除支出能够偿还月还款额。

经审查，××分行所提供的贷款资料基本完整，借款人具有较强的还款能力，同意在办理抵押手续后发放贷款200万元，期限5年，利率7.776%。

××银行××分行信贷审批部

四、授信客户风险评价

授信业务的风险评价是对具体业务所涉及的各类风险因素进行分析，进而识别风险并提出控制措施的过程，是授信业务流程中的关键环节。商业银行应根据不同授信品种的特点，对客户申请的授信业务进行分析评价，重点关注可能影响授信安全的因素，有效识别各类风险，并采取适当的措施加以防范、转移和缓释。

在对个人授信业务进行风险评价时，在全面把握分析借款人及其相关业务的基础上，可重点把握以下几个方面。

(一) 借款人基本情况评价

分析了解借款人的身份、年龄、品行、职业、学历、居所、爱好、婚姻家庭、供养人口等。通过人民银行征信系统了解借款人的诚信记录。

(二) 借款人资产负债状况及收入评价

审查借款人的银行存单、所持有价证券、房产等主要资产的权属凭证，评价借款人拥有的资产情况，分析借款人的负债情况，同时应分析借款人的收入水平及其可靠性与稳定性。当借款人现所在工作单位出具的收入证明不能完全反映借款人的收入状况时，可通过其提供的其他收入来源证明(如房屋租赁收入证明、第二职业收入证明等)综合评判借款人的偿债能力。

(三) 借款项下交易的真实性、合法性评价

分析、核实交易事项的合法性、有效性，并通过相关资料分析交易的真实性，确保贷款用途真实、合理，防止通过虚假交易套取银行贷款。

知识小结

根据自然人办理授信业务应具备的基本条件，自然人授信业务需要报审的材料包括：客户授信申请书；个人身份有效证明；个人及家庭收入证明；个人及家庭资产证明；不同信贷业务品种和信用方式需提供的其他材料；自然人客户的信息查询资料，如个人信用卡的信息查询资料；授信调查报告等。商业银行信贷管理部门要对授信业务的报审材料进行审查，及时发现授信业务中可能出现的风险，为授信业务审批提供依据。

贷款审查应对贷款调查内容的合法性、合理性、准确性进行全面审查，重点关注调查人的尽职情况和借款人的偿还能力、诚信状况、担保情况、抵(质)押比率、风险程度等。

实训活动

一、模拟情境

【模拟情境1】

❀ 个人汽车贷款的审查要点 ❀

张斯奇，40岁，某制造业企业经理，月薪8000元，计划购买一辆25万元的汽车，准备向银行申请贷款15万元。请列出对借款人张斯奇的贷款材料的审查要点。

要求：根据情境，模拟完成个人汽车贷款的审查。

【模拟情境2】

❀ 审查客户李冰的个人住房贷款申请材料 ❀

李冰，月收入1万元左右，计划贷款60万元购买一栋价值100万元的商品房，计划贷款30年。李冰分别到建设银行、工商银行咨询了有关个人住房贷款的办理事宜。最后建设银行的个贷经理王畅与李冰进行了沟通，李冰填写了借款申请书，提交了申办个人住房贷款的相关资料，银行正式受理该笔贷款。

要求：根据情境，模拟完成个人住房贷款的审查。

二、实训模拟——贷款审查

1. 活动目的

通过实训模拟，使学生能够熟练地按流程受理个人贷款业务的审查，锻炼学生撰写个

人贷款审查报告，培养学生热心为客户提供服务以及准确判断客户风险的素质。

2. 活动资料

⌘ 关于王春生申请个人抵押贷款30万元的风险审查报告 ⌘

根据靖州县信用社资金营运部对借款申请人王春生的贷前调查情况，我风险管理部对该笔贷款进行了风险审查，现将审查情况报告如下。

一、借款申请人家庭基本情况

王春生，男，现年49岁，已婚，户籍地址为靖州县渠阳镇西街二组，现住靖州县渠阳镇梅林路铁路旁。借款申请人从事不锈钢加工20余年，证照齐全。家庭成员3人。申请人妻子刘淑珍，46岁，为家庭妇女。儿子王飞飞，15岁，为未成年人。申请人家庭资产约300万元，负债9万元，资产负债率为3%。经征信查询，借款申请人有过不良记录(属未按月还息)，无不良嗜好。

二、借款申请人目前授信、用信及本次申报贷款(授信)情况

(一) 借款申请人本次申请借款金额：150万元；贷款种类：个人生产经营贷款；期限：36个月；贷款利率：月息5.75‰；贷款方式：担保；担保方式：房产抵押；保证方式：连带责任担保；抵(质)押物名称：房产；抵(质)押物评估价值：250万元；抵(质)押率：60%。

借款申请人本次借款用途为购买准备经营网吧所用的电脑设备，属经营性流动资金，用于购买的商品，符合国家政策规定，用途、期限、方式、利率符合我区农村信用社的信贷政策。

(二) 借款申请人在他行授信及用信情况。王春生夫妇目前在他行无负债。

(三) 借款申请人在我行授信、用信及本次申请贷款(授信)情况。王春生配偶刘淑珍在我行木闸分理处有农户贷款9万元，未到期，信用记录良好。

三、审查内容

(一) 申报业务的合规性。

1. 信贷授权权限。符合总行对个私部的信贷经营授权。

2. 贷款程序。该笔信贷业务符合我行规定的流程和办理时限，不存在减程序或逆程序操作问题。

3. 贷款对象主体资格和准入。王春生符合法律法规和我行相关规定，具备借款主体资格。

4. 贷款金额。该笔贷款金额没有超过本行风险限额和单户限额。

5. 贷款授信期限。该笔贷款期限符合本行个人房产抵押贷款的规定。

6. 贷款用途。该笔贷款用途符合本行个人房产抵押贷款的规定。

7. 贷款担保方式。该笔贷款担保方式、担保率等符合本行担保管理办法和个人房产抵押贷款的规定。

(二)申报资料及内容的完备性。

1. 调查报告对借款申请人的家庭基本(经营)情况、资产负债情况、人品、职业、健康等对贷款有重要影响的要素进行了比较准确、充分的表述，且提供了身份证、户口簿、营业执照、个人征信查询记录等必要的证明材料。

2. 调查报告对借款申请人的还款能力进行了细致的分析，比较充分，且提供了银行流水等必要的证明材料。

3. 调查报告对担保的有效性进行了分析，分析比较充分，且提供了抵押人的身份证、户口簿、房产证、购房发票等证明材料。

4. 调查报告对贷款用途、贷款金额、贷款期限的合理性进行了分析，提供了购货合同的证明材料，通过购货合同确认贷款金额合理。贷款金额与申请人家庭经营净收入比较，贷款期限合理。

四、风险分析

(一) 行业分析。虽然目前由于网吧数量相对固定，经营收入比较稳定，但随着家庭和办公电脑的普及，茶楼、浴池等休闲场所都逐渐配备电脑，经营收入下降成为必然，因此从长远来看该行业成长性较差。

(二) 经营风险。文化主管部门对该行业的监管力度较大，如有违规经营行为，处罚措施严厉。此外还有安全管理的风险，如果出现火灾和其他突发事件，将直接关系其能否持续经营。

五、审查意见

同意对王春生发放房产抵押贷款人民币30万元，期限3年，用于购买电脑设备，按月结息，分年还款。贷款利率执行基准利率上浮30%，以其名下位于贵池区青阳路以东胜利路以北城北花园C区4幢109室抵押。同时要求：

(一) 放款前办妥我行为第一顺序抵押权人的抵押登记手续和对抵押物承租人履行抵押告知手续，并要求其在告知书上签字。

(二) 严格按照《个人贷款管理暂行办法》的要求发放贷款和支付信贷资金。

(三) 要求借款人的经营收入必须全部归集到其在我行开立的账户，并加强安全管理和合规经营。

(四) 加强贷后管理，定期检查其在我行账户的资金流量，发现异常要立即查明原因。定期现场查看经营情况和抵押物实物状态。

审查人(签名)：
年 月 日

3. 活动安排

(1) 分组，由学生分别模拟客户和个贷经理。

(2) 个贷经理审查客户提供的资料。

(3) 参照实训内容撰写审查报告。(每组提交一份)

(4) 教师点评。

4. 活动准备

实训案例,个人贷款客户审查材料。

5. 活动评价

对学生模拟实训的各个环节以及完成的客户评价进行打分。

考 核

【模拟情境】

做外贸的王先生(王宏)接了一笔需要一个月交货的订单,急需50万元的周转资金。假如丢掉这笔订单,打拼了10年的国外市场就会彻底丢掉,企业也将面临破产。于是,王先生计划向银行申请个人大额经营性贷款50万元,同时以房产(价值80万元)作抵押。

要求:根据情境,完成个人经营性贷款的审查。

任务二 个人贷款业务审批

知识目标

○ 了解商业银行授信业务审批流程及贷款审查委员会的工作职责;

○ 了解贷款审查委员会的组织机构、职责和审议范围;

○ 熟悉贷款审查委员会的工作程序。

能力目标

○ 能掌握审贷分离的一般操作流程;

○ 能准确填写贷款审查审批表。

素质目标

○ 具备良好的服务意识;

○ 具备较强的风险意识;

○ 具备较强的判断能力。

案例导入

客户温思思的贷款审查已经通过,客户经理小李准备组织温思思的贷款申请材料(见表5-1),进行报批。

一、温思思贷款的材料报批清单

表5-1　贷款材料报批清单

借款人:		贷款金额:	万元	贷款种类	个人住房贷款	
业务类别	☑新业务		□复议业务			
序号		资料名称			有√无×	备注
一	个人住房贷款业务报批材料清单				√	
二	个人贷款申请表				√	
三	借款提示				√	
四	个人住房贷款谈话笔录				√	
五	业务管理办法要求客户提供的材料					
1.	业务基本情况资料					
	借款人(共同借款人)合法有效的身份证件(身份证、户口本等)				√	
	居住证明					
	婚姻状况证明				√	
	配偶的合法有效身份证件				√	
	偿还能力证明(工资单、公积金缴交清单、收入证明、营业执照等)				√	
	合法有效的购房合同、协议				√	
	首付款证明				√	
2.	业务保证情况资料					
	抵(质)押物权属证明文件					
	抵(质)押物评估报告					
	有权处分人同意抵(质)押的书面文件或抵押承诺				√	
	保证人为自然人时,保证人合法有效的身份证件、个人资产收入证明及担保意向书					
	保证人为法人时,提供担保意向书及担保评价报告					
	《客户评价报告》(信用贷款需提供)					
六	贷款调查人声明(报批材料真实性声明)				√	
七	其他材料					
1.	个人征信记录表				√	
2.	联网公民身份信息核查系统查询结果				√	
3.	扣款账户复印件(保证金冻结书)				√	
4.	人民币贷款利率确定表					
5.	保证金质押合同					
6.	个人住房借款合同(公证书)				√	
7.	个人贷款抵押房屋综合保险				√	
8.	个人贷款支付凭证				√	
9.	开立贷款账户通知书				√	
10.	房屋他项权证(复印件)					
八	系统打印个人住房贷款业务调查申报审批表(放款后打印)				√	
	建设银行已有审批情况					
	审批项目(　　　)				建晋房审	
	建设银行对楼盘项目按揭额度及贷款条件			个人住房贷款(万元)	
				个人商业用房(万元)	

(续表)

已经发放个人住房贷款额			万元
已发放个人住房贷款的不良率			0
......			
提交本清单列示的材料数/份	报送人(签字)	接收人(签字)	接收日期

二、温思思贷款申请审批流程

在办理贷款前，首先审批抵押物是否合格，担保审批通过后，才进行贷款审批。按照分级审核的原则，担保审批的权限可能在总行。对支行信贷员提交的已经填好的担保申请、担保经理意见以及相关资料进行逐级审查，流程为"支行信贷科长—支行分管行长—支行行长—总行的信审部—总行行长"。

按照审批权限审批，温思思的贷款金额支行具有审批权，因此从支行信贷科长开始逐级审批到支行行长就可以了，具体流程如表5-2、表5-3所示。

表5-2　个人贷款担保审批流程

查看审批记录

工作详细信息			
客户名称：	温思思	客户类型：	个人客户
主客户经理：	学生980	申请时间：	2016/11/14 13:53:20
完成时间：			

审批流程			
任务名称：	担保受理	处理人：	支行信贷员
处理意见：	同意	处理时间：	2016/11/14 13:56:09
批注：			
任务名称：	担保受理	处理人：	支行信贷科长
处理意见：	同意	处理时间：	2016/11/14 14:02:45
批注：			
任务名称：	担保受理	处理人：	支行分管行长
处理意见：	同意	处理时间：	2016/11/14 14:03:03
批注：			
任务名称：	担保受理	处理人：	支行行长
处理意见：	同意	处理时间：	2016/11/14 14:03:23
批注：			
任务名称：	担保受理	处理人：	信贷部初审员
处理意见：	同意	处理时间：	2016/11/14 14:03:40

表5-3　详细的贷款审批流程

查看审批记录			
工作详细信息			
客户名称：	温思思	客户类型：	个人客户
主客户经理：	学生980	申请时间：	2016/11/14 14:11:12
完成时间：			
审批流程			
任务名称：	贷款受理	处理人：	支行信贷员
处理意见：	同意	处理时间：	2016/11/14 14:18:08
批注：			
任务名称：	贷款受理	处理人：	支行信贷科长
处理意见：	同意	处理时间：	2016/11/14 14:18:28
批注：			
任务名称：	贷款受理	处理人：	支行分管行长
处理意见：	同意	处理时间：	2016/11/14 14:18:48
批注：			
任务名称：	贷款受理	处理人：	支行行长
处理意见：	同意	处理时间：	2016/11/14 14:19:08
批注：			

学习任务

一、审批个人贷款业务

《个人贷款管理暂行办法》第二十条规定："贷款人应根据审慎性原则，完善授权管理制度，规范审批操作流程，明确贷款审批权限，实行审贷分离和授权审批，确保贷款审批人员独立审批贷款。"

贷款人应根据重大经济形势变化、违约率明显上升等异常情况，对贷款审批环节进行分析，及时并有针对性地调整审批政策，加强相关贷款的管理。

(一) 个人贷款的审批流程

1. 组织报批材料

个人贷款业务部门负责组织报批材料。报批材料具体包括个人信贷业务审批申请表、报批材料清单以及申请的某类贷款相关办法及操作规程规定需提供的材料等。

2. 审批

贷款审批人依据银行个人贷款办法及相关规定，结合国家宏观调控政策或行业投向政策，从银行利益出发审查每笔个人贷款业务的合规性、可行性及经济性，根据借款人的偿付能力以及抵押担保的充分性与可行性等情况，分析该笔业务预计给银行带来的收益和风险。贷款审批人应对以下内容进行审查。

(1) 借款人是否具备相应的资格和条件。

(2) 借款用途是否符合银行规定。

(3) 申请借款的金额、期限等是否符合有关贷款办法和规定。

(4) 借款人提供的材料是否完整、合法、有效。

(5) 贷前调查人的调查意见、对借款人资信状况的评价分析以及提出的贷款建议是否准确、合理。

(6) 对报批贷款的主要风险的防范措施是否合规、有效。

(7) 其他需要审查的事项。

3. 提出审批意见

采用单人审批时，贷款审批人直接在个人信贷业务申报审批表上签署审批意见。采用双人审批方式时，先有专职贷款审批人签署审批意见，后送贷款审批牵头人签署审批意见。贷款审批人对个贷业务的审批意见类型为"同意""否决"两种。

(1)"同意"表示完全同意按申报的方案(包括借款人、金额、期限、还款方式、担保方式等各项要素)办理该笔业务。采用双人审批方式时，只有当两名贷款人同时签署"同意"意见时，审批结论意见方为"同意"。

(2)"否决"表示不同意按申报的方案办理该笔业务。发表"否决"意见应说明具体理由。对于决策意见为"否决"的业务，申报机构(部门)认为有充分的理由时，可提请重新审议(称为复议)，但申请复议时，申报机构(部门)需针对前次审批提出的不同意理由补充相关资料，原信贷审批部门有权决定是否安排对该笔业务的复议。提请复议的业务，申报及审批流程和新业务相同。对原申报业务报批材料中已提供的材料，可不重复报送。

4. 审批意见落实

业务部门应根据贷款审批人的审批意见做好以下工作。

(1) 对未获批准的贷款申请，贷前调查人应及时告知借款人，将有关材料退还，并做好解释工作，同时做好信贷拒批记录存档。

(2) 对需补充材料的，贷前调查人应按要求及时补充材料后重新履行审查、审批程序。

(3) 对经审批同意或有条件同意的贷款，如贷款条件与申报审批的贷款方案内容不一致的，应提出明确的调整意见，信贷经办人员应及时通知借款申请人并按要求落实有关条件，办理合同签约和发放贷款等。

(4) 贷款审批人签署审批意见后，应将审批表连同有关材料退还业务部门。

5. 贷款审批中需注意的事项

贷款审批中需注意以下事项。

(1) 确保业务办理符合银行政策和制度。

(2) 确保贷款申请资料合规，资料审查流程严密。

(3) 确保贷款方案合理，对每笔借款的申请风险情况进行综合判断，保证审批质量。

(4) 确保符合授权规定，对于单笔贷款超过经办行审批权限的，必须逐笔将贷款申请及经办行审批材料报上级进行后续审批。

(5) 严格执行客户经理、业务主管、专职审批人和牵头审批人逐级审批的制度。

(二) 个人贷款审批形式的分类

1. 依据个人贷款的审批组织形式分类

(1) 集中式审批。它是指银行在一定区域将个人贷款审查、审批甚至放款等工作进行集中处理，以提高个人贷款审批效率。例如，许多银行建立了个人贷款中心，集中营销、审查、审批个人贷款业务。

(2) 分散式审批。它是指银行根据分级审批的原则，将主要的个人贷款业务授权至各分支机构进行审查、审批，这里的分支机构主要指银行的分行和一级支行。

2. 依据个人贷款的审批人员构成分类

(1) 负责人审批。负责人审批制是一种传统的贷款审批模式，即银行根据分级审批的原则，将个人贷款业务的审批权限授予各级行的行长、零售业务部门总经理、个人贷款中心总经理或小企业金融中心总经理。

(2) 专家审批。由于个人贷款业务量大，一些银行实行个人贷款的专家审批制，即将个人贷款业务的审批权限授予经验丰富、水平较高的信贷专家，这些专家可按照授权独立审批个人贷款，这些专家在有的银行被称为"独立审批人"。

3. 依据个人贷款的审批技术手段分类

(1) 信贷系统在线审批。管理较为成熟的银行均建立了信贷管理系统，客户经理或集中作业的相关人员将贷款录入系统，由具有审批权限的人员直接在信贷系统中查看相关资料进行审批。这种审批实现了无纸化操作，审批效率较高。

(2) 纸质审批。对于技术相对落后的银行，由于无科技支撑，对个人贷款实行纸质审批，即各岗位审核原始书面材料并在纸质件上进行审批。由于银行各级机构和各级岗位人员的资料传递有时间间隔，因此纸质审批效率较低。

二、个人贷款审批结论

(一) 授信业务初次审批的审批结论

1. 同意授信

贷款审批人经认真审阅申报单位提交的授信申请书、客户评级报告、授信项目审查报告和所有其他材料，采用会议审批形式的，经审批会议上与经营主责任人、风险经理等人员进行有效沟通后，如果贷款审批人判断申报的授信业务符合国家法律法规、产业政策、银行信贷政策、风险管理政策以及各项规章制度，授信方案建议的各项基本要素合理，还款来源充足、稳定、可实现、可执行，能有效控制风险，且办理该项业务给银行带来的收益能够覆盖成本和风险，则应发表"同意"的审批结论，即同意申报单位按照审批方案办理授信业务。

2. 附加条件的同意授信

对于贷款审批人原则上或基本上同意，但仍需申报单位进一步修改和完善的授信方案，贷款审批人可发表附加条件的"同意"的审批结论。

贷款审批人提出的附加条件应能够有助于防范风险，有助于保障和控制还款来源，有助于在控制风险的情况下提高授信业务收益，有助于银行业务的发展。

贷款审批人提出的附加条件应具备可操作性，即应该是借款申请人或申报单位经努力在一定期限内可以落实的条件。

3. 否决授信

贷款审批人经认真审阅申报单位提交的授信申请书、客户评级报告、授信项目审查报告和所有其他材料，采用会议审批形式的，在审批会议上与经营主责任人、风险经理等人员进行了有效沟通，如果贷款审批人判断申报的授信业务存在不符合国家法律法规、产业政策、银行信贷政策、风险管理政策以及各项规章制度，办理该项业务给银行带来的收益不能覆盖成本和风险，则应发表"否决"的审批结论。

发表否决意见时，贷款审批人应在审批结论中明确提出否决的具体内容及理由。下列情况原则上应发表"否决"的审批意见：借款人不具备借款的主体资格；借款人或借款项目未达到"准入门槛"；借款项目的审批过程存在严重缺陷；借款用于国家法律和银行信贷政策规定的禁止用途；借款项目不符合国家或地区的产业政策；授信业务带来的收益不能完全覆盖银行的成本和风险。

4. 续议授信

若贷款审批人认为申报材料不充分、汇报人回答问题不清，不能满足决策的需要；或认为有必要对申报方案的重要条款进行修改，需要在申报单位补充材料加以说明或对申报方案进行修改后再次审议，则应发表"续议"的审批结论。

对于下列情况可以考虑作出续议结论：授信金额不合理；授信期限不合理；借款人或保证人的经营信息不充分；借款人或保证人的财务信息不充分；不能有效评价还款来源；不能有效评价保证人的履约能力；担保物有瑕疵，对担保能力和效力产生不利影响；贷后管理措施不到位、不完备，不能有效控制授信风险等。

(二) 授信业务再次审批的审批结论

1. 变更条件的审批结论

授信业务初次审批的审批结论下发后，对于授信业务结论为"同意"或"同意(附加条件)"的授信业务，在授信业务办理前，即在首次提款或开立信用证、保函、承兑业务前，如果申报单位不能落实申报方案中的某些条款或审批结论附加的条件，申报单位可申请变更条件。贷款审批人应进行变更条件的审批，并重点分析审查以下方面。

(1) 申请变更条件的程序是否合规。

(2) 申请变更是否确认修改或放弃部分条件后仍能有效防范和控制风险。

(3) 申请变更的原因是原来设计得不合理还是授信申请人或申报单位根本无法落实。

(4) 如果因为同业竞争需要而申请变更条件，变更条件后，授信条件是否突破底线。

(5) 申请变更的条件是事关有效风险控制的重要条件还是一般性条件。

对于原本设计不合理或根本无法落实，或修改或放弃部分条件后授信风险仍然能有效防范和控制的，贷款审批人可同意申报单位的修改方案或同意放弃原授信条件。

对于申报单位在申请修改或放弃部分条件后对授信风险产生一定影响的，而申报单位同时又增加了有效控制风险的担保或其他措施，贷款审批人综合考虑后可同意申报单位的方案。

对于修改或放弃部分条件后，导致授信业务越过合法合规底线或者风险变得不可控，贷款审批人应否决变更条件的申请。

2. 续议审批

对于初审结论为"续议"的授信方案，申报单位可在规定的时间内按续议结论要求补充有关材料或对授信方案进行调整后，提请原审批部门组织审批。

贷款审批人对于续议审批应重点分析审查以下几方面。

(1) 申报单位补充的材料是否符合续议结论提出的要求。

(2) 申报单位是否按续议结论要求的条款和内容对申报方案进行了调整。

(3) 续议申请报告、调整后的申报方案是否反映了自初次审批到再次审批之间，借款人的经营和财务情况发生的足以影响银行信贷决策的变化。

贷款审批人应分析续议申请、补充的相关材料、调整后的授信方案、借款人的新变化及贷款审批人本身掌握的新信息，对续议的授信业务发表审批结论。

3. 复议审批

初次审批结论为"否决"的授信方案，申报单位可在规定的期限内，按审批规程的规定向原审批部门或上级行申请复议。

贷款审批人在复议审批时，应重点审查以下几方面。

(1) 复议的授信业务是否符合国家的法律法规、产业政策、银行信贷政策、风险管理政策和规章制度。

(2) 复议的授信方案是否反映了自原复议结论作出到复议期间借款人和借款项目已发生的变化，以及新方案能否足以使贷款审批人做出审批决策。

(3) 新的方案给银行带来的收益能否完全覆盖银行的成本和风险。

对于复议的授信业务，贷款审批人应在全面分析的基础上，发表审批结论，审批结论只能是"同意"或"否决"。

(三) 贷款审查审批表的填写

负责信贷审查及审批的相关部门和人员按照各自的权限，分别在授信业务审查审批意见表上写明审查意见、审查和审批结论。商业银行分支行与总行授信业务审查审批意见表的一般格式如表5-4和表5-5所示。

表5-4 授信业务审查审批意见表(分支行)

经办行(盖章):

信贷审查部门意见: 经办人签字: 负责人签字: 年 月 日	
相关部门意见: 经办人签字: 负责人签字: 年 月 日	
主管副行长审查(审批)意见: 签字: 年 月 日	
贷款审查委员会意见: 主任签字: 年 月 日	
行长审查(审批)意见: 签字: 年 月 日	

表5-5 授信业务审查审批意见表(总行)

分行(总行营业部)意见:
一、审查结论:
二、附加条件或限制性条款:
负责人签字： 盖章： 年 月 日
主审查人意见:
一、审查结论:
二、附加条件或限制性条款:
主审查人签字： 部门负责人签字： 年 月 日
总行信贷审批中心审查意见:
一、审查结论
二、表决情况
总行信贷审批中心审贷委员__人，出席__人，表决__人。
表决结果：同意__票，不同意__票，再议__票。
三、附加条件或限制性条款(或再议条件):
信贷审批中心主任签字： 年 月 日
总行信贷管理部总经理意见:
签字： 年 月 日
信贷政策委员会意见:
一、审查结论:
二、表决情况:
信贷政策委员会委员__人，出席__人，表决__人。
表决结果：同意__票，不同意__票，再议__票。
三、附加条件或限制性条款(或再议条件):
签字： 年 月 日
主管副行长意见:
签字： 年 月 日
行长意见:
签字： 年 月 日

三、授信业务审批机构

(一) 组织机构

银行授信业务审批机构是贷款审查委员会(以下简称"贷审会"),贷审会设主任一名,由行长担任,副主任委员由主管授信业务的副行长担任。贷审会实行部门委员和个人委员相结合的制度,委员由信贷管理部门、客户部门、资金计划部门、风险资产管理部门、国际业务部门、法规部门的负责人和本行具有评审能力的人员组成。部门负责人由正职和副职部门的负责人和本行具有评审能力的人员组成。贷审会委员不得少于7人。各级行的贷审会人员的组成应稳健明确,并上报上级贷审会办公室备案。

部门委员工作变动时,其贷审会委员的职务同时自动变更。具有评审能力的人员作为贷审会委员要符合从事授信或相关工作3年以上、具有较强的评审能力和原则性强的条件,并按程序确定,报上级行贷审办确定。

贷审会下设办公室,作为贷审会的具体办事机构。贷审会办公室的工作职责应列入部门职责。成立贷审会办公室应正式行文,发送本级行各部门,抄报上级贷审会办公室,抄送下级各单位。

(二) 贷审会的职责和议事范围

1. 主要职责

贷审会的主要职责是审议职责范围内的授信事项;督促有关部门落实贷审会审议、行长审批的各类授信事项;指导和协调下级行贷审会工作。

2. 审议范围

贷审会主要审议超过本行审批权限的贷款、贸易融资、贴现、承兑、信用证、担保等形式的本、外币授信业务,以及公开统一授信、可循环使用授信、贷款承诺函等;审议超过本行审批权限,按规定需要贷审会审议、报请上级行审批的上述事项;审议行长认为有必要提交贷审会审议的特别授权、内部授信、特别授信及其他授信特别事项;审议按规定应提交贷审会审议的客户信用等级评定;审议经本行贷审会审议通过、行长批准的授信业务执行情况和贷后检查报告。

3. 可不经贷审会审议的事项

可不经贷审会审议的事项包括:以全额保证金、存单或国债质押方式办理的贷款、银行承兑汇票、开立的信用证和投标保函;100%外汇质押的人民币贷款业务;银行承兑汇票质押办理承兑、贷款;本行已授信国外银行开立的备用信用证项下的担保贷款;银行承兑汇票的贴现;出口信用证项下的票据贴现;公开统一授信项下和可循环使用信用项下的短期授信业务;扶贫到户贷款;总行规定的其他业务。

(三) 贷审会工程流程

贷审会的工作流程如图5-7所示。

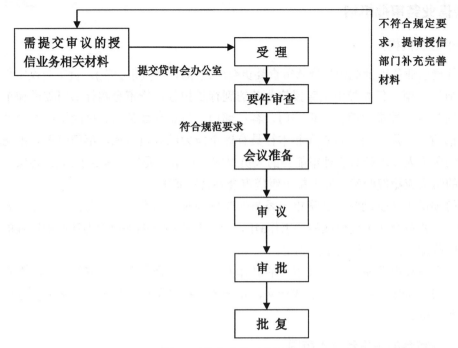

图 5-7　贷审会的工作流程

1. 受理

凡提交贷审会审议的授信业务,由信贷管理部门按规定进行审查后,撰写授信审查报告,经本部门盖章、部门负责人签字,连同贷款申请报告、调查报告、评估报告(或专家咨询意见)和内部运作等资料,送贷审会办公室。

2. 要件审查

贷审会办公室按规定对拟提交审议的有关事项进行要件审查,对符合规范要求的授信事项,及时安排提交贷审会审议;对不符合规范要求的,应要求提前审议的授信部门补充完善。

3. 会议准备

提请会议主持人及时召开贷审会例会,做好会议资料准备,将审查报告至少提前一天发送贷审会委员,通知贷审会委员和列席人员按时参加会议。

4. 审议

会议主持人负责组织对提交贷审会的授信事项进行审议。由审查人员向贷审会汇报授信审查报告,参加会议的委员就授信审查报告中的主要方面和突出问题进行审议后,就审议的授信事项实行无记名投票表决。贷审会办公室根据会议记录整理成会议纪要,根据投票结果填制贷款审查会审议表,连同会议纪要一并呈报有权审批人审批。

5. 审批

有权审批人在会议纪要和审议表上签署审批意见。对贷审会审议通过的授信事项,有权审批人可行使一票否决权;对经投票未通过(包括不同意和复议)的授信事项,有权审批人不得行使一票赞成权。但不论投票结果如何,有权审批人均有复议决定权。

6. 批复

贷审会办公室根据有权审批人在审议表的会议纪要上的签字意见印发《贷款审查委员会会议纪要》，依据会议纪要起草文件批复有关分支行。授信批复可以采取行发文件和贷款审批表的方式进行。

四、授信业务审批制度

在授信业务审批过程中，商业银行应按照审贷分离、分级审批的原则，规范授信业务审批流程，明确授信业务审批权限，确定审批人员按照授权独立进行授信业务审批。

(一) 授权管理

1. 信贷授权的定义

授权管理是指商业银行按照信贷授权对授信业务审批环节进行管理。信贷授权是商业银行对其所属职能部门、分支机构和关键岗位开展授信业务权限的具体规定。

2. 信贷授权的分类

信贷授权大致可分为直接授权、转授权和临时授权三个层次。直接授权是指银行业金融机构总部对总部相关授信业务职能部门或直接管理的经营单位授予全部或部分信贷产品一定期限、一定金额内的授信审批权限。转授权是指授权的经营单位在总部直接授权的权限内，对本级行各有权审批人、相关授信业务职能部门和所辖分支机构转授一定的授信审批权限。临时授权是指在被授权者因故不能履行业务审批职责时，可以临时将自己权限范围内的信贷审批权限授予其他符合条件者代为行使。

3. 信贷授权的原则

信贷授权应遵循以下几项基本原则。

(1) 授权适度原则。商业银行应兼顾信贷风险控制和提高审批效率两方面的要求，合理确定授权金额及行权方式，以实现集权和分权的平衡。

(2) 差别授权原则。应根据各业务职能部门和分支机构的经营管理水平、风险控制能力、主要负责人业务以及所处地区的经济环境等，实行有区别的授权。

(3) 动态调整原则。应根据各业务职能部门和分支机构的经营业绩、风险状况、制度执行情况以及经济形势、信贷政策、业务总量、审批手段等方面的情况变化，及时调整授权。

(4) 权责一致原则。业务职能部门和分支机构超越授权，应视越权行为性质和所造成的经济损失，追究主要负责人及直接责任人的责任。主要负责人离开现职时，必须要有上级部门作出的离任审计报告。

4. 信贷授权的方法和形式

(1) 信贷授权的方法。商业银行对业务职能部门和分支机构的信贷授权，原则上应根据其风险管理水平、资产质量、所处地区的经济环境、主要负责人的信贷从业经验等因素，设置一定的权重，采用风险指标量化评定的方法合理确定。此外，在确定信贷授权时，还应适当考虑个人信贷的业务特点。

(2) 信贷授权的形式。信贷授权常用的形式有以下几种。

① 按受权人划分，信贷授权可授予总部授信业务审批部门及其派出机构、分支机构负

责人或独立授信审批人等。

② 按授信品种划分，可按风险高低进行授权。例如，对固定资产贷款、并购贷款、流动资产贷款等品种给予不同的权限。

③ 按行业进行授权。根据银行信贷行业投向政策，对不同的行业分别授予不同的权限。例如，对产能过剩行业、高耗能、高污染行业适当上收审批权限。

④ 按客户风险评级授权。根据银行信用评级政策，对不同信用等级的客户分别授予不同的权限。

⑤ 按担保方式授权。根据担保对风险的缓释作用，对采用不同担保方式的授信业务分别授予不同的权限。例如，对全额保证金业务、存单(国债)质押业务等分别给予不同的审批权限。

(二) 分级审批

分级审批是建立在信贷授权制度基础上的，是商业银行提高审批效率、增强竞争力的内在要求。商业银行根据信贷部门有关组织和人员的工作能力、经验、职务、工作实绩以及所负责授信业务的特点和额度，决定每位有权进行授信业务审批的人员或组织的贷款审批品种和最高贷款限额。一般来说，分级审批的主要依据是授信额度，因为授信额度的大小直接反映了该授信业务给商业银行带来的风险大小，授信额度越大，风险越大，对授信业务专业知识和经验的要求也越高。

对于一家独立的商业银行机构，其授信业务的分级授权由高到低可分为董事会的审批授权、贷款委员会或高级管理层的审批授权和一般信贷员的审批授权三个层次。

对于一家具有分支行机构的商业银行机构，各分支机构必须在权限范围内办理信贷业务。分级审批的基本业务流程为：分支经营行信贷管理部审查，贷审会审议，有权审批人审批。对超越权限的信贷业务的审批流程为：分支经营行信贷管理部门初审，分支经营行行长审核同意后，由信贷管理部报有权审批的上级管理行信贷管理部复审，上级管理行贷审会审议，有权审批人审批。

(三) 审贷分离

1. 审贷分离的定义

审贷分离是指将信贷业务办理过程中的调查和审查环节进行分离，分别由不同层次的机构和不同部门(岗位)承担，以实现相互制约并充分发挥信贷审查人员专业优势的信贷管理制度。

2. 审贷分离的实施

(1) 审贷分离的实施形式。商业银行按照信贷业务和信贷审查职能的不同，本着各负其责和相互制约的原则，设立不同层次的岗位或部门，配备相应的人员，明确各环节的主要负责人。例如，信贷规模比较小的支行，一般设置信贷业务岗和信贷审查岗；在分行乃至总行等较高层次的单位，设置信贷业务经营部门和授信审查部门。

从信贷业务岗(部门)和信贷审查岗(部门)的职责划分来看，信贷业务岗(部门)直接面对客户，为客户提供服务，营销并管理银行信贷业务，其信贷职责是受理客户的信贷申请、承担对客户的贷前调查、审批后的信贷业务合同签订和贷后管理。信贷业务岗位(部门)人员提交贷前调查报告，并承担调查失误、风险分析失准和贷后管理不力的责任。信贷审查岗(部门)的职责是依据法律和银行信贷政策与条件，对客户部提供的客户调查材料进行审查，将审查、评估意见报贷审会审议及有权审批人审批。信贷审查岗(部门)人员出具审查意见报告，承担审查失误的责任。

(2) 审贷分离的实施要点，具体包括以下几项。

① 为保持审查审批的独立性和客观性，审查人员与借款人原则上不直接接触。对特大项目、复杂事项等确需审查人员接触借款人的，应经过一定程序的批准，在客户经理的陪同下实地进行调查。

② 审查人员无最终决策权。信贷决策权应由贷款审查委员会或最终审批人行使。

③ 审查人员应真正成为信贷专家，才能对信贷调查人员提交的材料以及结论的真实性、合理性提出审查意见。

④ 实行集体审议机制。贷审会作为授信业务决策的集体议事机构，评价和审议信贷决策事项，为最终审批人提供决策支持。

⑤ 授信审批应按规定权限、程序进行，不得违反程序、减少程序或逆程序审批授信业务。

知识小结

信贷业务的审批方式包括贷款审批人审批和授信业务审批，贷款审批人的审批结论是作出授信业务审批结论的主要依据。授信业务审批一般可采取会签审批和会议审批两种方式。

贷款审批人的审批是指单个贷款审批人对审批的具体授信业务发表的书面形式的审批意见。贷款审查委员会(以下简称"贷审会")是行长领导下的授信业务决策议事机构，对有权审批人审批授信业务起智力支持作用和制约作用。

授信业务初次审批的审批结论包括：同意授信，附加条件的同意授信，否决授信和续议授信。授信业务再次审批的审批结论包括：变更条件的审批结论，续议审批，复议审批。

在授信业务审批过程中，商业银行应按照审贷分离、分级审批的原则，规范授信业务审批流程，明确授信业务审批权限，确定审批人员按照授权独立进行授信业务审批。

实训活动

实训模拟——个人汽车贷款审批

1. 活动考核

通过实训模拟，使学生能够完成个人汽车贷款业务的审批。

2. 活动安排

(1) 学生的任务，具体包括：

❍　了解个人汽车贷款审批流程。

○ 5人一组，模拟填写个人信贷业务审批表。

(2) 老师的任务，具体包括：

○ 分配学生任务，提出具体要求；

○ 检查学生分组情况；

○ 课堂巡查各组学生填写个人申请表的过程和完成情况；

○ 详细抽查5份个人信贷业务审批表；

○ 老师讲评。

3. 活动资料

张斯奇，男，40岁，某制造业企业经理，现居住于沈阳市皇姑区天山路××号，月薪8000元，计划购买一辆25万元的大众品牌某型号汽车，准备向银行申请贷款15万元，借款期限3年，采用等额本息还款法，并以所购汽车作抵押。张斯奇的报批材料如表5-6所示。

表5-6　车辆抵押借款业务审批表

借款人基本信息	业务区域					客户所属业务员		
	姓名					年龄		
	现住址					籍贯		
	借款金额		借款期限	□1期 □3期 □6期 □12期	贷款种类	□移交类 □GPS类	还款方式	□等额本息 □先息后本
车辆信息	车辆品牌/型号/配置							
	颜色		登记日期		出厂日期			
	行驶公里数		保险情况					
车辆评估意见		签名：　　　　　　　　　　年　　月　　日						
实地调查意见		签名：　　　　　　　　　　年　　月　　日						

考 核

通过实训，使学生能够掌握个人授信业务风险评价的操作要点；能够了解授信业务审批制度的基本内容；掌握授权管理、分级审批的原则和方法；能够按照审贷分离的相关规定操作授信业务。

任务1：体会审贷分离制度的意义

活动要求：以小组为单位，分别扮演客户经理、公司业务部经理、行长等岗位人员，按照"客户提出申请—银行受理—调查与评价—审查与审批—签订合同与发放贷款—银行贷后管理和收回贷款"这一流程来模拟该笔授信业务，明确授信业务不同岗位(调查岗、审查岗、审批岗、检查岗)人员的职责，体会审贷分离制度的意义。

任务2：借款人不具备主体资格，银行债权无从追讨

2015年6月，借款人李先生向银行申请商用房贷款20万元，期限10年，用于购买商用房1套。在审查相关材料之后，银行经办人员未发现异常，该行如约发放贷款。1年后，该笔贷款连续逾期6个月，催收后仍未还款，随后该行将其诉讼至法院。

法院在审理过程中发现，借款人李先生在申请贷款前患有精神病，至今未愈，其子女提供了相关的有效证明。据此，法院以借款人不具备完全民事行为能力为由，判定该行借款合同无效，对其请求不予支持。

要求： 在这个案例中，贷款审查审批人员存在哪些问题？

知识拓展

∞　信贷审批制度的发展和演变　∞

一、古典信贷审批制度：专家制度

专家制度是一种古老的信贷风险分析方法，是商业银行在长期的信贷活动中形成的一种行之有效的信贷风险分析和管理制度。

特征：银行信贷的决策由该机构中那些经过长期训练、具有丰富经验的信贷人员做出，由他们决定是否贷款。

因此，在信贷决策过程中，信贷人员的专业知识、主观判断以及某些需考虑的关键要素权重均为重要的影响因素。

二、区域审批制度

区域授信审批中心设置中心信用风险总监、授信审批人、贷后检查监督与预警经理、综合岗等。

区域授信审批中心人员全部由总行按照相关办法在全辖范围内选聘，也可行外招聘，与总行统一管理。

区域授信审批中心人员的绩效考核采取定性与定量相结合的方式。

三、组合审批制度

总行：设立信审会，由总行信审会委员按照"会前审批"或"会议审批"模式进行授信审批。

区域审批中心：参照总行设立信审会，建立"单人审批""双人审批""会签审批"和"会议审批"4种审批模式。

单人审批：由1名专职审批人在其个人授权权限内通过审阅申报材料形成审批结论。

双人审批：由1名审批牵头人和1名专职审批人分别独立审阅申报材料并形成审批结论。

会议签批：由审批牵头人和专职审批人分别独立审阅申报材料并形成审批结论。

会议审批：首先由审批牵头人和专职审批人分别独立审阅申报材料，之后召集信贷审批会议形成审批结论。信贷审批会议由审批牵头人、专职审批人组成，可采用现场或视频、网络、电话等远程通信方式。

项目六 签订合同与发放贷款

个人贷款申请经批准后，客户经理应在落实贷款审批条件后，与借款人按照面签流程签订个人借款合同(和担保合同)。借款合同(和担保合同)一经签订生效后，借款人和银行间的借贷关系即告成立，借贷(和担保)双方均应依据借款合同(和担保合同)的约定享有权利和承担义务。借款合同签订后，信贷部门需按照银行的相关规定协助贷款发放部门发放贷款。

任务一　认识借款合同和担保合同

知识目标

- ○ 熟悉借款合同的主要条款和内容；
- ○ 熟悉担保合同的主要条款和内容。

能力目标

- ○ 能够按照规定及流程与客户签订借款合同；
- ○ 能够按照规定及流程与担保人签订担保合同。

素质目标

- ○ 具备认真、细致的工作态度。

案例导入

∽ 个人借款合同纠纷案例 ∾

原告邮储银行因与被告阎卫东、闫润召、严晓辉借款合同纠纷，于2009年4月20日起诉被告。案件事实为：2008年12月17日，被告阎卫东与原告邮政银行灵宝支行签订了1份《小额联保借款合同》，约定：第一，原告给被告阎卫东贷款50 000元，年利率为15.84%，期限为12个月。第二，合同中的借款自甲方(指原告)将资金划入乙方(指被告阎卫东)指定的邮政储蓄个人结算账户之日计息。第三，还款方式为阶段性等额本息还款法，即借款前3个月按月偿还当月利息，不还本金，此后期间，按照等额本金还款法偿还。乙方应在每月还款日(放款日以后月份的对日)当天16时之前将当月应还本息存入乙方在甲方开立的邮政储蓄个人结算账户，并授权甲方从该账户扣收当月应还贷款本息。第四，如甲方不能按合同约定的时间和金额提供贷款，按违约数额和延期天数向乙方支付日利率万分之二点一的违约金；如乙方不能按期归还借款本金，从逾期之日起按借款利率加收50%的罚息，乙方违反本协议任一条款时，贷款人有权停止本协议尚未发放的贷款和提前收回尚未到期的贷款，并要求乙方承担损害赔偿责任。当日，被告阎卫东和被告闫润召、严晓辉成立了联保小组，三被告作为乙方与原告又签订了1份《中国邮政储蓄银行小额贷款联保协议书》，约定：乙方任一成员自愿为甲方向联保小组其他成员发放的贷款提供连带责任保证。合同签订后，被告阎卫东向原告出具了借据，原告向被告提供了每月应偿还贷款的数额清单并将50 000元贷款转入阎卫东在原告处所设立的账户中。2009年1月17日，阎卫东偿还原告借款利息682元；2009年2月18日，阎卫东逾期1天偿还原告借款利息682元；2009年3月18日，阎卫东逾期1天偿还原告借款利息616元。2009年4月15日，原告的工作人员到被告阎卫东家内督促还款时与阎卫东的妻子发生了争执。之后，阎卫东以其妻子被原告的工作人员打伤住院为由未按约定偿还借款，原告多次催促无果，引起诉讼。

法院认为，依法成立的合同，受法律保护。原告邮政银行灵宝支行和被告阎卫东签订借款合同后，原告已按约定将50 000元借给被告阎卫东，被告阎卫东理应遵照诚实守信的原则按照约定如期偿还应当偿还的借款，但是，除第一次还款外，被告阎卫东在第二次、第三次还款时均超过约定时间，被告阎卫东的行为已违约，按照合同的约定，原告有权提前收回尚未到期的贷款并从逾期之日起按借款利率加收50%的罚息。因被告闫润召、严晓辉对被告阎卫东的贷款与原告签订了联保协议书，原告请求的还款数额，被告闫润召、严晓辉应按约定承担连带保证责任，故原告要求被告偿还借款本息并支付逾期还款利息的诉讼请求，理由正当。

最后，依照《中华人民共和国合同法》第四十四条、第六十条和《中华人民共和国担保法》第十八条之规定，判决如下：第一，被告阎卫东偿还原告中国邮政储蓄银行有限责任公司灵宝支行借款本金50 000元及利息(利息按约定的年利率加收利息的50%罚息即年利率23.76%计算，从2009年4月18日至还清之日止)。第二，被告闫润召、严晓辉对上述欠款承担连带责任。

学习任务

借款合同是指可以作为贷款人的银行业金融机构与自然人、法人、其他组织之间就贷款的发放与收回等相关事宜签订的规范借贷双方权利和义务的书面法律文件。担保合同是指为促使债务人履行其债务，保障债权人的债权得以实现，而在债权人和债务人之间，或在债权人、债务人和第三人(即担保人)之间协商形成的，当债务人不履行或无法履行债务时，以一定方式保证债权人的债权得以实现的协议。担保合同旨在明确担保权人和担保人之间的权利、义务关系，保障债权人的债权得以实现。

一、借款合同

(一) 借款合同的主要条款

(1) 当事人的名称(姓名)和住所；

(2) 贷款种类；

(3) 币种；

(4) 贷款用途；

(5) 贷款金额；

(6) 贷款利率；

(7) 贷款期限(或还款期限)；

(8) 还款方式；

(9) 借贷双方的权利和义务；

(10) 担保方式；

(11) 违约责任；

(12) 双方认为需要约定的其他事项。

◆ **学习资料1**

❀ ××银行个人贷款合同 ❀

合同编号：□□□□□□□□□□□□

借　款　人：

抵　押　人：

保　证　人：

贷　款　人：

贷款品种：

本合同签约各方本着平等、真实、自愿的原则，依照《中华人民共和国合同法》及其他有关法律、法规之规定，特制定本合同，以昭信守。

特别提示：借款人和担保人在签订本合同之前，请务必仔细阅读本合同各项条款，尤其是"特别提示"部分，如有不明之处，请及时咨询，贷款人一定积极解答。借款人和担保人有权同意本合同和选择其他合同，但在签署本合同后即视为同意本合同全部条款。

第一章　贷款

第一条　贷款种类。贷款种类为_____。

第二条　贷款用途。本贷款的用途为：____。未经贷款人书面同意，借款人不得改变贷款用途。

第三条　贷款金额。本合同项下的贷款金额为人民币(大写)____元。

第四条　贷款期限。本合同项下的贷款期限为____个月，自贷款借据(附件2)记载日期起算，即自____年____月____日起至____年____月____日止。

第五条　贷款利率。本合同签订时的贷款利率为年利率____%，在本合同有效期内如遇法定利率调整或计息方法变更，贷款期限在1年以内(含1年)的，实行原利率，不分段计息；贷款期限在1年以上的，从次年1月1日开始，贷款利率按调整后适用利率____浮____%计息。贷款人在本合同有效期内按照人民银行的规定调整本合同贷款利率的，贷款人将在营业场所对法定贷款利率的调整情况进行公告，不再另行向借款人发书面通知。

第六条　计算方法。利息以借款人实际提款日起算，按实际提款额和用款天数计算，计算基数为一年360天。

第七条　上述约定与贷款借据不符的，以贷款借据为准，贷款借据为本合同不可分割的组成部分。

第八条　提款先决条件。借款人在提款前，应满足如下先决条件：

8.1　借款人已按贷款人要求开立用于提款、付息及还款的账户。

8.2　本合同项下的担保条款已生效。

8.3　在申请贷款的过程中，借款人已向贷款人提供贷款人要求提供的所有文件和资料，且这些文件和资料继续保持有效。

第九条　借款人在此授权贷款人将借款人依据本合同规定取得的贷款一次性划入借款人指定的账户(附件3)，或将贷款一次性划入下列指定账户。户名：____，账号：____，开户行：____。

第十条　贷款担保。本合同项下的全部贷款采用(抵押/保证)担保方式，抵押人为____，保证人为____(视情况而定，下文统称为"担保人")，具体约定见本合同相应担保条款。

第十一条　借款人在贷款期限内，选择以下____还款方式偿还贷款本息。本合同项下贷款按(月/季)共分____期偿还，具体还款金额及还款日期见贷款行提供的《还款计划书》(附件4)。

11.1　利随本清。

11.2　等额还本付息。

11.3　等本金还款。

11.4　递增/递减还款法。

11.5　按期还息一次还本。

11.6　前3个月按月还息后按月等额还款。

11.7　前3个月按月还息后按月等本还款。

11.8　前5个月按月还息后按月等额还款。

11.9　前5个月按月还息后按月等本还款。

第十二条　贷款人可在约定的还款日直接从借款人在贷款人处开立的还款账户(附件4)内扣收到期本息。借款人应保证还款账户内有足够余额偿还到期应付本息。若借款人需要变更还款账户账号或对还款账户进行任何类似变更，借款人须到贷款人处申请办理相关手续；若还款账户发生挂失、冻结、结清、超期或任何其他类似变化事项，借款人须在贷款人处开立新的扣款账户，并在该账户内存入足够的资金以偿还到期应付本息。

第十三条　贷款人将对逾期贷款本金按贷款利率加收50%计收罚息，对逾期贷款利息计收复利。

第十四条　借款人可提前偿还全部或部分未还贷款，但应按下列要求提前通知贷款人，并取得贷款人的书面同意。借款人每年只能提前偿还一次贷款。

14.1　借款人必须于预定的提前还款日前5个工作日向贷款人提出书面申请，并且该申请一经发出即不可撤销。

14.2　借款人提前偿还部分贷款的，每次还款金额原则上不得低于人民币(大写)____元，提前还款前已计收的贷款利息不再调整。

14.3 对于因提前还款而变更还款期限的，重新约定的还款期限不得长于原期限，且仍按照贷款借据约定的利率及还款方式计收贷款本息。

14.4 提前偿还部分贷款的，贷款人与借款人应对剩余部分未还贷款重新约定还款计划，借款人应按贷款人重新提供的《还款计划书》标明的还款日期和还款额偿还剩余贷款本息。借款人提前偿还全部未还贷款的，应结清全部利息。

第十五条 借款人向贷款人声明如下：

15.1 借款人具有完全的资格和权利签署本合同并履行其在本合同项下的义务。

15.2 借款人为办理本合同项下贷款而向贷款人提供的所有文件、资料和凭证等是准确、真实、完整和有效的。

15.3 借款人未隐瞒任何已发生或即将发生的有可能使贷款人不同意发放本合同项下贷款的任何事件。

借款人向贷款人承诺如下：

15.4 按照贷款人之要求，如实提供贷款审查过程中应提交的资料，自觉接受贷款人对本合同项下贷款使用情况的调查、监督，并给予足够的协助和配合。

15.5 按本合同之规定清偿本合同项下之贷款本金及利息。

15.6 在借款人的职业、收入、住址、通信地址、联系电话等个人情况发生变化时，借款人应立即通知贷款人该等变化。

15.7 不以与任何第三方的纠纷为理由影响其在本合同项下还款义务的履行。

第十六条 下列任一事件均构成本合同项下的违约事件。

16.1 借款人连续3期或累计6期未按时或全额履行还款义务的。

16.2 借款人在本合同中所作的声明被证明是不正确的、不真实的或具有误导性的。

16.3 借款人未能实现或遵守其在本合同中所作的承诺或违反了其在本合同项下的其他义务。

16.4 借款人在还款期限内死亡、失踪或丧失行为能力，又无合法继承人或受遗赠人继续履行本合同项下义务，或其合法继承人、受遗赠人拒绝履行本合同的。

16.5 出现了对或可能对借款人履行其在本合同项下义务产生严重不利影响的其他情况。

第十七条 一旦发生上条所述任何违约事件，贷款人有权采取以下任何一项或多项措施：

17.1 要求借款人和/或担保人限期纠正违约。

17.2 宣布所有已贷出的贷款立即到期并要求借款人立即偿还全部贷款本金、利息和其他应付款项。

17.3 要求追加或更换保证人、抵押物、质押物。

17.4 宣布行使或实现本合同项下的担保权利。

第二章 抵押

第十八条 抵押人自愿以其享有合法所有权和处分权的____作为本合同项下的抵押物，以担保借款人按期偿还本合同项下的贷款本息和其他应付款项。

抵押物具体情况见《抵押物品清单》(附件1)。

第十九条 本合同签订时，贷款人认可的抵押物价值共计人民币(大写)____元，抵押率为____%。在抵押期限内，抵押物的抵押率若超出此抵押率时，贷款人有权随时要求抵押人提供新的抵押物或贷款人可接受的其他有效担保。抵押人拒绝履行上述约定视同违约，贷款人有权行使其在本合同第十七条下的权利。

第二十条　抵押担保的主债权的种类、金额、期限即为本合同第一章约定的贷款种类、贷款金额、贷款期限。

第二十一条　抵押担保的范围包括本合同项下贷款本金、利息(包括法定利息、约定利息、复利及罚息)、违约金、损害赔偿金、贷款人实现贷款项下债权及抵押权的费用。

第二十二条　本合同签订后，抵押人必须亲自或委托贷款人持本合同到有权登记部门办理抵押物的抵押登记手续，抵押登记费用由借款人和贷款人各承担50%。

第二十三条　抵押期间，抵押物的所有权或使用权凭证及其他有效证明文件、相关资料，以及有权登记部门出具的抵押登记证明文件和其他相关证明文件正本均由贷款人执管。

第二十四条　借款人须向保险公司办理保险，并以贷款人为第一受益人。本合同项下贷款本息及其他应付款项偿清之前，保险单正本由贷款人执管。贷款人有权收取保险赔偿金并视情况将其直接用于偿还本合同项下借款人应付的贷款本息和其他款项。抵押期间，借款人不得以任何理由中断或撤销保险。为防止保险中断，贷款人可以代替借款人投保，保险费用由借款人承担，保险权益属贷款人。

第二十五条　抵押期间，抵押物由抵押人占管，抵押人应妥善并合理保管、使用、维护抵押物，保证抵押物的完好无损，并随时接受贷款人的检查。

第二十六条　抵押人声明与承诺如下:

26.1　抵押人是抵押物的唯一合法所有人，对抵押物享有合法的处分权，抵押物的所有权不存在任何争议，依法可以作为抵押担保的标的物。

26.2　抵押人向贷款人提供的所有文件、资料、报表和凭证等是准确、真实、完整和有效的。

26.3　目前并不存在任何涉及抵押物的并将会对抵押物的价值造成严重不利影响的查封、扣押、诉讼、仲裁或其他争议事件。

26.4　抵押物抵押期间，抵押人出租抵押物的，须通知贷款人。抵押人以转让、抵偿债务、赠予等方式处分抵押物的所有权的，须征得贷款人同意。抵押人擅自处分抵押物引起贷款人损失的，由抵押人承担责任。

26.5　抵押人应及时将可能影响抵押物或其价值的任何事件(包括但不限于涉及抵押物的任何查封、扣押、诉讼、仲裁或其他争议事件)通知贷款人。由于抵押人的过错或其他任何原因造成抵押物价值减少的，抵押人应及时告知贷款人，立即采取措施防止损失扩大，并在30天内向贷款人提供贷款人认可的与减少的价值相当的担保。

26.6　抵押人不应采取可能损害贷款人针对抵押物或其在本合同项下的任何权利的行为。

第二十七条　贷款人由于国家利率政策调整而执行新利率的，无须征得抵押人的同意。

第二十八条　本合同项下所设立的抵押担保独立于贷款人为本合同所取得的任何其他担保，并不受任何其他担保的影响。本合同项下贷款及其相关条款如因任何原因部分或全部无效，均不影响本合同项下抵押条款的效力，抵押人仍应按照约定承担责任。

第二十九条　本合同项下所设抵押将一直保持有效，直至依据本合同项下规定应付的本金、利息、费用、违约金、损害赔偿金及为实现债权而支出的费用等款项全部偿清为止。

第三章　保证

第三十条　保证人自愿为借款人因在本合同项下借取贷款所产生的全部债务向贷款人提供以下第____种连带责任保证担保。在借款人未按合同约定履行还款义务时，保证人保证按贷款人的要求履行还款义务。

30.1　阶段性连带责任保证：保证期间从本合同签署之日起至抵押人已就抵押物有效设定抵押，且相关抵押物权利证明及设定抵押的相关证明文件交付贷款人正式执管之日止。

30.2　全程连带责任保证：保证期间从本合同签署之日起至本合同项下贷款履行期届满之日起2年止。

第三十一条　保证担保的范围为本合同项下贷款本金、利息(包括法定利息、约定利息、复利及罚息)、违约金、损害赔偿金、贷款人实现债权的费用总额。

第三十二条　保证人在此无条件地并不可撤销地向贷款人保证：如借款人未按本合同的约定履行其还款义务，贷款人有权向保证人发出还款通知，保证人在接到贷款人的通知之日起____日内即应按通知中所载明的偿还金额、方式向贷款人支付该等款项。

第三十三条　如借款人未按本合同的约定履行其还款义务，贷款人即可直接要求保证人履行其在本合同项下的保证责任。

第三十四条　保证人授权贷款人自行按贷款金额的____%从保证人账户中将相应金额转入保证金专户，户名：____；账号：____。以此作为保证人履行担保责任的保证金。贷款人实现本项下的担保权益时，有权直接从保证金专户中扣收借款人在本合同项下未付的本金、利息和其他应付款项。

第三十五条　保证人声明与承诺如下：

35.1　保证人具有完全的资格和权利签署本合同并履行其在本合同项下的义务。

35.2　保证人向贷款人提供的所有文件、资料、报表和凭证等是准确、真实、完整和有效的。

35.3　保证人签署本合同及履行其在本合同项下的义务并不违反保证人订立的任何其他协议以及适用于保证人的任何法律和法规。

35.4　目前并不存在任何涉及保证人或其财产的，并将会对保证人的财务状况或保证人根据本合同履行其义务的能力构成严重不利影响的查封、扣押、诉讼、仲裁或其他争议事件。

35.5　如有涉及保证人或其财产的任何查封、扣押、诉讼、仲裁或其他争议事件，保证人应立即将详情通知贷款人。

35.6　保证人不得采取任何可能损害贷款人针对抵押物或其在本合同项下的任何权利的行为。

第三十六条　贷款人由于国家利率政策调整而执行新利率的，无须征得保证人的同意。

第三十七条　无须事先征得保证人的同意，贷款人可将本合同项下保证人所担保的债权转让予任何第三人，保证人仍在原保证范围内承担保证责任并应当为此目的完成相应的法定手续。

第三十八条　本合同项下所设立的保证担保独立于贷款人为本合同所取得的任何其他担保，并不受任何其他担保的影响。本合同项下的贷款及其相关条款如因任何原因部分或全部无效，均不影响本合同项下保证条款的效力，保证人仍应按照约定承担责任。

第四章 其他条款

第三十九条 在本合同项下，借款人和/或担保人应当全额支付其应付的任何款项，不得提出任何抵销主张，亦不得附带任何条件。

第四十条 未经贷款人书面同意，借款人和/或担保人不得将本合同项下的任何权利、义务转让给第三人。

第四十一条 贷款人给予借款人和/或担保人任何宽限、优惠或延缓行使本合同项下的任何权利，均不影响、损害或限制贷款人依本合同和法律、法规而享有的一切权益，不应视为对本合同项下权利、权益的放弃，也不免除担保人在本合同项下承担的任何义务。

第四十二条 本合同各方互相发出与本合同有关的通知、要求，应以书面方式作出，发送至本合同签字页列出的有关方的地址或传真。任何一方如变更其地址或传真，需及时通知对方。

第四十三条 本合同适用中华人民共和国法律并按照中华人民共和国法律解释。各方在履行本合同过程中所发生的争议，首先应由各方协商或通过调解解决；协商或调解不成的，各方同意采取下述第____种方式解决。

43.1 由仲裁委员会进行仲裁。

43.2 向所在地法院通过诉讼方式解决。

第四十四条 本合同项下贷款及其相关条款自贷款人与借款人在本合同上签字、盖章之日起生效。本合同项下保证担保及其相关条款自贷款人与保证人在本合同上签字、盖章之日起生效。本合同项下抵押担保及其相关条款自贷款人与抵押人在本合同上签字、盖章及抵押物登记办理完毕之日起生效。代表借款人、担保人签字的委托代理人应提供完整的委托文件(包括公证处对委托文件的公证)。

第四十五条 除本合同另有约定外，非依法或本合同各方当事人一致同意，任何一方均不得擅自变更或提前解除本合同。各方协商一致变更或解除本合同的，应依法签订书面协议。书面协议达成之前，本合同条款依然有效。

第四十六条 本合同未尽事宜，按照有关法律规定执行或由当事人各方签订书面补充协议解决，"补充协议"与"抵押物品清单""贷款借据""贷款/还款账户""还款计划书""提前还款申请"等均为本合同的附件，共同构成本合同不可分割的组成部分，与合同正文具有同等法律效力。

第四十七条 借款人、抵押人、保证人违反本合同时，贷款人采用下述第____种方式强制执行。

47.1 通过公证直接强制执行，借款人、抵押人、保证人自愿接受强制执行。

47.2 经司法机关裁决后强制执行。

第四十八条 贷款人有权向有关个人征信系统提供贷款信息；借款人严重违约影响贷款人债权实现时，有权通过向社会公告的形式追究其违约责任。

第四十八条 补充条款

第四十九条 本合同正本一式____份，借款人、贷款人、担保人及抵押物登记机关各执一份，其法律效力相同。

第五十条 本合同于＿＿年＿＿月＿＿日于＿＿签订。

贷款人：××银行 授权代表人：＿＿＿＿＿地址：＿＿＿＿＿＿＿＿电话：＿＿＿＿＿

借款人(或委托代理人)：＿＿＿＿＿＿＿

有效身份证件名称及号码：＿＿＿＿＿＿　工作单位：＿＿＿＿＿

住所：＿＿＿＿＿＿＿＿＿＿＿＿＿＿　联系电话：＿＿＿＿＿

抵押人(或委托代理人)：＿＿＿＿＿＿＿

有效身份证件名称及号码：＿＿＿＿＿＿　工作单位：＿＿＿＿＿

住所：＿＿＿＿＿＿＿＿＿＿＿＿＿＿　联系电话：＿＿＿＿＿

保证人(或委托代理人)：＿＿＿＿＿＿＿

有效身份证件名称及号码：＿＿＿＿＿＿　工作单位：＿＿＿＿＿

住所：＿＿＿＿＿＿＿＿＿＿＿＿＿＿　联系电话：＿＿＿＿＿

附件1：

抵押物品清单

＿＿＿号《××银行个人贷款合同》项下抵押物为：

房产抵押

抵押物名称：＿＿＿；地址：＿＿＿；建筑面积：＿＿＿；单价：＿＿＿

评估/购买价值＿＿＿；抵押率＿＿＿

所购房性质：

商品房□ 房改房□ 解困/安居房□ 他人私房□ 其他房产□

住宅□ 公建□ 多层□ 高层□

产权证明编号：＿＿＿＿＿评估机构：＿＿＿＿＿

房产开发商：＿＿＿＿＿联系电话：＿＿＿＿＿

购房协议编号：＿＿＿＿＿房产用途：＿＿＿＿＿

房产开发商：＿＿＿＿＿联系电话：＿＿＿＿＿

车辆抵押

品牌：＿＿＿；车型：＿＿＿；车牌号：＿＿＿；发动机号：＿＿＿

底盘编号＿＿＿＿＿；车架号＿＿＿＿＿

车辆性质 国产□ 进口 □ 颜色：＿＿＿＿＿

车辆行驶证编号：＿＿＿＿＿购买价格：＿＿＿＿＿

经销商：＿＿＿＿＿联系电话：＿＿＿＿＿

购车销售协议：＿＿＿＿＿车辆用途：＿＿＿＿＿

附件2：

贷款凭证

贷款凭证(借据)贷款行留存联粘贴处

附件3：

贷/还款账号

贷/还款账号：□□□□□□□□□□□□□□□□□□□□□□□

还款用银行卡或存折复印件粘贴处

附件4：

还款计划书

| 序号 | 还款期 | | 调整日期 | 调整原因 |

1 ____年____月____日—____年____月____日

2 ____年____月____日—____年____月____日

3 ____年____月____日—____年____月____日

4 ____年____月____日—____年____月____日

5 ____年____月____日—____年____月____日

6 ____年____月____日—____年____月____日

在个贷系统中打印还款计划书正本，一式两联，一联交客户，一联依次粘贴于此。

(二) 借款合同的分类及制定原则

1. 借款合同的分类

银行借款合同可以分为格式合同和非格式合同两种。其中，格式合同是指银行业金融机构根据业务管理要求，针对某项业务制定的在机构内部普通使用的统一的、标准的格式。

2. 借款合同的制定原则

银行业金融机构借款合同应当依据法律法规、部门规章、现行制度规定、业务操作规程以及业务需求制定，并应遵守以下原则：一是不冲突原则，即借款合同不违反法律、行政法规的强制性规定；二是适宜相容原则，即借款合同要符合银行业金融机构自身各项基本制度的规定和业务发展需求；三是维权原则，即借款合同要在法律框架内充分维护银行业金融机构的合法权益；四是完善性原则，即借款合同文本内容应力求完善，借贷双方权利义务明确，条理清晰。

(三) 借款合同的填写

客户经理在填写有关合同文本的过程中，应注意以下问题。

(1) 合同文本应该使用统一的格式，对单笔贷款有特殊要求的，可以在合同中的其他约定事项中约定。

(2) 合同填写必须做到标准、规范、要素齐全、数字正确、字迹清晰、不错漏、不潦草，防止涂改。

(3) 需要填写空白栏且空白栏后有备选项的，在横线上填好选定的内容后，对未选的内容应画横线表示删除；合同条款有空白栏，但根据实际情况不准备填写内容的，应加盖"此栏空白"字样的印章。

(4) 借款金额、借款期限、借款利率、担保方式、还款方式、划款方式等条款要与借款最终审批意见一致。

(四) 借款合同的审核

(1) 合同复核人员负责根据审批意见复核合同文本及附件填写的完整性、准确性、合规性。主要包括：文本书写是否规范，内容是否与审批意见一致；合同条款填写是否齐全、准确；文字表达是否清晰；主从合同及附件是否齐全等。

(2) 合同文本复核人员应就复核中发现的问题及时与合同填写人员沟通，并建立复核记录，交由合同填写人员签字确认。

应注意的是，同笔借款的合同填写人与复核人不能为同一人。

二、担保合同

(一) 担保合同的主要特征

1. 从属性

从属性又称附随性、伴随性。担保合同的从属性主要表现在以下4个方面。

(1) 成立上的从属性，即担保合同的成立应以相应的合同关系的发生和存在为前提，而且担保合同所担保的债务范围不得超过主合同的债权范围。在授信合同中，应有主合同即借款合同，然后才有从合同即担保合同，担保合同不能独立存在。

(2) 处分上的从属性，即担保合同应随主合同债权的移转而移转。

(3) 消灭上的从属性，即主合同关系消灭，为其所设定的担保合同关系也随之消灭。

(4) 效力上的从属性，即担保合同的效力依主合同而定。担保合同的订立时间，可以是与主合同同时订立，也可以是主合同订立在先，担保合同随后订立。

2. 补充性

担保合同的补充性是指合同债权人所享有的担保权或者担保利益。担保合同的补充性主要体现在以下两个方面。

(1) 责任财产的补充，即担保合同一经有效成立，就在主合同关系的基础上补充了某种权利义务关系，从而使保障债权实现的责任财产得以扩张，或使债权人就特定财产享有了优先权，增强了债权人的债权得以实现的可能性。

(2) 效力的补充，即在主合同关系因适当履行而正常终止时，担保合同中担保人的义务并不实际履行。只有在主债务不履行时，担保合同中担保人的义务才履行，使主债权得以实现。

3. 相对独立性

担保合同的相对独立性，是指担保合同能够相对独立于被担保的合同债权而发生或者存在。担保合同的相对独立性主要表现在以下两个方面。

(1) 发生或存在的相对独立性，即担保合同也是一种独立的法律关系。担保合同的成立，和其他合同的成立一样，须有当事人的合意，或者依照法律的规定而发生，与被担保的合同债权的成立或者发生分属于两个不同的法律关系，受不同的法律调整。

(2) 效力的相对独立性，即依照法律的规定或者当事人的约定，担保合同可以不依附于被担保的合同债权而单独发生效力。此时，被担保的合同债权不成立、无效或者失效，对已经成立的担保合同的效力不发生影响。此外，担保合同有自己的成立、生效要件和消灭的原因，而且，担保合同不成立、无效或者消灭，对其所担保的合同债权不发生影响。

(二) 担保合同的种类及内容

1. 抵押合同

抵押合同的主要内容包括：抵押人及贷款人的名称、住所、法定代表人；被担保的主债权种类、金额；主合同借款人履行债务的期限；抵押物的名称、数量、质量、状况、所在地、所有权权属或者使用权权属；抵押担保的范围；抵押物的登记与保险；双方的权利和义务；违约责任；合同的生效、变更、解除和终止；当事人认为需要约定的其他事项。

◆ 学习资料2

抵押合同(范例)

合同编号：_____

目录

第一条 甲方保证及声明

第二条 被担保的主债权的种类及数额

第三条 主合同借款人履行债务的期限

第四条 抵押担保范围

第五条 抵押物

第六条 抵押登记

第七条 抵押物的占管

第八条 保险

第九条 抵押权的实现

第十条 甲方的权利和义务

第十一条 乙方的权利和义务

第十二条 违约责任

第十三条 合同的生效、变更、解除和终止

第十四条 争议的解决

第十五条 双方约定的其他事项

第十六条 附件

第十七条 附则

为了确保____年____月____日____(借款人)与本合同乙方所签订的____年____字第____号借款合同(以下简称主合同)项下借款人义务得到切实履行，甲方愿意提供抵押担保。为明确双方的权利、义务，依照我国《合同法》《担保法》及其他有关法律法规，甲乙双方经平等协商一致，订立本合同。

第一条 甲方保证及声明

1.1 自己是本合同项下抵押物的完全的、有效的、合法的所有者或国家授权的经营管理者，该抵押物不存在所有权或经营管理权方面的争议。

1.2 完全了解主合同借款人的借款用途，为主合同借款人提供抵押担保完全出于自愿，在本合同项下的全部意思表示真实。

1.3 已对本合同项下抵押物的瑕疵作出充分合理说明。

1.4 本合同项下的抵押物依法可以设定抵押。

1.5 设立本合同的抵押不会受到任何限制。

1.6 本合同项下的抵押物未被依法查封、扣押或监管。

1.7 本合同项下的抵押物如一部分出租或全部出租，保证将设立抵押事宜告知承租人，并将有关出租情况书面告知乙方。

第二条 被担保的主债权的种类及数额

本合同担保的主债权为乙方依据主合同发放的贷款，金额为人民币____万元。

第三条 主合同借款人履行债务的期限

主合同履行期限为____个月，自____年____月____日起至____年____月____日止。如有变更，依主合同之约定。

第四条 抵押担保范围

甲方抵押担保的范围包括：主合同项下全部借款本金、利息、复利、罚息、违约金、赔偿金、实现抵押权的费用和所有其他应付的费用。

第五条 抵押物

5.1 抵押物详见《抵押物清单》。

5.2 《抵押物清单》对抵押物价值的约定，并不作为乙方依本合同第九条对抵押物进行处分的估价依据，也不构成乙方行使抵押权的任何限制。

5.3 抵押物的相关有效证明和资料由甲、乙双方确认封存后，由甲方交与乙方保管，但法律法规另有规定的除外。

第六条 抵押登记

6.1 法律法规规定或双方约定应当办理抵押登记的，甲乙双方应在本合同签订后15日内到当地有关抵押登记机关办理抵押登记手续。

6.2 抵押登记事项发生变化，依法需进行变更登记的，甲乙双方应在登记事项变更之日起15日内到有关抵押登记机关办理变更登记手续。

第七条 抵押物的占管

7.1 本合同项下的抵押物由甲方占管。甲方在占管期间应维护抵押物的完好，不得采用非合理方式使用抵押物而使抵押物价值产生减损。乙方有权检查抵押物的使用管理情况。

7.2 抵押物发生毁损、灭失的，甲方应及时告知乙方，并立即采取措施防止损失扩大，同时应及时向乙方提交有关主管机关出具的发生毁损、灭失的原因证明。

第八条 保险

8.1 本合同签订后15日内，甲方应到有关保险机构办理抵押物的财产保险基本险及附加险手续。保险期限不短于主合同履行期，保险金额不低于主合同贷款本息。

8.2 甲方应在保险单中注明，出险时乙方为第一受益人，保险单中不应有任何限制乙方权益的条款。

8.3 在本合同有效期内，甲方不得以任何理由中断或撤销保险，如保险中断，乙方有权代为办理保险手续，一切费用由甲方承担。

8.4 在本合同有效期内，抵押物如发生保险事故，保险赔偿金应当全额作为抵押财产提前向乙方清偿，或经乙方同意用于恢复抵押物的价值。

第九条 抵押权的实现

9.1 乙方在行使抵押权时，有权依据法律规定，经与甲方协商对抵押物进行折价以抵偿主合同借款人所欠债务或对抵押物进行拍卖、变卖以取得价款优先受偿。

9.2 乙方依据本合同9.1条处分抵押物时，甲方应给予配合，不得设置任何障碍。

第十条 甲方的权利和义务

10.1 本合同生效后，未经乙方书面同意，保证不将本合同项下的抵押物再设立任何形式的抵押、质押，也不将抵押物出租、转让、馈赠给任何第三人。

10.2 本合同生效后，乙方依法将主债权转让给第三人的，在原抵押担保范围内继续承担担保责任。

10.3 除展期和增加贷款金额外，乙方与主合同借款人协议变更主合同，无须经甲方同意，仍在本合同确定的抵押担保范围继续承担担保责任。

10.4 甲方的行为足以使抵押物价值减少的，应停止其行为；造成抵押物价值减少时，有义务恢复抵押物的价值，或提供与减少的价值相当的担保。

10.5 甲方对抵押物价值减少无过错的，应当在所获损害赔偿的范围内向乙方提供担保。抵押物价值未减少的部分，仍作为债权的担保。

10.6 因国家建设需要征用本合同项下的抵押物时，应当以所获得的征用补偿金提前清偿所担保的主债权或向双方约定的第三人提存。

10.7 承担本合同项下有关的费用支出，包括但不限于律师服务、财产保险、鉴定、估价、登记、过户、保管及诉讼的费用。

10.8 在本合同生效后，如发生分立、合并、股份制改造等变更情形，妥善落实本合同项下的担保义务。

10.9 在抵押权受到或可能受到来自任何第三方的侵害时，有义务通知乙方并协助乙方免受侵害。

10.10 有下列情形之一，应及时以书面形式通知乙方：

10.10.1 经营机制发生变化，如实行承包、租赁、联营、合并、分立、股份制改造、与外商合资合作等；

10.10.2 经营范围及注册资本变更，股权变动；

10.10.3 涉及重大经济纠纷诉讼；

10.10.4 抵押物权属发生争议；

10.10.5 破产、歇业、解散、被停业整顿、被吊销营业执照、被撤销；

10.10.6 住所、电话、法定代表人发生变更。

10.11 发生10.10.1和10.10.2的情形时，应提前30日书面通知乙方；发生10.10条约定的其他情形的，应在事后5日内书面通知乙方。

10.12 主合同借款人清偿了主合同项下全部债务后，有权要求解除本合同项下抵押。

第十一条　乙方的权利和义务

11.1　主合同履行期届满，借款人未依约归还借款本金、利息及其他费用的，有权处分本合同项下的抵押物。

11.2　出现下列情形之一时，有权提前处分抵押物，并从处分所得价款中优先受偿：

11.2.1　依据主合同约定或法律规定解除主合同；

11.2.2　依据主合同约定的其他情形提前收回贷款，其主合同项下的债权未实现或未能全部实现；

11.3　有权要求甲方协助以避免抵押权受到来自任何第三方的侵害。

11.4　在本合同有效期内，依法转让主债权的，应及时通知甲方。

11.5　实现抵押权后，应尽力配合甲方行使其对借款人的追偿权。

11.6　处分本合同项下抵押物所得，在偿还本合同抵押担保范围内的全部债务后还有剩余的，将剩余部分退还甲方。

第十二条　违约责任

12.1　甲方在本合同第一条中作虚假陈述与声明，给乙方造成损失的，应予赔偿。

12.2　本合同生效后，甲乙双方当事人均应履行合同约定的义务，任何一方不履行或不完全履行本合同所约定义务的，应当承担相应的违约责任，并赔偿由此给对方造成的损失。

12.3　如因甲方的过错造成本合同无效，甲方应在原抵押担保范围内赔偿乙方的全部损失。

第十三条　合同的生效、变更、解除和终止

13.1　本合同自甲乙双方签字并盖章之日起生效，需办理抵押登记的，自到有关抵押登记机关办理完毕抵押登记手续之日起生效，至主合同项下借款本金、利息、复利、罚息、违约金、赔偿金、实现债权的费用和所有其他应付费用全部清偿之日终止。

13.2　本合同独立于主合同，不因主合同的无效而无效。如主合同无效，甲方仍应承担本合同项下的抵押担保责任。

13.3　本合同生效后，甲乙双方任何一方不得擅自变更或提前解除本合同。如本合同需要变更或解除时，应经甲乙双方协商一致，并达成书面协议。书面协议达成之前，本合同各条款仍然有效。

第十四条　争议的解决

14.1　甲乙双方在履行本合同过程中发生的争议，首先由甲乙双方协商解决；协商不成的，则采用下述方式解决：

14.2　由＿＿＿＿进行仲裁；

14.3　在乙方所在地法院通过诉讼方式解决。

第十五条　双方约定的其他事项

15.1　＿＿＿＿＿＿＿＿＿＿＿＿＿＿＿＿＿＿＿＿＿＿＿＿

15.2　＿＿＿＿＿＿＿＿＿＿＿＿＿＿＿＿＿＿＿＿＿＿＿＿

15.3　＿＿＿＿＿＿＿＿＿＿＿＿＿＿＿＿＿＿＿＿＿＿＿＿

第十六条 附件

16.1 本合同附件是本合同不可分割的组成部分，与本合同正文具有同等法律效力。

16.2 本合同的附件包括：

附件一：《抵押物清单》

附件二：

第十七条 附则

17.1 本合同正本一式三份，甲方、乙方、有关抵押登记机关各执一份，具有同等法律效力。

甲方(公章)：   乙方(公章)：

法定代表人：   负责人：

(或委托代理人)   (或委托代理人)

____年__月__日   ____年__月__日

签约日期：____年__月__日

签约地点：

2. 质押合同

质押合同的主要内容包括：质押人及贷款人的全称、住所、法定代表人；被担保的主债权种类、金额；主合同借款人履行债务的期限；质物的名称、数量、质量、状况；质押担保的范围；质物移交的时间性；当事人认为需要约定的其他事项。

◆◆ **学习资料3**

❧ 质押合同(范例) ❧

动产质押合同

目录

第一条 甲方保证及声明

第二条 被担保的主债权的种类及数额

第三条 主合同借款人履行债务的期限

第四条 质押担保范围

第五条 质物

第六条 质物的移交

第七条 质权的实现

第八条 保管与提存

第九条 保险

第十条 甲方的权利和义务

第十一条 乙方的权利与义务

第十二条 违约责任

第十三条 合同的生效、变更、解除和终止

第十四条 争议的解决

第十五条 双方约定的其他事项

第十六条 附件

第十七条 附则

为了确保＿＿年＿＿月＿＿日＿＿(借款人)与本合同乙方所签订的＿＿年＿＿字第＿＿号借款合同(以下简称主合同)项下借款人义务得到切实履行，甲方愿意提供质押担保。为明确双方的权利、义务，依照我国《合同法》《担保法》及其他有关法律法规，甲乙双方经平等协商一致，订立本合同。

第一条 甲方保证及声明

1.1 自己是本合同项下的质押物的完全的、有效的、合法的所有者或国家授权的经营管理者，该质押物不存在所有权或经营管理权方面的争议。

1.2 完全了解主合同借款人的借款用途，为主合同借款人提供质押担保完全出于自愿，在本合同项下的全部意思表示真实。

1.3 本合同项下的质物依法可以设定质押，不会受到任何限制。

1.4 甲方已对本合同项下的质物的瑕疵作出充分、合理说明。

1.5 本合同签字前未对本合同项下的质物作出过包括设立抵押、馈赠或转让在内的任何处分。

第二条 被担保的主债权的种类及数额

本合同担保的主债权为乙方依据主合同发放的贷款，金额为人民币＿＿万元。

第三条 主合同借款人履行债务的期限

主合同借款人履行债务的期限为＿＿个月，自＿＿年＿＿月＿＿日起至＿＿年＿＿月＿＿日止。如有变更，依主合同之约定。

第四条 质押担保范围

甲方质押担保的范围包括：主合同项下全部借款本金、利息、罚息、复利、违约金、赔偿金、保管费用、实现质权的费用和所有其他应付费用。

第五条 质物

5.1 质物情况详见《质物清单》。

5.2 《质物清单》对质物价值的约定，不作为乙方处分该质物时的估价依据，不对乙方行使质权构成任何限制。

第六条 质物的移交

6.1 本合同项下的质物应于＿＿年＿＿月＿＿日前交付乙方，并按每(天、月或年)＿＿元标准＿＿(一次／分次)向乙方交纳保管费。乙方依本合同5.1条进行验收，并向甲方出具收押凭证。

6.2 本合同项下质物的权属证书、发票和其他相关资料经甲乙双方共同确认封存后交由乙方保管。

6.3 债务履行期届满主合同债务人履行债务，或甲方提前清偿所担保债权的，乙方应及时将质物返还甲方。

第七条 质权的实现

7.1 主债务履行期届满或乙方提前收回贷款时未受清偿的，乙方有权与甲方协商，将质物折价以抵偿主合同借款人所欠债务，或将质物拍卖、变卖后以所得价款优先受偿。

7.2 乙方依本合同处分质物时，甲方应予配合，不得设置任何障碍。

第八条 保管和提存

8.1 如乙方不能妥善保管质物可能使质物灭失、毁损的，甲方可要求乙方将质物提存，费用由甲方承担。

8.2 如甲方所提供质物有损坏或价值明显减少的可能，足以危害乙方权利，且甲方拒绝提供相应担保的，乙方可拍卖或变卖质物，并将拍卖或变卖所得提前实现所担保的主合同项下全部债权或向双方约定的第三方提存，提存费用由甲方承担。

第九条 保险

9.1 本合同签订后15日内，甲方应到有关保险机构办理质物的财产保险基本险及附加险手续。保险期限应不短于主债务到期日，保险金额不低于主合同贷款本息。

9.2 甲方应在保险单中注明：出险时乙方为第一受益人。保险单中不应有任何限制乙方权益的条款。

9.3 在本合同有效期内，甲方不得以任何理由中断或撤销保险。如保险中断，乙方有权代为办理保险手续，一切费用由甲方承担。

9.4 在本合同有效期内，质物如发生保险事故，保险赔偿金应当存入乙方指定的账户，以担保主债权的履行。

第十条 甲方的权利和义务

10.1 甲方有下列情形之一，应当书面通知乙方：

10.1.1 经营机制发生变化，如实行承包、租赁、联营、合并、分立、股份制改造、与外商合资合作等；

10.1.2 经营范围与注册资本变更，股权变动；

10.1.3 涉及重大经济纠纷；

10.1.4 出质的财产发生权属争议；

10.1.5 破产、歇业、解散、被停业整顿、被吊销营业执照；

10.1.6 住所、电话、法定代表人发生变更。

10.11 发生10.1.1和10.1.2的情形时，应提前30日书面通知乙方；发生10.10条约定的其他情形的，应在事后5日内书面通知乙方。

10.3 在本合同有效期内，不将本合同项下的质物馈赠、转让或再行抵押。

10.4 承担本合同项下有关各项费用，包括但不限于律师服务、财产保险、鉴定、估价、登记、过户、保管及诉讼的费用。

10.5 质物毁损、灭失所得赔偿金应当存入乙方指定账户，以担保主债权的履行。

10.6 质物非因乙方原因给乙方或第三人造成损害，甲方应承担赔偿责任。

10.7 乙方质权受到或可能受到来自任何第三方的侵害时，甲方有义务通知并协助乙方免受侵害。

10.8 乙方与主合同借款人协议变更主合同的，除展期和增加贷款金额外，无须经甲方同意，甲方仍在本合同确定的担保范围内承担担保责任。

10.9 本合同生效后，乙方依法将主债权转让给第三人的，甲方仍在原质押担保范围内继续承担担保责任。

10.10 主合同借款人偿清其在主合同项下全部债务后，甲方不再承担担保责任。

第十一条 乙方的权利和义务

11.1 发生下列情形之一的，乙方可以提前处分质押财产，并以所得价款优先受偿：

11.1.1 依据主合同约定或法律规定解除主合同；

11.1.2 依据主合同约定的其他情形提前收回贷款，其主合同项下的债权未能实现或未能全部实现的。

11.2 有权要求甲方协助，避免质权受到来自任何第三方的侵害。

11.3 有权收取质物所生的孳息。

11.4 乙方负有妥善保管质物的义务。

11.5 在本合同有效期内，乙方依法转让主债权时，应及时通知甲方。

11.6 处分本合同项下质物的所得，在偿还本合同质押担保范围内的全部债务后还有剩余的，将剩余部分退还甲方。

第十二条 违约责任

12.1 甲方在本合同第一条中作虚假陈述与声明，给乙方造成损失的，应予赔偿。

12.2 本合同生效后，甲乙双方应全面履行本合同约定的义务。任何一方不履行或不完全履行本合同约定义务的，应承担相应违约责任，并赔偿由此给对方造成的损失。

12.3 如因甲方过错造成本合同无效，甲方应在质押担保范围内赔偿乙方全部损失。

第十三条 合同的生效、变更、解除和终止

13.1 本合同经甲乙双方签字并盖章后成立，自质物移交乙方占有之日起生效。

13.2 本合同有效期为：自本合同生效之日起，至主合同项下的借款本金、利息、罚息、复利、违约金、赔偿金、实现债权的费用和所有其他应付费用全部清偿之日止。

13.3 本合同独立于主合同，不因主合同的无效而无效。如主合同无效，甲方仍应承担本合同项下的质押担保责任。

13.4 本合同生效后，任何一方不得擅自变更或解除。如本合同需要变更或解除时，应经甲乙双方协商一致，并达成书面协议。书面协议达成之前，本合同仍然有效。

第十四条 争议的解决

14.1 甲乙双方在履行本合同过程中发生的争议，首先由甲乙双方协商解决；协商不成的，则采用下述方式解决：

14.2 由____进行仲裁；

14.3 在乙方所在地法院通过诉讼方式解决。

第十五条 双方约定的其他事项

15.1 _____

15.2 _____

15.3 _____

第十六条 附件

16.1 本合同附件是本合同不可分割的组成部分，与本合同正文具有同等法律效力。

16.2 本合同的附件包括：

附件一：《质物清单》

附件二：

第十七条 附则

本合同正本一式____份，甲方、乙方各执一份，具有同等法律效力。

甲方(公章)：   乙方(公章)：

法定代表人：   负责人：

(或委托代理人)   (或委托代理人)

____年____月____日   ____年____月____日

3. 保证合同

保证合同的主要内容包括：保证人及授信人的全称、住所、法定代表人；被保证的主债权种类及数额；主合同借款人履行债务的期限；保证方式；保证范围；保证期间；双方的权利和义务；违约责任；合同的生效、变更、解除和终止；双方认为需要约定的其他事项。

❖ 学习资料4

❧ 保证合同(范例) ❧

目录

为了确保 ____年____月____日____(借款人)与本合同乙方所签订的____年____字第____号借款合同(以下简称主合同)项下借款人义务得到切实履行,甲方愿意向乙方提供保证担保。为明确双方权利、义务,依据《合同法》《担保法》及其他有关法律法规规定,甲乙双方经平等协商一致,订立本合同。

第一条 甲方陈述与保证

1.1 依据中国法律具有保证人主体资格,可以对外提供保证担保。

1.2 有足够的能力承担保证责任,并不因任何指令、财力状况的改变,与任何单位签订的任何协议而减轻或免除所承担的保证责任。

1.3 完全了解主合同借款人的借款用途,为主合同借款人提供保证担保完全出于自愿,其在本合同项下的全部意思表示真实。

1.4 如借款人未按主合同履行偿付借款本息和相应费用的义务,乙方可直接向甲方追索,甲方授权乙方从甲方在乙方开立的账户上划收。

第二条 被保证的主债权的种类及数额

本合同所担保的主债权为乙方依据主合同发放的贷款,金额为人民币____万元。

第三条 主合同借款人履行债务的期限

主合同履行期限为____个月,自____年____月____日起至____年____月____日止。如有变更,依主合同之约定。

第四条 保证方式

本合同保证方式为连带责任保证。

第五条 保证范围

本保证合同担保的范围包括主合同项下的借款本金、利息、复利、罚息、违约金、赔偿金、实现债权的费用和所有其他应付费用。

第六条 保证期间

6.1 本合同项下的保证期间为:自主合同确定的借款到期之次日起两年。

6.2 如主合同确定的借款分批到期,则每批借款的保证期间为每批借款到期之次日起两年。

6.3 如乙方根据主合同之约定提前收回贷款,则保证期间为自乙方向借款人通知的还款日之次日起两年。

第七条 甲方的权利和义务

7.1 根据乙方要求提供相关资料,并保证所提供资料的真实性、合法性。

7.2 对乙方发出的催收函或其他催收文件,甲方有义务签收并在签收后3日内寄出回执。

7.3 甲方发生下列情况之一,应及时通知乙方:

7.3.1 经营机制发生变化,如实行承包、租赁、联营、合并、兼并、分立、股份制改造、与外商合资合作等;

7.3.2 经营范围和注册资金发生变更、股权变动;

7.3.3 财务状况恶化或涉及重大经济纠纷;

7.3.4 破产、歇业、解散、被停业整顿、被吊销营业执照、被撤销;

7.3.5 住所、电话、法定代表人发生变更。

7.4 发生7.3.1或7.3.2条情形的，甲方应提前30日通知乙方；发生前款其他情形的，应在事后5日内通知乙方。

7.5 乙方与借款人协议变更主合同的，除展期或增加贷款金额外，无须经甲方同意，甲方仍在原保证范围内承担连带保证责任。

7.6 在本合同有效期内乙方将主债权转让给第三人的，甲方仍在原保证范围内继续承担连带保证责任。

7.7 在本合同有效期内，甲方如再向第三方提供任何形式的担保，均不得损害乙方的利益。

7.8 在本合同有效期内，甲方如发生分立、合并、股份制改造或其他事件时，保证妥善落实本合同项下全部保证责任。

7.9 借款人偿清其在主合同项下全部债务后，甲方不再承担保证责任。

第八条 乙方的权利和义务

8.1 有权要求甲方提供能够证明其合法身份的有关文件。

8.2 有权要求甲方提供能够反映其资信情况的财务报告及其他资料。

8.3 主债务履行期届满，乙方债权全部或部分未受清偿的，有权要求甲方按照本合同承担保证责任。

8.4 对下列情形之一，乙方有权书面通知甲方提前承担保证责任，甲方应在接到上述通知之日起10日内履行保证责任：

8.4.1 乙方依主合同约定依法解除主合同的；

8.4.2 乙方依主合同约定的其他情形提前收回贷款的。

8.5 在本合同有效期内，乙方依法将主债权转让给第三人的，应及时通知甲方。

第九条 违约责任

9.1 甲方在本合同第一条中作虚假陈述与声明，给乙方造成损失的，应予赔偿。

9.2 本合同生效后，甲乙双方应全面履行本合同约定的义务。任何一方不履行或不完全履行约定义务，应当承担相应的违约责任，并赔偿由此给对方造成的损失。

9.3 因甲方过错造成本合同无效的，甲方应在保证范围内赔偿乙方全部损失。

第十条 合同的生效、变更、解除和终止

10.1 本合同经甲乙双方签字并盖章后生效，至主合同借款人在主合同项下的借款本金、利息、复利、罚息、违约金、赔偿金、实现债权的费用和所有其他应付费用全部偿清之日终止。

10.2 本合同独立于主合同，不因借款合同的无效而无效。如主合同无效，甲方仍应按本合同承担责任。

10.3 本合同生效后，任何一方都不得擅自变更或解除。如确需变更或解除，应经双方协商一致并达成书面协议。书面协议达成之前，本合同继续有效。

第十一条 争议的解决

11.1 甲乙双方在履行本合同过程中发生的争议，首先由甲乙双方协商解决；协商不成的，则采用下述方式解决：

11.1.1 由____进行仲裁；

11.1.2 在乙方所在地法院通过诉讼方式解决。

第十二条 双方约定的其他事项

12.1 _____

12.2 _____

12.3 _____

第十三条 附则

本合同正本一式两份，甲方、乙方各执一份，具有同等法律效力。

甲方(公章):   乙方(公章):

法定代表人: 法定代表人(负责人):

(或委托代理人)   (或委托代理人)

____年___月___日   ____年___月___日

(三) 担保合同的签订

1. 抵(质)押合同的订立

(1) 抵(质)押合同订立的时间。贷款行经过审查，确认借款人提供的抵(质)押担保具有合法性、有效性和可靠性，并经有权签批人批准后，方可与抵(质)押人订立保证合同。抵(质)押合同订立的时间原则上不得迟于借款合同订立的时间。抵(质)押合同自合同双方当事人签字并盖章之日起生效。

(2) 抵(质)押合同的订立方式。抵(质)押合同的成立应当采取贷款行与抵(质)押人签订书面合同的形式。贷款行与抵(质)押人可以就单个借款合同分别订立抵(质)押合同，也可以协议在最高债权额限度内就一定期间连续发生的借款合同订立一个最高额抵(质)押合同。贷款行可以在签订抵(质)押合同时争取与抵(质)押人预先就以自愿拍卖、变卖抵(质)押物所得的价款优先受偿达成协议，并在抵(质)押合同中约定为特别条款，但不得与抵押人约定在债务履行期届满授信未受清偿时，抵(质)押物的所有权转移为贷款行所有。

2. 保证合同的订立

(1) 保证合同订立的时间。贷款行经过审查，确认借款人提供的保证担保具有合法性、有效性和可靠性，并经有权签批人批准后，方可与保证人订立保证合同。保证合同订立的时间原则上不得迟于借款合同订立的时间。保证合同自合同双方当事人签字并盖章之日起生效。

(2) 保证合同的表现形式。实践中，银行与保证人的保证合同关系一般有4种表现形式：①保证人与银行签订书面的保证合同或协议，如格式合同文本；②保证人向授信行出具无条件、不可撤销、对主债务承担连带责任、书面形式的担保书或保函、备用信用证或其他书面担保文件，表示保证责任，银行未提出异议的；③保证人在订有保证条款的借款合同上，以保证人身份签字盖章的；④借款合同中虽然没有保证条款，但是保证人在借款合同上以保证人身份签字盖章的。

(3) 保证合同的订立方式。贷款行与保证人可以就单个借款合同分别订立保证合同，也可以协议在最高债权额限度内就一定期间连续发生的借款合同订立一个最高额保证合同，后者大大简化了保证手续。最高授信限额包括授信余额和最高授信累计额，在签订保证合同时须加以明确，以免因理解不同发生纠纷。同一笔贷款有两个以上保证人的，贷款行应当与保证人分别签订保证合同。同一笔贷款既有保证又有抵押(或质押)担保的，贷款行应当与保证人和抵押人(或出质人)分别签订保证合同和抵押合同(或质押合同)。

知识小结

借款合同是银行业金融机构与借款人之间就借款的发放与收回等相关事宜签订的规范借贷双方权利与义务的法律文件。

借款合同内容主要包括签订合同双方当事人的名称、借款种类、币种、借款用途、借款金额、借款利率、借款期限、还款方式、借贷双方的权利和义务、担保方式、违约责任等主要条款。担保合同是为促使债务人履行其债务，保障债权人的债权得以实现，而在债权人和债务人之间，或在债权人、债务人和第三人(担保人)之间协商形成的，当债务人不履行或无法履行债务时，以一定方式保证债权人债权得以实现的协议。

签订合同阶段的操作流程包括：落实审批条件，填写合同，审核合同，签订合同。客户经理首先按照审批条件逐条落实，然后选择合适的合同文本，并按照规范的要求正确填写合同。合同填写完成后，必须由复核人员认真复核，最后由借款人面签。

实训活动

一、模拟情境

温思思的住房贷款已经通过了审批，客户经理小李首先落实对温思思的审批条件，然后选择借款合同文本，并填写和审核了合同。

二、实训资料

❖ **实训资料1**

➳ 借款合同 ❧

合同各方

贷款人(甲方)：_____银行股份有限公司

住所地：_____邮编：_____

法定代表人/负责人：_____职务：_____

电话：_____传真：_____

借款人(乙方)：_____姓 名：_____身份证号码：_____

开户银行：_____

结算户(还款账户)账号：_____

结算户/储蓄户

(1) 账号：_____

(2) 账号：_____

(3) 账号：_____

合同签订地：_____

特别提示

乙方在签订本合同之前，请务必仔细阅读本合同各条款，尤其是"特别提示"部分，如有不明之处请及时咨询，甲方一定积极解答。乙方有权同意本合同或选择其他合同，但在签署本合同后即视为同意本合同全部条款。乙方因购买第一条所述房产(下称"抵押物")，愿意按本合同约定的条件向甲方申请借款，并自愿将该房产作为向甲方借款的抵押担保。甲方经审查，同意接受乙方将该房屋作为本合同项下借款的抵押物，并同意按本合同约定向乙方提供房屋按揭贷款，作为乙方购置该房屋的部分资金。为明确各方权责，甲、乙双方经充分协商，根据有关法律、法规，在平等、自愿、公平和诚实信用原则下签订本合同，以资共同遵守。

第一条　房产情况

房产地址：_____市_____区的商品房/商铺；建筑面积：_____平方米；购房总价款：_____元；土地使用年限：_____年；商品房预售合同号(或房地产证号)：_____。

第二条　贷款与用款

一、甲方向乙方提供的贷款专项用于购买本合同所列上述之房产。贷款金额(大写)人民币：_____元整(小写：_____)。

乙方在此不可撤销地授权甲方将该贷款以支付购房款的名义全额转入售房者的账户。

二、贷款期限共 ____个月，从贷款发放之日起算，贷款发放日以"借款借据"记载的银行出款日期为准。

三、乙方满足以下条件，甲方将向乙方发放贷款：

1. 乙方已向甲方提供《商品房预售合同》或《房产证》原件；

2. 乙方已支付了不低于购房款总价____%的首期款项；

3. 乙方与本合同相关的费用已经付清；

4. 已办妥抵押物的投保手续，并将甲方列为保险利益的第一优先权人；

5. 本合同已经生效，乙方已填写了借款借据；

6. 已办妥抵押物的登记备案或抵押登记手续；

7. 乙方已在甲方处开立还款账户；

8. 甲方要求的其他条件。

第三条　利率及计息方式

一、本合同项下人民币利率按贷款发放日国家公布的个人住房贷款利率执行，当前贷款利率为月____‰(年____%)，贷款利息从贷款发放日起按月分期计收。

二、根据国家利率管理规定，贷款期限在一年以内(包含一年)的，遇法定利率调整，本合同项下人民币利率不作调整；贷款期限在一年以上的，遇到法定利率调整，本合同项下的贷款利率将从次年的1月1日起，按国家公布的个人住房贷款相应期限档次利率执行，并以此确定甲方新的月还款额。

三、在本合同履行期内，如遇国家调整贷款利率或计息管理办法并应适用于本合同项下借款时，甲方有权按调整后的利率和方式计算利息，并在调整当月通知乙方。甲方执行本条规定不视为对本合同的修改或变更。

第四条 还款

一、乙方应于本合同生效日前在甲方开立还款账户，并于每月还款日前在该账户内存入足以偿还当期还款额的存款，专项用于偿还贷款本金。乙方并特此不可撤销地授权甲方在本合同规定的每月还款日从该账户划收当期还款及/或欠款。

二、乙方应从贷款发放日起，按月分期(每月为一期)偿还贷款本息，还款日为每月＿＿＿号，乙方还款总期数为＿＿＿期。

三、乙方选定按第＿＿＿种方式按月分期偿还贷款本息。

1. 第一种方式：等额本息偿还法

每月还款额=贷款本金×[月利率×(1+月利率)^还款月数]÷{[(1+月利率)^还款月数]-1}

2. 第二种方式：等额本金偿还法

每月还款额=贷款本金÷还款期数+(贷款本金-已归还贷款本金累计额)×月利率

3. 第三种方式：其他还款方式＿＿＿＿＿＿＿＿＿＿＿＿＿＿＿＿＿＿＿＿＿＿。

第五条 乙方未按还款计划还款，且又未就展期事宜与甲方达成协议，即构成贷款逾期。甲方有权就逾期贷款部分按国家规定的逾期利率计收逾期罚息。

贷款逾期后，乙方必须尽快补足，通知并同时向甲方支付逾期罚息，否则甲方有权持续计收罚息并计收复利。

第六条 提前还款

一、贷款发放后，乙方可提前偿还部分或全部贷款本息，但须至少提前30日并不可撤销地书面通知甲方，并征得甲方同意。

二、提前偿还部分贷款金额不得少于人民币一万元并为其整数倍，且应先偿还当期还款，再偿还部分贷款。

三、乙方按提前还款金额和提前还款时的贷款利率支付一个月的利息作为对甲方的补偿。

第七条 抵押

一、在本合同签订后，应及时办理合同公证、抵押物的抵押备案手续或抵押登记手续。办妥后，房屋所有权有效证件、抵押备案证明或他项权证必须交由甲方保存，直至本合同项下贷款本息及本合同约定的费用清偿完毕为止。

二、乙方按期或提前还清全部借款本息及本合同约定的费用后，抵押关系终止，甲方应在＿＿＿日内将抵押物的所有权有效证件及有关文件交还乙方，并出具书面证明交乙方向房地产管理部门办理注销登记手续。

三、抵押期间由于乙方的过错或其他原因造成抵押物的价值减少的，乙方应在30日内向甲方提供与减少的价值相当的担保。否则，甲方有权要求乙方提前清偿相当于抵押物价值减少部分的本息。

如果乙方既不提供价值相当的担保又不提前清偿等值的贷款本息，甲方有权宣布贷款提前到期，要求乙方提前清偿全部贷款本息。

第八条　保险

一、乙方应向双方认可的保险公司为抵押物购买财产险，并将甲方列为保险利益的第一优先权人，投保金额应不低于贷款本金额的105%，保险期限应不短于贷款期限。保险单正本交由甲方保存。

二、抵押物如发生损毁等保险范围内的损失，乙方应及时通知甲方，并积极向保险公司索赔。保险公司支付的赔偿金优先用于偿还甲方的贷款本、息及本合同约定的费用，在乙方还清贷款本、息之前，乙方不可撤销地授权甲方为接受赔偿金的代表人和支配人，如保险赔偿金不足以赔付甲方的贷款本、息及本合同约定的费用，甲方有权继续向乙方追偿。

三、在抵押期间，乙方不得以任何理由中断保险。如乙方中断保险，甲方有权代为投保，一切费用及由此产生的利息均由乙方承担，甲方有权向乙方追偿。

第九条　甲方的权利和义务

一、甲方有权要求乙方按期归还贷款本、息、并支付本合同约定的费用。

二、甲方有权要求乙方提供与贷款有关的文件资料，乙方不得向甲方提供虚假的或隐瞒重要事实的材料。

三、甲方有权随时了解、查阅和索取乙方各种经营活动、财产状况及乙方涉及的重大法律纠纷的文件资料等(包括但不限于乙方所有开户银行、账号，存、借款余额情况，银行进账单)。甲方承诺对上述资料予以保密。

四、有权监督乙方按本合同约定用途使用授信款项。

五、有权依法律规定或本合同约定从乙方在甲方开立的银行账户中划收乙方应偿付的贷款本金、利息、复利、罚息及所有其他应付费用。

六、如乙方逃避甲方监督、拖欠贷款本息、提供虚假资料、虚构借款用途、违约或违法使用授信，甲方有权实施信贷制裁，有权通过新闻媒介实行公告催收。

七、当发生下列情形之一，甲方有权随时提前收回未到期的部分或全部贷款金额及应付利息：

1. 乙方未能履行本合同第十条第三、四、五、六、七、八款约定的义务，或故意阻碍甲方行使、实现本合同约定的权利，或违反本合同第十条第九、十款约定的义务持续10个工作日以上的。

2. 乙方涉入或将要涉入重大诉讼或仲裁及其他重大法律纠纷将影响本合同履行的。

3. 乙方逃匿、死亡、被依法追究刑事责任或涉及重大民事纠纷而危及甲方债权的实现的。

4. 乙方发生重大变故，致使其缺乏偿债诚意，偿债能力受到严重损害的或丧失的。

5. 乙方有丧失或可能丧失履行债务能力将影响本合同履行的。

第十条　乙方的权利和义务

一、乙方有权按合同约定取得贷款。

二、抵押期间，有权继续占有、使用抵押物。

三、抵押期间，转让抵押物的，应当通知甲方并告知受让人转让物已抵押的情况。出租抵押物的，应当通知甲方并且出租期限不得长于授信期限；出租期限长于授信期限的，应当征得甲方书面同意。抵押物拆迁的，应当通知甲方。赠予抵押物的，应当征得甲方的书面同意。遵守对抵押物处置的其他约定。

四、乙方应向甲方提供与贷款有关的一切文件及资料，并保证有关文件及资料无任何伪造和隐瞒之处。

五、乙方不得隐瞒抵押物存在共有、争议、被查封和已设定抵押等情况。

六、乙方应主动(并非必须接到甲方通知时)按本合同约定按期足额偿还贷款本息。

七、乙方应办理该房屋有关权证及抵押登记手续，购买财产保险等。

八、积极配合甲方对其资金使用、消费和经济收入等方面进行监督。

九、变更住所、通讯地址、联系电话、经济收入、资产转让等重要事项的，应在有关事项变更后5个工作日内书面通知甲方。

十、如发生对其正常经济收入构成威胁或对其履行本合同项下还款义务产生重大不利影响的任何事件，包括但不限于涉及重大诉讼事项、强制执行、财产状况的恶化等，应立即书面通知甲方。

第十一条 本合同项下费用的承担

甲方承担的费用有以下几项：_____，乙方承担的费用有以下几项：_____。

第十二条 违约责任

一、本合同生效后，甲乙双方当事人均应履行本合同约定的义务，任何一方不履行或不完全履行本合同所约定的义务，应当承担违约责任。

二、合同生效后，甲方无故不发放贷款，造成乙方损失的，应当赔偿损失。

三、乙方未能按时还款即构成违约，甲方有权要求其限期纠正，逾期不纠正的，甲方有权采取下列(但不限于下列)措施：

1. 发放的贷款均视为到期债权，并提前收回部分或全部的贷款债权。

2. 按本合同载明的贷款利率水平加收罚息，并对未支付的利息，按罚息利率计收复利。

3. 有权依法处分乙方提供的抵押物，不足部分仍有权向乙方追偿。

4. 甲方有权从乙方在甲方开立的银行账户中划收全部债权本息和费用。若该账户的币种与债权币种不一致，甲方按以下方式处理：

□按当日汇率折算成债权币种以实现债权

□其他

5. 由于乙方的过错导致甲方其他任何损失，乙方应承担赔偿责任。

第十三条 合同的生效、变更、解除和终止

一、本合同经甲乙双方签章，并办理抵押登记备案或抵押登记后生效，至本合同项下本金、利息、复利、罚息及所有其他从属费用结清之日终止。

二、乙方如要求展期，应于到期日前20日向甲方提出书面申请，经甲方审查同意展期，并由双方签订相关的展期协议，乙方继续承担抵押担保责任，本合同项下贷款才相应展期，否则按逾期处理。在签订展期协议前，本贷款合同继续执行。

三、本合同生效后，除合同已有约定外，任何一方都不得擅自变更或提前解除本合同，如确需变更或解除本合同，应经甲乙双方协商一致，并达成书面协议。书面协议达成之前，本合同继续有效。本合同有特别约定的，按约定办理。

第十四条　公证

甲乙双方同意并确认：

□本合同若经公证机关公证为具有强制执行效力的债权文书，债务人未能按期清偿所欠甲方的债务本息和其他从属费用或乙方有本合同约定的其他违约情形时，甲方有权根据本合同直接向有管辖权的人民法院申请强制执行。

□本合同虽经公证机关公证，但甲方不能直接向人民法院申请强制执行。

第十五条　法律适用和争议解决

一、本合同适用中华人民共和国法律。

二、甲乙双方在履行本合同过程中若发生争议，首先应协商解决；协商不成的，可通过以下第____种方式解决：

1. 在甲方所在地法院通过诉讼方式。

2. 在乙方所在地法院通过诉讼方式。

3. 仲裁方式，提交仲裁委员会按照金融争议仲裁规则进行仲裁。

4. 其他：_____ 。

三、各方确认：_____银行总行有权直接或授权任何机构取代甲方处理因执行本合同所产生的纠纷。

第十六条　乙方的特别陈述

一、乙方承诺并保证签订本合同已得到其配偶或者其他共有人的同意。

二、在本合同有效期内，如该房产发生继承、遗赠等法律行为，本合同对乙方所设定的义务对继承人或受遗赠人依然有效。

第十七条　附则

本合同项下的借款借据、担保合同、展期协议、催款通知书或其他债权债务凭证、附件等为本合同不可分割的组成部分，与本合同具有同等法律效力。

二、本合同项下甲方经办人为：_____；联系电话：_____。

三、本合同正本一式____份，具有相同的法律效力，当事人及有关机关各执____份。

第十八条　符号的意思表示

在□里打√表示选择该选项，在□里打×表示不选择该选项。

第十九条　其他约定(空栏不足可另附页)

合同各方签名盖章：

甲方(盖章)：　　　　　　　　　　　　乙方(签名或盖章)：

法定代表人或授权代表(签名或盖章)：

签订日期：

❖ **实训资料2**

❧ 抵押合同 ❧

抵押人(甲方): _____　　　　身份证号: _____

抵押权人(乙方): _____

___年___月___日，甲乙双方签订借款合同即主合同，甲方借款本息共计___元，为保证主合同项下的债权实现，甲乙双方达成如下抵押协议。

第一条 担保债权：借款本息共计(大写)_____。

第二条 抵押物的品名状况：_____。

第三条 抵押期限：担保主债权全部实现。

第四条 抵押担保的范围：担保债权项下的本金、利息、违约金、损失赔偿金、实现抵押权的费用等。

第五条 抵押人声明与承诺：

1. 甲方是抵押物的合法所有人，且抵押物不存在权利瑕疵。

2. 抵押期间，甲方不将抵押物赠予、转让、出售等或做其他处置。

3. 抵押期间，发生保险事故或非保险事故造成抵押物毁损或灭失的，甲方于事故发生之日起___日内，书面通告乙方损失情况。乙方有权要求甲方恢复原状或提供替代担保。

4. 目前不存在任何涉及抵押物的，并将对抵押物的价值造成严重影响的查封、扣押、诉讼、仲裁或其他争议事件。

第六条 抵押权的实现：债务人逾期支付借款___天以上乙方有权依法折价、变卖、拍卖该抵押物，实现抵押权，所得资金用以清偿借款和实现债权、抵押权的费用(包括但不限于案件受理费、财产保全费、评估鉴定费、拍卖费、执行费、律师代理费等)。

第七条 违约责任

1. 违反本合同约定的一方，应向守约方承担担保债权20%的违约金。

2. 由于甲方或其他当事人(如抵押物其他利益相关人、抵押物其他权利人等)的原因，不能及时实现抵押权的，由甲方承担障碍消除前担保债权每日___的违约金。

第八条 本合同自签字之日起生效。

第九条 诉讼管辖约定：不动产抵押为所在地人民法院，动产抵押随主合同的约定。

甲方：　　　　　　　　　　　　　　　乙方：

住所：　　　　　　　　　　　　　　　住所：

电话：　　　　　　　　　　　　　　　电话：

三、实训模拟——填写与审核合同

1. 活动目的

通过实训模拟，使学生能够按照银行规范的要求填写并审核合同。

2. 活动安排

(1) 分组，两人一组，一人填写，一人审核。

(2) 教师点评。

3. 活动准备

客户资料，合同文本。

4. 活动评价

对学生模拟实训的情况进行打分。

考 核

张斯奇，40岁，某制造业企业经理，月薪8000元，计划购买一辆25万元的汽车，准备向银行申请贷款15万元。请根据客户的情况填写个人汽车贷款借款合同。

❖ 考核资料

❧ 个人汽车贷款借款合同 ❧

贷款方：_____ 地 址：_____

邮编：_____ 电话：_____ 法定代表人：_____

借款方：_____ 银行账号：_____

地 址：_____ 邮编：_____ 电话：_____

根据《中华人民共和国合同法》的规定，经贷款方、借款方、担保方协商一致，签订本合同，共同信守。

第一条 贷款种类：_____

第二条 借款金额(大写)：_____

第三条 借款用途：_____

第四条 借款利率：借款利率月息____%，按月收息，利随本清。

第五条 借款期限

借款期限自____年____月____日起，至____年____月____日止。

第六条 还款资金来源及还款方式。

1. 还款资金来源：_____

2. 还款方式：_____

第七条 借款抵押担保

1. 借款方申请本合同项下的借款，自愿以_____车辆作抵押并办理好抵押登记。

2. 借款方必须按规在贷款方指定的保险公司办理全保(含盗抢)并明确第一受益人为贷款方。

3. 借款方在办理本借款前应按贷款方要求安装GPS全球卫星定位系统，在本借款还清以前控制权归贷款方所有。

第八条 违约责任

1. 签订本合同后，贷款方应在借款方提供合法有效的借款手续后10个工作日内(假日顺延)将贷款放出，转入借款方账户或借款方指定经销商账户支付购车款。如贷款方未按期发放贷款，应按违约数额和延期天数的贷款利息的20%向借款方偿付违约金。

2.借款方如不按合同规定的用途使用借款，贷款方有权收回部分或全部贷款，对违约使用部分，按信用社规定加收罚息或从借款方夫妻在本联社开立的任一账户中扣收贷款本息。如借款方有意转移并违约使用资金，贷款方有权商请其他开户行代为扣款清偿或依法向人民法院提起诉讼，提前收回贷款本息。

3.借款方应按合同规定的时间还款。如借方需要将借款展延，应在借款到期前5日向贷款方提出申请，有保证方的，还应由保证方签署同意延长担保期限，经贷款方审查同意后办理延期手续。如借款方不按期偿还借款，贷款方有权限期追回贷款，并按银行规定收取逾期利息和罚息。如借款方经营不善发生亏损或虚盈实亏，危及贷款安全时，贷款方有权提前收回贷款。

第九条 合同变更或解除

除《合同法》规定允许变更或解除合同的情况外，任何一方当事人不得擅自变更或解除合同。当事人一方依据《合同法》要求变更或解除合同时，应及时采用书面形式通知其他当事人，并达成书面协议。本合同变更或解除后，借款方占用的借款和应付的利息，仍应按本合同的规定偿付。

第十条 解决合同纠纷的方式

如执行本合同发生争议，由当事人双方协商解决。协商不成，双方同意按____项处理。

1.由仲裁委员会仲裁。

2.向人民法院起诉。

贷款方：　　　　　　　　　　　借款方：

代表人签字：　　　　　　　　　代表人签字：

签约日期：　　年　月　日

任务二　合同签订

知识目标

○ 了解面签作业规范。

能力目标

○ 能按照面签作业规范，开展面签业务。

素质目标

○ 具有较强的原则性；
○ 具备细致的观察力。

案例导入

❧ 张家港农商行：严格面谈面签 创新风险管控 ❧

张家港农商行通过执行严格的面谈面签制度，有效甄别客户、维护债权，杜绝了各类冒名贷款的发生。

一、设立专门部门

按照流程银行建设的要求，整合相关部门职能，设立集信用审查、放款审查、支付方式确定、集中办理抵押、事后监督等于一体的放款中心，进一步加强贷后风险控制和预警机制建设，注重动态监测以及对贷款账户的管理，形成贷款全流程管理机制。

二、实施信贷"面签"责任制

结合《信贷风险管理问责制度》，专门出台《信贷合同文本面签制度》，规定面签流程、有权面签的对象、面签执行的重点等内容，并明确规定客户经理等相关人员在办理信贷业务时，必须严格执行信贷合同文本双人"面签"制度，要求客户经理在办理所有贷款业务时，认真履行贷款面谈面签制度，让借款人对自身还款来源、贷款用途、放款流向以及违约责任等有充分的了解后再签字。对不严格执行此项制度的，一经查实，无论贷款是否形成损失，一律给予当事人开除处分。

三、运用好技术手段

创新信贷风险管理手段，全面推行"面谈面签，视频备案"制度，专门安装面签视频监控设备进行面谈面签的现场监控，明确视频监控系统管理人员的工作职责和要求，并负责将签订合同手续全过程的视频影像及时入档。办理出账前，放款中心负责确保保证人的担保意愿真实性，并通过录音电话记录备案。

资料来源：王长江.江苏省农村信用社联合社.2012-01-06.

学习任务

一、个人贷款面签的定义

个人贷款面签是指个贷经营部门安排专人向借款当事人通报贷款相关事项，解释借款合同、担保合同(若有)等借款法律文本(以下简称"借款法律文本")的内容，并在核实借款当事人身份的前提下，亲自见证借款当事人当场签署借款法律文本。

◆ **学习资料1** ▶

∞ ××银行零售信贷面谈面签声明及贷款事项告知书 ∞

一、合同面签

借款人：_____；抵(质)押人：_____；保证人：_____；贷款金额：_____

面签内容(银行填写)：

1. _____(合同/协议/文本名称)；(份数：_____)

2. _____(合同/协议/文本名称)；(份数：_____)

3. 其他：_____。

二、贷款告知事项

1. 本次申请贷款的实际出账金额、期限、利率、还款方式，以最终通过审批的金额、期限、利率、还款方式为准。

2. 贷款发放后，我行有权对贷款的使用、贷款资金去向进行监管，借款人应予以配合。否则，我行有权提前收回全部贷款，并将依法追究相关责任。

三、面谈记录及客户声明(本栏由客户填写，并用"×"确认)

1. 是否确认已经听取银行人员对所有合同条款的解释，并愿意对上述事实负责？
   □是　　□否

2. 是否对该笔贷款所支付的贷款资金成本(含利息、违约金)清晰明了？
   □是　　□否

3. 是否有客户经理索取利益或提示提供虚假贷款用途的行为？
   □是　　□否

4. 本次贷款提供的所有材料及信息是否真实、完整、有效、合法，并由本人对此承担责任？
   □是　　□否

客户声明：(由借款人手工抄写)

本人已完全理解告知的内容及合同约定的权利、义务，并对所申请贷款用途的真实性负责。如银行要求，本人承诺在贷后配合银行，在要求的时间内提供贷款资金流向证明凭证。

借款人/抵(质)押人/保证人签名：

四、银行经办人声明

上述合同文本于____年____月____日在_____(地址)办理面签手续。我们申明：签署合同之前已向客户解释所有条款内容，愿意对上述面签事实负责，对合同上的签章的真实性负责，并愿意承担因本声明不真实所带来的一切法律责任。

银行经办人(客户经理/个贷复核岗/个贷支持岗)签名：

年　月　日

❖ 学习资料2

❧ ××银行个人贷款用途承诺书 ❧

本人_____，证件号码：_____，向××银行申请(业务品种)_____
贷款，拟贷款金额为人民币_____万元，贷款期限为____个月。该贷款将用于：□个人
消费　□企业经营(二选一)，并承诺不用于房地产开发、购买住房和股票等权益性投资或其
他非法经营活动。

若选择个人消费用途，还请在下述选项中选择具体用途(最多可同时选两项)：

□消费　　□装修　　□教育　　□旅游　　□婚庆　　□其他

1. 本人承诺取现金额不超过贷款金额的____%(且不超过人民币____万元)，剩余资金全
部采用POS消费方式使用。

2. 针对取现使用的贷款资金，××银行有权要求提供相当于使用金额100%以上的贷款
资金支付凭证。自××银行要求之日起，如本人在10个工作日内无法提供符合银行要求的
贷款资金支付凭证，则银行有权自提现之日起，在合同约定的执行利率基础上上浮100%征
收罚息，直至收到符合条件的贷款资金支付凭证或将贷款提前收回(仍按合同约定收取提前
还款违约金)。

3. ××银行接受能够证明贷款资金支付行为的合同、发票、收据和订单等文件，常见
的贷款资金支付凭证类型如表6-1所示。

本人将根据选定的贷款用途提供表格中相对应的证明材料(以下资料均只需提供复印
件，本人需在复印件上签署"与原件相符"并签名)。

表6-1　常见的贷款资金支付凭证类型

贷款用途	常见用途凭证类型(包含但不仅限于)
企业经营	购买经营场所的房产交易协议
	经营场所装修合同(必须一并提供拟装修的房产证复印件)
	经营设备购买协议
	原材料购买协议
	产品购销合同
消费	商用房销售合同
	机动车购买凭证——发票/收货单/收据/POS单等
	公安局机动车登记证明
	耐用家电、家具销售凭证——发票/收货单/收据/POS单等
装修	装修合同
	耐用家电、家具销售凭证——发票/收货单/收据/POS单等
	装修材料销售凭证——发票/收货单等
	装修范围凭证——送货单/安装单/质保单等
	装修劳务合同
教育	录取通知书(需能体现学费金额)
	学费收据、发票
	教育、培训合同
	机票/电子客票行程单

(续表)

贷款用途	常见用途凭证类型(包含但不仅限于)
旅游	旅游合同
	酒店发票/收据/POS单
	机票/电子客票行程单
	消费凭证——餐饮/门票/POS单等
婚庆	婚庆范围合同/收据/发票/POS单
	珠宝首饰发票/收据/POS单
	婚宴合同/收据/发票/POS单
其他	日常消费收据/发票/POS单
	交通费用收据/发票/POS单
	餐饮费用收据/发票/POS单
	酒店消费收据/发票/POS单
	服饰消费收据/发票/POS单
	电子产品消费收据/发票/POS单
	医疗费用收据/发票/POS单
	……

本人已清楚了解以上内容，并同意遵守××银行对申请贷款资金使用的监控。

借款人：

本人已向借款人清晰解读上述内容，并见证借款人亲自签名确认。

经办人：

二、面谈面签制度实施原因

银行个贷业务严格实施面谈面签制度，可以从以下三个方面来理解。

(1)《个人贷款管理暂行办法》明确规定，贷款人不得发放无指定用途的个人贷款。个人在提出贷款申请时，应当有明确合法的贷款用途。同时，贷款人应就借款人的借款用途进行尽职调查，有效防范个人贷款业务风险。不过，《个人贷款管理暂行办法》也规定信用卡透支不适用本办法，即信用卡透支业务无须指定资金具体用途。

(2) 个人向银行贷款，银行至少要调查其5个方面的情况，包括个人基本情况，收入情况，借款用途，还款来源、还款能力及还款方式，保证人担保意愿、担保能力或抵(质)押物价值及变现能力。同时，银监会要求银行在进行贷款调查时应以实地调查为主、间接调查为辅，采取现场核实、电话查问以及信息咨询等途径和方法。同时，个人从银行借钱、消费的过程都应受到严格监控，银监会个贷新规从严要求银行对个人贷款资金使用、借款人的信用及担保情况变化等进行跟踪检查和监控分析。

例如，××银行×支行接到客户申请两笔个人一手商用房按揭贷款业务，经初步审查，该客户属自雇人士，经营一家注册资金为100万元的建材公司，并提供了其他一些个人资产证明作为还款能力的证明材料，其拟购买的两套商铺经《网上房地产信息服务系统》确权查询，证明产权真实有效，基本符合银行的审批条件。但令银行工作人员产生疑问的是，该客户提供的买卖合同签署日期是一年之前，但买卖合同的纸质却崭新，于是决定对这两套商铺进行实地调查。根据产权证明地址，两套商铺均位于上海市杨浦区，一套坐落于A路18号，另一套坐落于B路20号。经实地调查，A路18号为临街商铺，产权证上的面积为30平方米，与实地面积基本相符，但是该套商铺位于一楼梯下面，几乎有一半面积人不能直立行走。另一套始终找不到对应的门牌号，后经向附近的居民打听得知，该门牌号根本就不存在，因此B路20号对应的商铺位置无法确定。综合调查结果，经营机构对上述两笔个人一手商用房按揭贷款做退件处理，并将结果告知申请人。

资料来源：兴业银行.兴业银行上海分行关于贯彻落实"三进"工作案例.http://www.howbuy.com/news/1298888.html，2011-09-22.

(3) 按照《个人贷款管理暂行办法》，个人住房贷款是不能由开发商代劳或批量审批的，而是要面谈面签。它的矛头直指现实中普遍存在的"虚假按揭""冒名按揭"现象，从而能够有效防止不法分子冒名去银行贷款或冒名挪用贷款资金，切实保护借款人的合法权益。在现实生活中，还存在房地产开发商让自己的员工到银行贷款，以虚假按揭获取更多流动资金或间接抬高房价的情况。面谈面签制度的实施，将有效减少类似的金融风险。

❖ **学习资料3**

建立"面谈面签、照相备案"制度，健全信贷业务全过程风险管理体系

淅川县农信联社认真学习和贯彻执行银监会"三法一指引"和省联社"基础管理年"有关精神，从创新贷款风险管理手段入手，在全县农信社贷款业务中推行"面谈面签，照相备案"制度。为保证制度真正落到实处，淅川县农信联社从强化责任、规范程序、加强监督入手，采取有效措施，强力推进"面谈面签、照相备案"制度的落实。

"面谈面签，照相备案"制度，即对每笔贷款业务执行当面洽谈、当面签订合同，并对洽谈和签订合同以及贷款发放的所有环节进行拍照留取证据的一种风险防控手段。该业务覆盖农信社所有贷款业务，包括现金、换据、展期、借新还旧等各种投放形式的担保贷款，风险管控覆盖贷款受理直至贷款收回的信贷活动全过程，涵盖贷款活动中的借款人、贷款人以及交易对象、中介机构等主要当事人行为，是强化对信贷业务从发放到收回的全过程风险管理的一种有效手段。淅川县农信联社在执行"面谈面签，照相备案"制度的过程中，按照"三法一指引"和省联社"基础管理年"的要求，不断探索创新，完善操作规程，建立起科学规范的信贷风险防控体系，从源头上杜绝违规贷款发生，从根本上提高农信社贷款风险管理的有效性，实现粗放型向精细化的贷款管理模式转变，有效提升了信贷资产质量。

一、明确岗位责任，完善基础设施

淅川县农信联社根据"面谈面签、照相备案"制度的要求，对岗位体系及时进行相应的改革和调整。将贷款受理与调查、审查与审批、合同签订、发放与支付、贷后管理以及摄像、照片存放等各个环节的职责落实到具体的部门和岗位，进一步明确了各信贷岗位的工作职责、角色定位，使每个信贷从业人员清楚了解自己的工作内容和目标。与此同时，县联社按照统一标识、统一款式、统一规格、统一设计、统一施工的要求，实施各社部"面谈面签、照相备案"阳光服务大厅的建设装修工程，并统一筹措资金购置数码相机和

彩喷打印机分配到各社，由各社指定专人保管使用，为"面谈面签、照相备案"制度的运行提供了物质保障。

二、规范操作流程，强化细节管理

淅川县农信联社按照"面谈面签、照相备案"制度的要求，细化流程，强化风险控制，重点做好"五规范"。

第一，规范"面谈面签，照相备案"程序。各农信社(部)在执行"面谈面签，照相备案"时实行"三统一"，即统一地点、统一背景、统一内容。统一地点，即拍照地点确定为阳光服务大厅；统一背景，即农信社客户经理部或办贷大厅设置以红布为底色的"客户面谈面签，影像备案"处；统一内容，即拍照内容包括所有当时人的正面形象及签订手续的全过程。

第二，规范打印照片入档保存程序。拍摄照片时在相机上设定日期，并显示在照片右下方，照片上的日期必须与合同、借据期、签约期一致，确保"面谈面签，照相备案"的真实性。客户经理将所拍摄照片统一使用A4打印纸打印，作为借款合同附件资料入档保存，电子图片统一交监测会计专盘、专机、专档保存，照片上由办贷农信社、借款人、担保人、经办客户经理签章。授信期限内办理守信卡、联合体贷款的，只对借款人签约情景进行拍照，授信期限到期进行年检或核发新卡时按照要求对借款人、保证人进行拍照备案。

第三，规范面谈面签程序。审批通过的新增贷款，借款合同必须按照贷款审批权限，在最后一位审批人签字确认后再行签订，严禁先签合同或先签空白合同再进行审批。借款合同、保证合同、抵押合同、质押合同、展期申请书、展期协议书、连带责任保证书、有权处分人同意抵押承诺书、房地产抵押物清单、核押书、借款借据等所有需要借款人及其配偶、担保人签字的书面手续必须执行"面谈面签"，特殊原因不能到场的应出具授权委托书，写明授权范围及受托人姓名，并有合法的公证机关进行公证，出具公证书。

第四，规范贷款资料审查和发放程序。全部贷款资料签订后进入贷款发放环节，农信社监测会计负责将借款申请人身份证复印件、客户经理提供的面谈面签照片及借款申请人本人进行三对照，核对一致后再进行账务处理，发放贷款。对于超过农信社权限的贷款，各农信社(部)要将贷款资料及照片上报县联社资金信贷部，由资金信贷部进行照相扫描，实行专人、专机、专柜保管备案，以便调阅审查。

第五，规范资料保存程序。农信社监测会计为贷款资料照片保存、管理工作的第一责任人，所有拍摄照片统一保存在监测会计专用电脑内，监测会计按照贷款日期、客户经理、客户名称依次建立三级文件夹，照片保存在客户名称文件夹内，照片可以在全部贷款本息还清1个月内删除。同时，农信社不得向外界或互联网提供借款担保人的照片资料，凡是不按要求保存、管理照片资料，造成图片丢失、损坏、外泄、管理混乱或出现案件、事件的，严肃追究监测会计责任。

三、强化监督检查，严格责任追究

对各农信社"面谈面签、照相备案"制度的执行情况，县联社重点建立三项机制：第一，建立检查监督机制，在联社逐月集中信贷会审过程中，除了对农信社贷款手续办理情况进行会审外，对各社拍摄的照片资料进行"三查"：一查是否应拍未拍，主要对照贷款发放笔数和实际拍照备案笔数；二查拍照是否符合规定，主要看照片是否符合 "三统一" 要求，拍照日期是否与合同的"借款期限"开始日期和"签约时间"一致；三查是否弄虚作假、敷衍应付，主要对照照片拍摄的当事人和借款人、担保人提供的身份证复印件是否一致。第二，建立健全考评通报机制，将各社规范办贷的优劣与联社的等级管理考核相联系，定期进行通报评定。第三，建立责任追究机制，对在集中会审中发现的应拍未拍、模糊不清、拍摄日期逆程序等有问题的贷款，采取逐笔向借款人、担保人询证的方式进行现场调查核实，并视违规情节对贷款经办人、审查责任人严肃追责，提高"面谈面签、照相备案"制度的严肃性和震慑力。

资料来源：刘群富，罗尔豪.河南科技报，2010-07-06.

三、面签作业规范

(一) 面签的岗位职责

面签人员负责对审批通过的个贷业务进行相关法律文书(含借款、担保合同及借款借据等银行单证)的制作；代表银行与借款人及相关权利人(含担保人、共同共有人、二手楼卖方、承租人等，下同)当面签署法律文书并负责解释条款内容；根据风险控制部门制定的相关标准，对借款人及相关权利人身份的表面真实性、合法性进行核查；验收贷款报批资料的一致性、完整性；热情解答客户咨询的问题；对面签完毕的贷款资料进行整理、盖章，并做好抵押、出账前的移交手续；对面签事实、合同签章真实性负责。

(二) 面签制度

面签实行严格的双人面签制度，每笔个贷业务的面签工作必须由面签岗双人或面签岗、客户经理共同办理。

如出现以下情形，将终止面签。

(1) 借款人及相关权利人中存在冒名顶替行为。

(2) 贷款客户明显存在违法违规的行为。

(三) 面签准备流程

(1) 通过本银行信贷管理系统，查看审批通过的个贷业务审批详情，了解该笔贷款的借款人、贷款品种、贷款金额及期限、还款方式、利率、抵押物等内容。(提示：对于批复中存在的误差，应尽快反映给风险控制的征信、审核人员进行修正)

(2) 结合个贷业务审批详情和客户的贷款报批资料，在信贷管理系统中制作电子合同和"抵押申请表"，正确匹配合同和"抵押申请表"类型，填写必要信息，选择必要选项，保证合同和"抵押申请表"各项要素准确、完整。合同中如有其他约定事项需要填写，必须经总行信贷资产管理部法律人员审核。

(3) 将合同、"抵押申请表"提交用印审核人审核；审核通过后，发送电子签章页打印申请；申请获批，进行合同及"抵押申请表"的公章套打；套打完毕，将合同和电子签章页一起装订，并在合同上加盖制作人员和零售信贷业务的骑缝专用章。

(4) 领取抵押、公证用的公章单证，并做好交接登记手续。

(5) 正确配置贷款客户所需的"借款借据""付款授权书""抵押声明书"等银行单证，利用贷款报批资料中的数据，填写相关信息。

(6) 填写"贷款材料清单"，将贷款报批资料、法律文书等材料用档案袋一并封装。

(7) 提前预约客户，确定面签时间，正确提示借款人及相关权利人需要携带的贷款资料原件名称。

(四) 正式面签流程

(1) 接待客户，实行"双人面签制度"。

(2) 核查借款人及相关权利人身份的表面真实性，并达到以下要求。

① 身份证原件与贷款报批资料一致。

② 身份证件在有效期限内。

③ 客户姓名、性别、年龄、长相等信息与证件显示内容基本相符。

(3) 将个贷审批详情向客户做业务告知，确定借款人及相关权利人接受。

(4) 核查贷款报批资料原件与复印件的一致性，若无误，在所有贷款报批资料复印件上加盖"与原件核对相符"的印章，面签人员双签姓名。

(5) 对于在与客户接触中产生的疑点，应尽快反馈给风控部门审批人员并结合风控部门的审查意见处理后续的面签业务。

(6) 向借款人及相关权利人解释"楼宇按揭抵押借款合同""个人借款合同""抵押合同""个人保证合同"等合同条款的内容和含义，重点解释合同中的黑体加粗部分，告知客户相关的注意事项，确定借款人及相关权利人接受。

(7) 在"贷款申请表"中补充个贷审批详情要求添加的共同借款人、保证人等信息，确保字迹清楚、整洁，表中内容尽量不要涂改，若不慎涂改，需由客户在涂改处签字确认。如客户对"贷款申请表"原有信息提出修正，需征得风控审批人员认可后方可继续办理面签业务。

(8) 指导客户完善"借款借据""付款授权书""抵押声明书"等银行单证上的信息，确保字迹清楚、整洁，不允许出现涂改现象。

(9) 面签人员指导借款人及相关权利人在所有法律文书的正确位置上签署姓名并加按指模，确保签章清晰可辨且字体一致。

(10) 填写"面签申明书"，翔实登记面签内容，面签人员双签姓名，对面签事实、合同签章真实性负责。

(11) 清点客户贷款材料，按规定排序，完善"贷款材料清单"并签署姓名。

(12) 若借款人为本市的外籍客户，则在面签完毕后，需再次预约合同公证办理时间，并由面签人员、客户携相关资料同时参加。

(13) 及时办理抵押、出账前的移交手续。

❖ 学习资料4

∽ 北京市商贷面签须知 ∽

面签时买卖双方及配偶都需到场,若不能到场则需到市级以上公证处办理委托公证。面签所需必要件:

卖方及配偶双方结婚证、身份证、户口本、产权证。

买方及配偶双方结婚证、身份证、户口本、学历证明、收入证明、公司营业执照副本复印件加盖公章。

除此之外,面签时银行还会根据客户资质要求补充一些材料。因为银行面签主要审核借款人的贷款资质,主要核实以下几个方面。

一、关于收入证明

(1) 按固定格式出具(加盖单位公章或人力资源部门章)。

(2) 收入证明上不能有涂改,有改动的地方必须另盖章。

(3) 联系电话最好是座机且保持畅通,银行审批过程中会进行电话核实,如果联系不上或核实单位说没有此借款人,则会影响批贷结果。

需注意,银行会通过工商局网站查询公司信息,按照工商局注册时所留联系电话查询借款人是否在该单位工作并核实相关信息。银行也会查询申请人在征信系统上记录的单位,如查到和开具收入证明的公司不一致的情况,则需补离职证明。

(4) 收入证明必须保证是月供的两倍以上,否则影响贷款额度。如果收入不够可以通过增加借款人或者开同行业的兼职证明补充(一般有兼职收入的大部分是教师或者IT人士),但是特殊行业是不可能有兼职收入的。

(5) 如果有其他贷款尚未还清,收入证明需达到所有未结清贷款每月还款总额的两倍以上方能获批。

二、关于营业执照副本

(1) 单位营业执照副本必须加盖公章(通过当年年检)。

(2) 工作单位的注册资金最好不要低于50万元,如果单位注册资金很少,应提前与权证主办沟通,商讨解决方案。

(3) 如果在国企或事业单位工作,则只提供工作证即可,不需要提供营业执照副本加盖公章的复印件。如无工作证,则需在职单位开具在职证明并加盖公章。

三、关于学历证

提供最高学历的相关证明材料(适用于大专以上学历)。

四、关于征信查询

银行在面签时会以家庭为单位查询借款人夫妻双方的征信,如果信用卡或其他贷款存在逾期连续3次或累计6次以上的情况,一般银行将不予受理。如果不确定信用记录情况,建议面签前提前查询一下,以便确定贷款成数和利率。

五、关于房屋套数认定

房屋套数为购房人家庭(含购房人、配偶及其未成年子女)所有成员名下房屋的情况。银行目前执行"认房又认贷"政策,会查询银行征信记录和建委查询系统。银行征信上会显示房屋贷款记录,有几套贷款记录就记为几次贷款,无论当前是否结清;建委查询记录会显示每套房屋的状态,有"网签""登记""转出"三种状态,三种状态都记为房屋套数。银行认定的标准为:建委提供的记录和银行征信的贷款次数,以多者为准,全款已转出的套数不计算在内。

六、关于网签合同

目前,所有银行已经把网签合同作为必要件审核,所以面签时需要提供网签合同,银行依据房屋评估值与网签合同价孰低的原则进行贷款额度审批。应注意,网签合同价需要满足贷款金额需求,而且在后期的缴税过户、抵押放款办理环节中不能更改,要求前后保持一致,否则将影响银行放款。如有特殊情况,应在签约前与相关人员联系。

七、关于收入流水

(1) 收入流水必须提供半年以上且是个人名下的真实记录。

(2) 如为个体户或自雇人士,则收入流水是贷款审批的必要件。

(3) 如果贷款金额大、收入证明开具在2万元以上,则银行需要提供收入流水。

(4) 如在世界500强企业或是国企、事业单位工作,可能无须提供收入流水。

八、关于纳税证明或社保证明

如果是外地户口,则办理贷款时需要提供在京1年以上的纳税证明或是社保证明,提供不了的则不能申请贷款,银行对材料的真实性核实很严格。

应注意,如果户口是外地的,认定为外地人;如果是北京集体户口,可认定为北京人,但在校学生的集体户口不能认定为北京人,还是外地人。

如果夫妻双方有一方为北京户口或者能够提供纳税证明或社保证明,则配偶一方即使为外地人,也不需要提供纳税证明或社保证明。

九、关于大额资产证明

如果贷款金额较大或收入刚够月还款额两倍时,银行一般需要提供大额资产证明作为贷款审批的辅助件。例如,家庭资产证明(包括房产、车辆、定期存单、银行存款账户流水清单)、理财产品证明、股票、基金、有价证券及其他动产和不动产等。

十、关于婚姻状况

(1) 若业主为离异并且房屋为未离异前购买的,需要出具有明确产权分割的离婚协议,并且业主在面签时要签署未再婚声明。如不能提供,则需原配偶到场签署同意出售声明。

(2) 若业主为丧偶并且房屋为未丧偶前购买的,需要出具放弃继承公证。

(3) 若客户户口本为单身或离异,但是个人征信系统上显示为已婚,则需要户籍所在地的民政局开具婚姻状况证明。

应注意,若婚姻状况复杂,应事先沟通。

知识小结

　　个人贷款面签是指个贷经营部门安排专人向借款当事人通报贷款相关事项，解释借款合同、担保合同(若有)等借款法律文本(以下简称"借款法律文本")的内容，并在核实借款当事人身份的前提下，亲自见证借款当事人当场签署借款法律文本。

　　贷款面签的流程：接待客户→核查借款人及相关权利人身份→验收贷款报批资料→合同条款告知→完备银行单证→客户签章→面签人员双签→清点资料→外籍人士合同公证→抵押、出账资料移交。

实训活动

∞ 实训模拟：模拟一次面谈面签作业 ∞

1. 活动目的
熟悉面谈面签作业流程和规范。

2. 活动安排
(1) 学生的任务，具体包括：
- 5～6人一组；
- 每组选择一个个贷业务产品；
- 按本组个贷产品要求，设计面谈面签记录表；
- 模拟面谈面签作业，信贷员2人，1人问，1人记录，其余人为客户或无关人员等；
- 1人负责本组面谈面签过程的录像；
- 遵守课堂纪律，服从老师安排。

(2) 老师的任务，具体包括：
- 分配学生任务，提出具体要求；
- 督促学生完成任务，学生之间可相互讨论、帮助；
- 要求各组汇报所选择的个贷产品，确保不能重复；
- 跟进检查学生活动开展情况和完成情况，现场讲评并要求提交视频。

考 核

学生根据实训活动撰写实训报告。

任务三 贷款发放

知识目标

- 了解贷款发放的条件；
- 掌握贷款发放的操作程序及注意事项。

O 能够协助银行相关部门办理放款手续。

O 能够承受压力。

案例导入

☙ 国有商行副行长因违法放贷获刑 ☙

几年前，李某曾是某国有商行B市某支行的副行长，却因在3个多月时间里违规放贷近4000万元，给银行造成2300余万元损失，而被以违法发放贷款罪判处有期徒刑7年。

在李某任职期间，正好是该商行将个人消费贷款业务扩大到其任职支行的时候，作为副行长的李某主管个人汽车消费贷款和个人综合消费贷款两项业务。李某在3个月内先后违法向孟某、席某等人发放个人汽车消费贷款13笔，共计人民币1855.5万元，造成该支行损失达1363.8万余元。此后，李某在与某房产商的个人综合消费贷款业务合作过程中，违反法律规定向王某、唐某等人发放贷款10笔，共计人民币2000万元，造成支行损失1006.8余元。

为管理好贷款质量，该商行曾在放贷审核程序中要求银行的贷款调查员与借款人和汽车经销商进行面谈，或者到借款人的家庭及单位核实提供的材料是否真实合法、完整有效。但因之前曾有过业务往来，李某在审贷的最后关头，在明明知道收入情况与实际不符的情况下，仍为某汽车经销商通过了审批。

在对多项贷款业务经过审理后，法院认为，李某身为银行工作人员，在审批贷款发放的过程中，没有按照规定对借款人的真实资信进行核查，违反法律和行政法规的规定，向关系人以外的其他人发放贷款，数额巨大，并造成重大损失，其行为已经构成违法发放贷款罪。

学习任务

一、贷款发放与支付概述

贷款发放是指贷款人按合同约定将信贷资金划转到借款人账户的行为。贷款支付是指借款人按照合同约定将信贷资金从借款人账户付给交易对手的行为。

贷款人应加强对贷款的发放管理，遵循审贷与放贷分离的原则，设立独立的放款管理部门或岗位，落实放款条件，发放满足约定条件的个人贷款。借款人合同生效后，贷款人应按合同约定及时发放贷款。

(一) 贷款发放与支付的原则

(1) 协议承诺原则。要求借贷双方及担保人等相关方制定周密完备的贷款合同、担保合同等协议文件，以明确各方权利和义务，规范各方有关行为，从而实现调整各方法律关系、落实法律责任的目的。

(2) 贷放分控原则。贷款审批与贷款发放作为两个独立的业务环节，应分别管理和控制。

(3) 实贷实付原则。根据贷款项目进度和有效贷款需求，按照合同约定的用途和支付方式将信贷资金支付给借款人的交易对手，减少信贷资金被挪用的风险。

(二) 落实贷款发放条件

贷款发放前，贷款发放人应落实有关贷款发放条件，主要包括以下几点。

(1) 需要办理保险、公证等手续的，有关手续已经办理完毕。

(2) 对采取委托扣划还款方式的借款人，需确认其已在银行开立还本付息账户用于归还贷款。

(3) 对采取抵(质)押的贷款，要落实贷款抵(质)押手续。

(4) 对自然人作为保证人的，应明确保证人已在银行存入一定期限的还本付息额的保证金。

(三) 贷款划付

贷款发放条件落实后，贷款发放岗位人员应填写或打印相关文件，交信贷主管审核签字后，送会计部门作为开立贷款账户的依据。贷款发放人应按照合同约定将贷款发放、划付到约定账户。按照合同要求借款人需要到场的，应通知借款人持本人身份证件到场协助办理相关手续。贷款发放的具体流程如下所述。

(1) 出账前审核。业务部门在接到放款通知书后，对其真实性、合法性和完整性进行审核。

(2) 开户放款。业务部门在确定有关审核无误后，进行开户放款。

开户放款包括一次性开户放款和分次放款两种。一次性开户放款是根据合同约定的划款方式，一次性将全部贷款发放到有关账户中。分次放款是根据贷款的用途和使用要求，在合同中约定按照分次放款计划分多次将贷款发放到有关账户中，各分次放款金额合计数应与合同总金额一致。

(3) 放款通知。当开户放款完成后，银行应将放款通知书、个人贷款信息卡等一并交借款人作为回单。对于借款人未到银行直接办理开户放款手续的，会计部门应及时将有关凭证邮寄给借款人或通知借款人来银行取回。贷款发放后，业务部门应根据借款人相关信息建立贷款台账，并随时更新台账数据。

借款人可以委托贷款银行或其他代理人代为办理。委托贷款银行代办的，贷款银行应要求借款人出具授权证明，授权可以采取在合同中约定的方式，也可以采取出具授权委托书的方式。委托其他自然人代办的，代理人应持本人身份证件、借款人身份证件和借款人授权委托书到柜台办理。贷款银行认为有必要的，可以要求对授权委托书进行公证。

二、贷款发放审查

贷款发放审查作为贷时审查的核心工作，银行必须严格掌握审查要点，充分防范贷款执行阶段的风险。

(一) 贷款合同审查

银行应认真核查借款人提款所对应的合同，具体包括：合同真伪性的识别，合同提供方的履约能力调查，防范贷款被挪用及产生对贷款不能如期偿还的不利因素。在审查工作中，还应通过可能的渠道了解借款人是否存在重复使用商务合同骗取不同银行贷款的情况。

在信贷业务中涉及的合同主要有借款合同、保证合同、抵押合同、质押合同等，下面对各类合同的具体检查条款进行介绍。

1. 借款合同

对于借款合同的审查，应关注合同核心部分，即合同必备条款的审查。借款合同中的必备条款有贷款种类、借款用途、借款金额、贷款利率、还款方式、还款期限、违约责任和双方认为需要约定的其他事项。

2. 保证合同

对于保证合同，应重点审查以下条款。

(1) 被保证的贷款数额。主债务的数额是指主合同的标的额，一般可用货币来衡量。保证合同应对主债权的种类和数额做出规定，以明确将来的责任。

(2) 借款人履行债务的期限。在保证合同中，明确主债务的履行期限对保证人和债权人来说都至关重要。主债务的期限届满，对保证人来说，意味着债权人可以要求保证人履行保证义务或一般保证债务的义务；对债权人来说，意味着主债务履行不能完成时可对保证人行使权利。

(3) 保证的方式。保证方式分为一般保证和连带责任保证，它是指保证人在保证法律关系中承担不同的民事责任，即补充责任或是第一顺序责任。

(4) 保证担保的范围。一般包括主债权及其利息、违约金、损害赔偿金及实现债权的费用。

(5) 保证期间。

(6) 双方认为需要约定的其他事项。

3. 抵押合同

对于抵押合同，应重点审查以下条款。

(1) 抵押贷款的种类和数额。在抵押设立原因中应载明被担保主债权的种类、数额，以表明主债权产生的原因(如借款、租赁、买卖等)及数额的大小。

(2) 借款人履行贷款债务的期限。抵押权人对抵押物行使权利的条件是主债务履行期限届满，抵押权人的债权未受清偿，如果抵押物履行期尚未届满，抵押权人不能对抵押物行使权利，否则，就属侵权。

(3) 抵押物的名称、数量、质量、状况、所在地、所有权属或使用权权属。由于抵押是以特定的财产担保特定债务的履行，抵押人对抵押物应具有所有权或者对抵押物享有使用权。抵押合同除对抵押物特定化外，还应当表明抵押物的所有权或使用权权属。

(4) 抵押的范围。除主债权以外，抵押担保的债权范围一般还包括利息、违约金、损害赔偿金和实现抵押权的费用。

此外，抵押物是否在有关部门办理登记，也是抵押合同是否完善的重要前提之一。

4. 质押合同

对于质押合同，应重点审查以下条款。

(1) 被质押的贷款数额。

(2) 借款人履行债务的期限。

(3) 质物的名称、数量、质量、状况、移交的时间、生效的时间以及质押担保的范围。

(4) 当事人认为需要约定的其他事项。

(二) 贷款发放操作及风险

1. 放款操作流程

(1) 借款人按合同要求提交提款申请和其他有关资料。

(2) 银行受理借款人提款申请书(按借款合同约定的固定格式并加盖企业公章及法人签字或在提交法人授权书的情况下受委托人签字)。

(3) 创建贷款合同。

(4) 有关用款审批资料按内部审批流程经有权签字人签字同意。

(5) 按账务处理部门的要求提交审批及相关用款凭证，办理提款手续。

(6) 所提贷款款项入账后，向账务处理部门索取有关凭证，入档案卷保存。

(7) 建立台账并在提款当日记录，如果借款人、保证人均在同一地区，则根据中国人民银行的有关要求，在其信贷登记系统登记，经审核后发送。

2. 放款注意事项

银行在办理放款手续时，应注意：借款人是否已办理开户手续；提款日期、金额及贷款用途是否与合同一致；是否按人民银行信贷登记咨询系统的要求及时更新数据信息并发送。

3. 贷款发放风险

贷款发放是资金划拨的过程，主要从贷款发放的条件审查和贷款资金的划拨两方面考虑，常见的风险点有如下几个。

(1) 个人信贷信息录入是否准确，贷款发放程序是否合规。

(2) 贷款担保手续是否齐备、有效，抵(质)押物是否办理抵(质)押登记手续。

(3) 在发放条件不齐全的情况下放款。例如，贷款未经审批或是审批手续不全，各级签字(签章)不全；借款人未在借款凭证上签字(签章)；未按规定办妥相关评估、公证事宜；担保未落实等。

(4) 在资金划拨中的风险点有会计凭证填制不合要求；未对会计凭证进行审查；贷款以现金发放的，没有"先记账，后放款"等。

(5) 未按规定的贷款金额、贷款期限、贷款担保方式、贴息等发放贷款，导致贷款错误核算，发放金额、期限与审批表不一致，造成错误发放贷款。

三、贷款支付

贷款支付主要有两种方式：一种是受托支付，另一种是自主支付。受托支付是指贷款人在确认借款人满足贷款合同约定的提款条件后，根据借款人的提款申请和支付委托，将贷款资金通过借款人账户支付给符合合同约定用途的借款人交易对象。自主支付是指贷款人在确认借款人满足合同约定的提款条件后，根据借款人的提款申请将资金发放至借款人账户后，由借款人自主支付给符合合同约定用途的借款人交易对象。

采用贷款人受托支付的，银行应明确受托支付的条件，规范受托支付的审核要件。贷款人应要求借款人在使用贷款时提出支付申请，并授权贷款人按合同约定的方式支付贷款资金。贷款人应在贷款资金发放前审核借款人提供的相关交易资料和凭证是否符合合同约定条件，支付后做好有关细节的认定记录。贷款人受托支付完成后，应详细记录资金流向，归集保存相关凭证。

采用借款人自主支付的，贷款人应与借款人在借款合同中实现约定，要求借款人定期报告或告知贷款人贷款资金支付情况。贷款人应当通过账户分析凭证查验或现场调查等方式，核查贷款支付是否符合约定用途。

个人贷款原则上应当采用贷款人受托支付的方式向借款人交易对象支付。属于下列情形之一的个人贷款，经贷款人同意可以采取借款人自主支付方式。

(1) 借款人无法事先确定具体交易对象且金额不超过30万元人民币。

(2) 借款人交易对象不具备有效使用非现金结算方式的条件。

(3) 贷款资金用于生产经营且金额不超过50万元人民币。

(4) 法律法规规定的其他情形。

知识小结

贷款发放是指贷款人按合同约定将信贷资金划转到借款人账户的行为。贷款支付是指借款人按照合同约定将信贷资金从借款人账户付给交易对手的行为。贷款发放前客户经理应该严格落实放款条件，放款审查人员在接到放款通知书后，应进行出账前审查。综合柜员岗按照借款合同约定的支付方式，将贷款资金支付给借款人。贷款支付方式主要包括受托支付和自主支付。个人贷款原则上应当采用贷款人受托支付的方式向借款人的交易对象支付。

实训活动

一、模拟情境

【模拟情境1】

温思思的住房贷款已经通过审批，客户经理与温思思签订了借款合同及担保合同，银行进一步审核了温思思的贷款发放支付条件。

【模拟情境2】

张斯奇，40岁，某制造业企业经理，月薪8000元，计划购买一辆25万元的汽车，准备向银行申请贷款15万元。请审核贷款发放支付条件，并发放支付贷款。

二、模拟贷款发放审查流程

1. 活动目的

通过实训模拟，使学生能够根据银行的贷款发放支付条件对放款进行审核，按操作流程进行放款操作。

2. 活动准备

实训案例，贷款发放支付审核条件。

3. 活动安排

学生4人一组，分别担任客户、客户经理、放款审查人员和综合柜员，负责放款及放款前的审核。

4. 活动评价

对学生提交的实训报告进行评分，向全班展示学生优秀作品。

考　核

审核客户李冰的住房装修贷款的发放支付条件，并发放支付贷款。

要求：根据情境，完成对李冰贷款的放款的实训报告。

知识拓展

⊱　停止发放贷款的情况　⊰

一、挪用贷款的情况

一般而言，从借款申请和借款合同看，借款人对贷款的用途都比较明确，但一些借款人对贷款的实际用途往往与合同规定的用途相背离。例如，有的借款人将银行的贷款用于炒买炒卖有价证券、期货或房地产等高风险业务，或者将贷款转借他人牟取非法收入，违反国家的金融法规，使银行贷款安全性受到极大的威胁。发现此类行为，银行一般可以采取停止发放贷款的措施，甚至提前收回贷款。具体而言，挪用贷款的情况一般包括以下几种。

(1) 用贷款进行股本权益性投资。

(2) 用贷款在有价证券、期货等方面从事投机经营。

(3) 未依法取得经营房地产资格的借款人挪用贷款经营房地产业务。

(4) 套取贷款相互借贷牟取非法收入。

(5) 借款企业挪用流动资金进行基本建设，或用于财政性开支，或者用于弥补企业亏损，或者用于职工福利。

二、其他违约情况

(1) 未按合同规定清偿贷款本息。

(2) 违反国家政策法规，使用贷款进行非法经营。

三、违约后的处理

在贷款发放阶段，银行务必密切关注借款人的资金使用方向，一旦出现上述或其他影响企业偿债能力的违约情况，要立即终止借款人提款，并可视具体情况提前收回贷款。情况严重的，应采取进一步的措施，积极防范授信风险。

如果出现上述任何违约事件，银行有权分别或同时采取下列措施：要求借款人限期纠正违约事件；停止借款人提款或取消借款人尚未提用的借款额度；宣布贷款合同项下的借款本息全部立即到期，根据合同约定立即从借款人在银行开立的存款账户中扣款用于偿还被银行宣布提前到期的所欠全部债务；宣布借款人在与银行签订的其他贷款合同项下的借款本息立即到期，要求借款人立即偿还贷款本息及费用。

从信贷业务运作的全过程来看，贷后管理是化解信贷业务风险的最后环节和途径。尽管在贷前和贷中管理时，已对信贷资产的风险防范采取了必要措施，但由于在授信合同的执行过程中，还有许多不可预测的因素和难以预料的事件，会使信贷资产形成新的风险，因此，贷后管理非常重要。

个人贷款的贷后管理是指自贷款发放后到合同终止期间对有关事宜的管理，具体包括以下几方面内容。

任务一 贷后检查

知识目标

- 掌握贷后检查的具体内容；
- 能够准确识别客户的风险。

能力目标

- 能够针对借款人的具体情况履行贷后检查的职责；
- 能够熟知贷后检查的流程。

素质目标

- 具有认真、细致的工作态度；
- 具备较强的风险意识；
- 具备较强的判断能力。

案例导入

客户经理小李对温思思的情况、开发商及阳光地产房产情况进行了贷后检查。

温思思，月收入2万余元，2014年11月3日向上海浦发银行申请个人住房贷款40万元，并以其房产60万元作抵押。客户经理小李对温思思的住房贷款进行了贷后检查。

(1) 根据银行提供的贷后检查表(见表7-1)对温思思的情况进行检查。

基本情况：温思思，商业住房贷款，新房抵押，贷款40万元，期限10年。

检查方式：电话检查，实地调查。

(2) 调查阳光地产的情况及新房产权证书办理和抵押手续办理情况。

(3) 温思思个人及其配偶的工作情况，家庭收入情况的变化，资产负债情况及信用报告变化情况。

(4) 检查中发生的问题。例如，借款人工作及收入发生变化，偿还能力降低；借款人信用报告发现逾期记录；开发商楼盘出现滞销。

(5) 信贷业务部门主管对客户经理的贷后检查情况提出相应的意见。

表7-1　借款人贷后检查表(个人)

借款人基本情况					
借款人姓名		贷款种类		担保方式	
贷款金额		贷款期限		贷款余额	
检查方式	□电话检查；□实地检查				
检查原因	□首次检查；□日常检查；□逾期检查；□其他				
检查内容					
1. 当前贷款现状： (1) 在他行或个人借款总额_____万元。 (2) 结欠我公司及保证、抵押情况。该户在我公司贷款共_____笔，金额为_____万元。其中，有_____笔、_____万元为担保贷款。 担保方情况：_____。					
检查发现问题及处理意见					
处理意见： □1. 借款人资信状况正常，保持当前授信情况不变。 □2. 借款人资信状况出现一些潜在风险，但不影响正常还款，建议予以关注。 □3. 借款人资信状况出现风险，贷款担保物价值发生明显下降，建议调整或冻结，调整后，授信额度为_____万元。 □4. 借款人资信状况已恶化，建议终止额度，收回已发放贷款，处置抵(质)押物或启动司法程序。 具体建议： 检查人员签字：					
检查日期		检查地点		借款人签名	

学习任务

贷后检查是以借款人、抵(质)押物、担保保证人、担保物为对象，通过客户提供、访谈、实地检查、行内资源查询等途径获取信息，对影响贷款资产质量的因素进行持续跟踪调查、分析，并采取相应补救措施的过程。通过贷后检查，可以判断借款人的风险状况，提出相应的预防和补救措施。

一、贷后检查的内容

(一) 对借款人的检查

对于借款人,主要检查:贷款资金的使用情况;借款人是否按期足额归还贷款;借款人的工作单位、收入水平是否发生变化;定期查询相关系统,了解借款人在其他金融机构的信用状况;借款人的住所、抵押房产情况、价值权属及联系电话有无变动;有无发生可能影响借款人还款能力或还款意愿的突发事件,如卷入重大经济纠纷、诉讼或仲裁程序,家庭重大变化,借款人身体状况恶化或突然死亡等。

对于直接向借款人发放贷款资金的,要通过借款人贷款账户跟踪贷款发放后的资金流向,监督借款人是否按约定的用途使用贷款。发现与合同约定用途不符的,要按照合同约定加收罚息,并督促借款人更正贷款用途;对于无法更正用途的,要采取措施及时收回贷款或采取其他保全措施。

发现借款人出现下列情况的,应限期要求借款人进行纠正;对借款人拒绝纠正的,应提前收回已发放贷款的本息,或解除合同,并要求借款人承担违约责任。

(1) 借款人通过提供虚假的证明材料而取得贷款。

(2) 借款人未按合同约定使用贷款。

(3) 借款期内,借款人累计一定月数(包括计划还款当月)未偿还贷款本息和相关费用。

(4) 借款人拒绝或阻碍贷款银行对贷款使用情况实施监督检查。

(5) 借款人卷入重大经济纠纷、诉讼或仲裁程序,足以影响其偿债能力。

(6) 借款人发生其他足以影响其偿债能力的事件。

(二) 对担保情况的检查

对于担保,主要检查:保证人的经营状况和财务状况;抵押物的存续状况、使用状况、价值变化状况等;质押权利凭证的时效性和价值变化情况;对以商用房抵押的,对商用房的出租情况及商用房价格波动情况进行监测;其他可能影响担保有效性的因素。

如发现影响抵押房产价值变化的重大因素,可能造成抵押房产的债权保障能力不足时,应及时重评抵押房产价值。贷款采用保证担保方式的,应随时检查保证金账户情况,对于保证金不足的,应及时通知保证人补足保证金,否则应停止发放该保证人保证的贷款。

贷后检查完成后要及时撰写贷后检查报告,及时将检查情况记录在案。在贷后检查中发现的问题不仅要在报告中反映,对于其中的重要风险信息或线索,还要及时向上级部门汇报,研究并制定解决方案。

对于正常贷款,贷款经办行可定期进行抽查,抽查比例一般为每季度20%。如发现借款人未按合同承诺提供真实、完整信息,未按合同约定使用贷款等行为,银行应当按照法律法规和借款合同的约定,追究其违约责任。发现贷款逾期的,应立即进行贷后检查,对存量逾期或欠息贷款的检查间隔期最长不超过1个月。

其中,发现保证人出现下列情况的,应限期要求借款人更换贷款银行认可的新担保。如借款人拒绝或无法更换贷款银行认可的担保,银行可提前收回已发放的贷款本息,或解除合同。

(1) 保证人失去担保能力。

(2) 作为担保人的法人，其经济组织发生承包、租赁、合并和兼并、合资、分立、联营、股份制改造、破产、撤销等行为，足以影响借款合同项下保证人承担连带保证责任。

(3) 作为保证人的自然人发生死亡、宣告失踪或丧失民事行为能力。

(4) 保证人拒绝贷款银行对其资金和财产状况进行监督。

(5) 保证人向第三方提供超出其自身负担能力的担保。

(三) 对抵押物的检查

发现抵押物出现下列情况的，应限期要求借款人更换贷款银行认可的新担保。如借款人拒绝或无法更换贷款银行认可的担保，银行可提前收回已发放的贷款本息，或解除合同。

(1) 抵押人未妥善保管抵押物或拒绝贷款银行对抵押物是否完好进行检查。

(2) 因第三人的行为导致抵押物的价值减少，而抵押人未将损害赔偿金存入贷款银行指定账户。

(3) 抵押物毁损、灭失、价值减少，足以影响贷款本息的清偿，抵押人未在一定期限内向贷款银行提供与减少的价值相当的担保。

(4) 未经贷款银行书面同意，抵押人转让、出租、再抵押或以其他方式处分抵押物。

(5) 抵押人经贷款银行同意转让抵押物，但所得贷款未用于提前清偿所担保的债权。

(6) 抵押物被重复抵押。

(四) 对质押权利的检查

发现质押权利出现下列情况的，应限期要求借款人更换贷款银行认可的新担保。如借款人拒绝或无法更换贷款银行认可的担保，银行可提前收回已发放的贷款本息，或解除合同。

(1) 质押权利出现非贷款银行因素的意外毁损、灭失、价值减少，出质人未在一定期限内向贷款银行提供与减少的价值相当的担保。

(2) 出质人经贷款银行同意转让质押权利，但所得价款未用于提前清偿所担保的债权。

(3) 质押期间未经贷款银行书面同意，质押人赠予、转让、兑现或以其他方式处分质押权利。

二、贷后管理的意义

贷后管理是信贷业务管理工作中的重要环节之一，是对贷款调查、审查、审批环节的进一步完善和补充，是对贷款风险控制的延续。贷后管理工作的质量直接影响贷款风险的控制和防范，有效的贷后管理能防止金融风险，保证银行信贷资金的安全。

长期以来，贷后管理一直是我国银行贷款管理的薄弱环节。由于贷款经营中存在的一些惯性思维和做法，导致贷后管理工作一直存在许多问题。在《商业银行授信工作尽职指引》中，已将贷后管理和问题授信处理作为银行授信业务的重要环节予以强调和规范，国内一些商业银行也相继制定并出台了授信后管理办法，充分说明加强授信后管理的重要性。如今，中外银行已同台竞技，如何在竞争中立于不败之地，强化贷后管理，提高风险管理能力，从而实现精细化管理，变得更加现实和紧迫。

加强贷后管理，首先，要强化贷后管理意识，树立授信后管理理念。要从根本上转变"重贷轻管"的观念，充分认识和理解贷后管理的重要性。加强贷后管理不仅是信贷管理的重要内容和本质要求，而且是增强信贷风险控制，切实提高授信资产质量，确保信贷资产稳健发展，推动业务经营效益明显增长的需要。其次，要进一步明确贷后管理工作的内容不仅包括贷后检查，还包括账户监管、风险预警、授信风险分类、授信客户档案管理、问题授信处理、授信回收等内容。

贷后管理是授信决策链条中至关重要的环节，其效果如何是衡量商业银行授信经营管理水平的重要标尺，在授信经营管理过程中处于十分重要的地位。做好贷后管理有利于及早发现、识别、防范、弥补真实存在但尚未显现的潜在风险，提高资产质量；有利于收集、保存和及时更新授信档案资料，跟踪掌握客户动态，解决授信管理中的信息不对称问题；有利于培养一种以风险意识为核心，以审慎、规范、稳健为基础的授信文化，锻炼授信队伍等。

三、贷后检查的方法

在贷后管理中，客户经理的基础工作就是贷后检查，即贷款发放后，要不间断地对客户及其影响信贷资产安全的有关因素进行监控和分析，以便及时发现早期预警信号，并采取相应的补救措施。贷后检查的方法分为非现场监测和现场检查两种。

(一) 非现场监测

非现场监测包括如下两种方式。

(1) 通过多种渠道，如工商部门、税务部门、借款人及担保人竞争对手、上级主管部门、政府管理部门、金融同业、新闻媒介等方面获取信息，尽早发现预警信号，指导现场核查。

(2) 通过客户账户管理系统和信贷登记咨询系统，每日监测和控制客户授信账户往来、授信出账、额度使用中出现的异常情况，尽早发现预警信号。

(二) 现场检查

通过实地走访查看借款人及担保人的主要办公、生产或经营场所，与其主要负责人、财务主管直接接触和交流，以及查阅会计账册、会计凭证、存货等方法，对发现的主要风险点和预警信号进行补充和验证。现场检查包括以下几种方式。

1. 日常跟踪

客户经理在平时的工作中除对客户进行资金账户监管外，还应随时收集和掌握借款人和担保人的财务状况、公开信息，以及风险经理提供的风险预警信息等与贷后管理相关的情况。

2. 定期常规检查

定期常规检查是指按照规定的检查间隔期对客户情况进行的检查。客户经理进行现场检查前要做好充分准备，结合资金账户监管、日常跟踪、风险监控掌握的信息，对客户进行定期的现场检查，确定检查重点。

3. 专项检查

专项检查主要包括首次检查、到期前检查、重大事项检查等。

(1) 首次检查。授信后首次检查一般是在授信执行后、短期授信一周内、中长期授信15天内进行。

(2) 到期前检查。它是指在短期授信到期前10天、中长期授信到期前1个月对客户的还款能力和还贷资金落实情况进行的专项检查。

(3) 重大事项检查。它是指根据授信预警信息提示或其他情况进行的专项检查。例如，有些商业银行规定，客户出现以下情况时应立即进行现场检查：授信发生欠息、展期、逾期及或有资产到期垫付；客户发生可能影响信贷资产安全的投资活动、债权债务纠纷、事故与赔偿等重大事项。

四、贷后检查的操作流程

商业银行贷后检查的操作流程如图7-1所示。

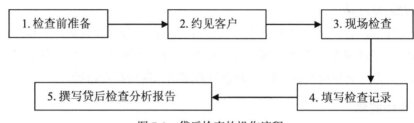

图 7-1　贷后检查的操作流程

(一) 检查前准备

1. 拟订客户检查计划

检查计划包括检查的依据、时间、对象、事项和方式等，并要准备好检查所必需的文本资料。

2. 确定客户检查的主要内容

如前所述，客户检查的主要内容包括对借款人的检查，对担保情况的检查，对抵押物的检查和对质押权利的检查。需要强调的是，在现场检查时，客户经理一定要与客户面谈，详细了解客户的相关情况。

3. 确定客户检查的方式

根据检查的性质，确定检查的方式，并确定是由客户经理检查，还是由团队或管理部门统一检查。

(二) 约见客户

检查之前，可以通过电话、信函等形式通知客户此次检查的范围、内容和时间，对被检查客户的具体要求等。

(三) 现场检查

1. 查阅资料

告知客户其所拥有的权利和义务，查阅、审核、复制被检查客户的相关资料。

2. 与客户面谈

在进行现场检查时，客户经理一定要与客户管理人员面谈，详细了解客户产品原材料和主要市场、生产技术和组织管理、经营计划和体制人员变动、经济纠纷、与其他债权人的合作、对外担保、关联企业及关联交易等情况。

(四) 填写检查记录

客户经理在完成检查后应填写检查记录。检查记录除了全面反映客户各方面的变化情况及担保落实情况外，还要对客户发展前景、偿还贷款能力及风险因素进行分析、预测，提出切实可行的意见和建议，报主管领导审定后归档保管。

(五) 撰写贷后检查分析报告

客户经理需综合客户的具体情况，对客户的贷后情况进行全面的检查分析，撰写贷后管理分析报告。

客户经理要努力培养自己的观察能力，如发现客户有异常情况，一定要进行检查和分析，找出问题根源。

五、个人贷款业务风险识别

就潜在损失的程度而言，信用风险是首要的银行风险，少数重要客户的违约可能会给银行带来巨大损失，甚至导致支付危机。因此，现代商业银行必须加强信用风险管理，对面临的信用风险进行识别、评估，在此基础上缓释或保留吸收风险，这是信用风险管理的关键环节。

信用风险识别是指在各种风险发生之前，商业银行对业务经营活动中可能发生的风险种类、生成原因进行分析和判断，这是商业银行实施风险管理的基础。风险识别准确与否，直接关系能否有效地防范和控制风险损失。抵御、防范信用风险的核心是要正确衡量信用风险。长期以来，国际金融界对信用风险的衡量日益关注，先后研发出专家判断方法、模型分析方法等。在巴塞尔新资本协议中，要求商业银行建立信用评级体系时使用评分模型和其他技术程序，作为评级的主要基础或部分基础。

(一) 个人客户信用风险来源

商业银行与个人客户之间广泛存在信息不对称，银行对居民个人收入与信用方面的信息以及居民个人现在与将来在收入与支出方面信息的掌握非常有限。个人客户收入水平、财产数量、负债状况以及过去有无信用不良记录等信息，对银行授信决策很重要，但银行却不易全面获知；或者也可通过专人调查研究，能够获知但信息搜寻成本高昂，得不偿失。因此，当借款人或信用卡持卡人由于收入下降、失业等原因导致清偿能力下降、难以归还银行贷款时，就产生了信用风险。

市场价格波动也会引发信用风险，抵押物价格下跌将使银行贷款存在不能得到全额清偿的风险。

由于我国个人征信制度仍在完善过程中，银行对借款人的风险控制主要通过要求提供抵(质)押、担保人等方式，对其本人的信用状况无法做到全面了解，容易产生道德风险。例如，借款人在得到消费贷款后，可能从事风险较大的活动从而改变合同约定的借款用途，增加银行风险。还有一些积极寻找消费信贷的客户，往往资信状况不佳，存在所谓的逆向选择问题，如部分动机不纯的客户利用信用卡套现融资或恶意透支。

宏观经济周期性变化也是影响银行信用风险的重要因素。国外研究表明，经济萧条时的债务回收率要比经济扩张期的回收率低1/4～1/3。银行发放贷款就是为社会提供资金，解决企业资金不足的问题。一定时期银行贷款规模的扩张或收缩，并不完全取决于银行自身的愿望，还取决于社会对银行贷款的需求状况。在经济持续增长的繁荣时期，企业预期投资收益上升，便会增加贷款需求以扩大生产和流通的规模。与此同时，居民的消费倾向也会提高，也会使消费贷款需求上升，从而使银行贷款规模随之扩大。反之，在经济萧条、市场不景气的时期，企业预期投资收益下降，个人消费能力下降，使得贷款需求减少，这时若银行发放中长期贷款，则风险可能较大。

(二) 个人客户信用风险评估衡量

长期以来，国际金融界对信用风险的衡量日益关注，先后研发出专家判断方法、模型分析方法等。其中，专家判断法是一种古老的信用风险分析方法，它是商业银行在长期信贷活动中形成的一种行之有效的信贷风险分析和管理制度。伴随消费信贷产业的繁荣、数据库技术的发展、数理统计模型技术的进步、计算机技术的飞跃、社会征信体系的完善，信用评分模型技术蓬勃发展，信贷业已成为个人授信风险管理的核心技术之一。

专家判断法的重要特征是，银行信贷的决策权由经过长期训练、具有丰富经验的银行信贷人员所掌握，并由他们做出是否贷款的决定。因此，在信贷决策过程中，信贷人员的专门知识、主观判断以及某些要考虑的关键要素的权重成为重要的决定因素。

在专家判断法中，"5C"要素分析法长期以来得到广泛应用。"5C"指借款人的道德品质(Character)、能力(Capacity)、资本(Capital)、担保(Collateral)、环境(Condition)。

(1) 借款人的道德品质，是一种对客户声誉的度量，包括其偿债意愿和偿债历史，即客户愿意履行其付款承诺的可能性，是否愿意尽自己最大努力来按照承诺还款。客户道德品质的好坏主要根据过去的信用记录来确定。

(2) 借款人的能力，指借款者财务状况的稳定性，反映了借款人的还款能力，主要根据借款人的收入、资产状况来衡量。如申请个人经营类贷款，还应判断项目或企业经营生产能力及活力情况，具有较好的经营业绩、较强的资本实力和合理的现金流量的项目或企业，才能够表现出良好的偿债能力。

(3) 对于个人经营类贷款来说，资本往往是衡量财务状况的决定性因素，资本雄厚即说明具有坚实的物质基础和强大的抗风险能力。

(4) 担保，指借款人用其资产对其所承诺的付款所做的担保。如果发生违约，债权人对于借款人抵押的物品拥有要求权。这一要求权的优先性越高，则相关抵押物的市场价值就越高，欠款的风险损失就越低。

(5) 环境，指对借款人的偿付能力产生影响的社会经济发展的一般趋势和商业周期，以及某些地区或某些领域的特殊发展和变动。这是决定信用风险损失的一项重要因素。宏观经济环境、行业发展趋势等对个人借款人的收入来源和偿债能力会产生直接或间接影响。

有些银行将客户的特征归纳为"5P"要素，即个人因素(Personal Factor)、资金用途因素(Purpose Factor)、还款来源因素(Payment Factor)、债权保障因素(Protection Factor)、前景因素(Perspective Factor)。

类似地，还有"5W"因素分析法，即借款人(Who)、借款用途(Why)、还款期限(When)、担保物(What)、如何还款(How)。

尽管专家判断法在银行信用风险分析中发挥着重要作用，但实践证明它仍然存在许多难以克服的缺点和不足。

首先，要维持这样的专家制度需要相当数量的专业分析人员，随着银行业务量的不断增加，其所需要的分析人员会越来越多。因此，对于银行来说，对新老分析人员进行不间断的培训和教育就成为银行的一项长期重要工作。在这种制度下，必然会带来银行冗员、效率低下、成本居高不下等诸多问题。对于银行个人授信业务来说，由于客户数量众多、单笔授信金额小，这种制度对成本和效率的负面影响更为突出。

其次，专家判断法实施的效果很不稳定，因为专家制度依靠的是具有专业知识的信贷人员，而这些人员本身的素质高低和经验多少将会直接影响该项制度的实施效果，因为总会有些人跟不上社会的变迁。

最后，运用专家判断法对借款人进行信贷分析时，难以确定共同遵循的标准，容易造成信贷评估的主观性、随意性和不一致性。

除此之外，还有以下几种常用方法：评级方法，例如美国货币监理署(OCC)最早开发的贷款评级方法；信用评分方法，例如美国监管当局(美联储、货币监理署、联邦存款保险公司)采用的CAMEL评级体系；统计模型，例如1993年美联储根据FIMS(金融机构监测系统)开发出的两类SEER模型。

知识小结

贷后检查是以借款人、抵(质)押物、担保保证人、担保物为对象，通过客户提供、访谈、实地检查、行内资源查询等途径获取信息，对影响贷款资产质量的因素进行持续跟踪调查、分析，并采取相应补救措施的过程，从而可以判断借款人的风险状况，提出相应的预防和补救措施。

贷后检查的内容主要包括对借款人的检查、对担保情况的检查、对抵押物的检查、对质押权利的检查。

在贷后管理中，客户经理的基础工作就是贷后检查，即贷款发放后，要不间断地对客户及其影响信贷资产安全的有关因素进行监控和分析，以便及时发现早期预警信号，并采取相应的补救措施。贷后检查的方法有非现场监测和现场检查两种。

商业银行贷后检查需要经过如下步骤：检查前准备；约见客户；现场检查；填写检查记录；撰写贷后检查分析报告。

就潜在损失的程度而言，信用风险是首要的银行风险，少数重要客户的违约可能会给银行带来巨大损失，甚至导致支付危机。因此，作为现代商业银行，必须加强信用风险管理，对商业银行面临的信用风险进行识别、评估，在此基础上缓释或保留吸收风险，这是信用风险管理的关键环节。

在专家判断法中，"5C"要素分析法长期以来得到广泛应用。"5C"指借款人的道德品质(Character)、能力(Capacity)、资本(Capital)、担保(Collateral)、环境(Condition)。

实训活动

一、模拟情境

【模拟情境1】

❧ 个人汽车贷款的贷后检查要点 ☙

张斯奇，40岁，某制造业企业经理，月薪8000元，计划购买一辆25万元的汽车，准备向银行申请贷款15万元。客户经理小李对张斯奇的汽车贷款进行了贷后检查。

1. 检查内容

(1) 借款人张斯奇的基本情况，工作情况、收入情况的变化，家庭资产与债务情况的变化，家庭情况变化。

(2) 借款人张斯奇按时偿还银行贷款的情况，近期的信用记录。

(3) 抵押物汽车的使用情况。

2. 检查方法

回访客户，电话调查，账户查询。

3. 检查要求

根据情境，模拟完成个人汽车贷款的贷后检查。

【模拟情境2】

❧ 审查客户李冰的个人住房贷款申请材料 ☙

李冰月收入1万元左右，2014年向建设银行贷款60万元购买了一栋价值100万元的商品房，贷款30年，并以该商品房作为抵押物。建设银行的个贷经理王畅对李冰的个人住房抵押贷款进行了贷后检查。

1. 检查内容

(1) 借款人李冰的基本情况，工作情况、收入情况的变化，家庭资产与债务情况的变化，家庭情况变化。

(2) 借款人李冰按时偿还银行贷款的情况，近期的信用记录。

(3) 抵押物的价值是否发生变化。

2. 检查要求

根据情境，模拟完成个人住房贷款的贷后检查。

二、模拟实训——贷款检查

1. 活动目的

通过实训模拟，使学生能够熟练地掌握贷后检查的流程，锻炼学生撰写贷后检查报告，以及培养学生精准判断客户风险的素质。

2. 活动安排

(1) 分组，由学生分别模拟客户和个贷经理。

(2) 个贷经理根据客户提供的资料进行贷后检查。

(3) 参照实训内容撰写审查报告。(每组提交一份)

(4) 教师点评。

3. 活动准备

实训案例，个人贷款客户贷后检查材料。

4. 活动评价

对学生模拟实训的各个环节以及其完成的客户评价进行打分。

考 核

任务1：简述贷后检查的内容。

任务2：简述商业银行贷后检查的步骤。

任务二 合同变更处理

知识目标

○ 掌握合同变更的基本规定；

○ 掌握合同变更的主要内容。

能力目标

○ 能够针对借款人的变更情况变更合同。

素质目标

○ 具有认真、细致的工作态度；

○ 具备较强的风险意识。

案例导入

温思思，月收入2万余元，2014年11月3日向上海浦发银行申请个人住房贷款40万元，采用等额本息还款法，并以其房产(价值60万元)作抵押。2016年10月，温思思申请提前还款10万元。

温思思现每月还款4319.28元。2016年11月,温思思想提前偿还10万元贷款,并将贷款年限缩短为5年。

温思思通过电话预约(或柜台预约),向银行提交提前偿还部分贷款并调整借款期限的书面申请。

提前还款是指借款人具有一定的偿还能力时,主动向贷款银行提出部分或全部提前偿还贷款的行为。提前还款包括提前部分还款和提前结清两种方式。

对于提前还款,银行一般有以下基本约定。

(1) 借款人应向银行提交提前还款申请书。

(2) 借款人的贷款账户未拖欠本息及其他费用。

(3) 提前还款属于借款人违约,银行将按规定计收违约金。

(4) 借款人在提前还款前应归还当期的贷款本息。

银行应允许借款人在合同履行期间申请调整分期还款额,并分清原因,分别处理。

借款人提前部分还款后,如希望保持原贷款期限不变,仅调整分期还款额,银行应在办理完提前部分还款手续后,按贷款余额、剩余贷款期限重新计算分期还款额。

借款人提前部分还款后,如需要调整贷款期限并相应调整分期还款额,经办人应要求借款人按调整贷款期限提出申请,并按借款期限调整的规定办理。

温思思备齐文件到银行办理提前还款手续,文件包括借款合同、身份证、还款卡以及银行要求的其他文件。

期限调整是指借款人因某种特殊原因,向银行申请变更贷款还款期限,包括延长期限和缩短期限等。

借款人如需要调整借款期限,应向银行提交期限调整申请书,且必须满足以下前提条件:贷款未到期、无欠息、无拖欠本金,本期本金已归还。

期限调整后,银行将重新为借款人计算分期还款额。

对缩短期限的借款人来说,其合同到期日提前。对分期还款类个人贷款,缩短期限后,贷款到期日期至少在下个结息日内,剩余还款期数不能是0。调整后新的期限达到新的利率期限档次的,从缩短之日起,贷款利率按新的期限档次利率执行,已经计收的利息不再调整。

了解相关规定后,温思思填写提前还款申请书及期限调整申请书,按银行的相关规定办理提前还款和调整借款期限的手续。

学习任务

一、合同变更的基本规定

合同履行期间,有关合同内容需要变更的,必须经当事人各方面协商同意,并签订相应的变更协议。在担保期内的,根据合同约定必须事先征得担保人书面同意的,需事先征得担保人书面同意。如需办理抵押变更登记,还应到原抵押登记部门办理变更抵押登记手续及其相关手续。

合同变更事宜应由合同当事人(包括借款人、担保人等)亲自持本人身份证件办理,如需委托代理人代办，经办人应要求代理人持经公证的授权委托书和本人身份证件办理，并将委托书原件和代理人身份证件(复印件)留存。

二、合同变更处理流程

(一) 合同主体变更

在合同履行期间，如需变更借款合同主体，借款人或者财产继承人应持有效法律文件，向贷款银行提出书面申请。

经办人应对变更后的借款人主体资格、资信情况进行调查，核实担保人是否同意继续提供担保等，形成书面调查报告以后，按照贷款审批程序进行审批。

经审批同意变更借款合同主体后，贷款银行与变更后的借款人、担保人重新签订有关合同文本。在抵(质)押登记变更等有关手续办妥之后，经办人填写"个人借款合同要素变更申请表"，连同一份借款合同交会计部门办理有关借款主体变更事宜。新合同的借款利率按照原合同利率约定执行。当发生保证人失去保证能力或者保证人破产、分立、合并等情况时，借款人应当及时通知贷款银行，并重新提供银行认可的担保；借款人在还款期限内死亡、宣告死亡、宣告失踪或者丧失民事行为能力后，如果没有财产继承人或者受遗赠人或者继承人，受遗赠人拒绝履行借款合同的，贷款银行有权提前收回贷款，并依法处分抵押物或质物，用以归还未偿清部分。

(二) 借款期限调整

期限调整是指借款人因某种特殊原因，向贷款银行申请变更贷款还清期限，包括延长期限、缩短期限等。借款人需要调整借款期限时，应向银行提交"期限调整申请书"，并具备以下前提条件：贷款未到期；无欠息；无拖欠本金；本期本金已经归还。期限调整之后，银行将重新为借款人计算分期还款金额。

(1) 延长期限是指借款人申请在原来借款期限的基础上延长一定的期限，借款合同到期日则相应延长。一年内(含)的个人贷款，展期期限累积与原贷款期限相加，不得超过该贷款品种规定的最长贷款期限。原借款期限加上延长期限达到新的利率期限档次时，从延长之日起，贷款利率按照新的期限档次利率执行。已计收的利息不再调整。如遇法定利率调整，从延长之日起，贷款利率按新的法定利率同期限档次利率执行。

(2) 缩短期限是指借款人申请在原来借款的基础之上缩短一定的借款期限，借款合同到期日期则相应提前。对分期还款类个人贷款账户，缩短期限以后，贷款到期日期至少在下个结息期内。对分期还款类个人贷款账户，缩短借款期限后新的借款期限达到新的利率期限档次时，从缩短之日起，贷款利率按新的期限档次利率执行。已计收的利息不再调整。如遇法定利率调整，从缩短之日起，贷款利率将按照合同约定的利率方式执行或者按照国家有关规定执行。

对于未按照借款合同约定偿还的贷款，贷款人应采取措施进行清收，或者协议重组。

(三) 分期还款额的调整

提前还款是指还款人具有一定的还款能力时，主动向贷款银行提出部分或者全部提前偿还贷款的行为。提前还款包括提前部分还本和提前结清两种方式，借款人可以根据实际情况决定提前还款的方式。

对于提前还款，银行一般有以下基本约定：借款人应向银行提交"提前还款申请书"；借款人的贷款账户未拖欠本息以及其他费用；提前还款属于借款人违约，银行将按照规定计收违约金；借款人在提前还款前应当归还当期的贷款本息。

银行允许借款人在合同履行期间申请调整分期还款金额，并分清原因，分别处理。

(1) 借款人提前部分还款以后，如希望保持原贷款期限不变，仅调整分期还款额，银行应在办理完部分还款手续后，按贷款余额、剩余贷款期限重新计算分期还款金额。

(2) 借款人提前部分还款以后，如需要调整贷款期限并相应调整分期还款金额，经办人应要求借款人按调整贷款期限提出申请，并按照借款期限调整的规定办理。

(四) 还款方式变更

变更贷款还款方式，即将原来的还款方式变更为等额本息、等本递减、等额递减或递增、等比递减或递增或银行规定的其他还款方式。

在贷款期内，借款人可以根据实际情况，提出变更还款方式。由于各种还款方式适用条件不同，且需要遵循不同的计息规定，因此，并不是所有的还款方式之间都可以随意互相变更。一种还款方式能否变更为另一种还款方式需要根据银行的有关规定执行。

借款人若要变更还款方式，需要满足如下条件。

(1) 向银行提交还款方式变更申请书。

(2) 借款人的贷款账户中没有拖欠本息以及其他费用。

(3) 借款人在变更还款方式前应当归还当期的贷款本息。

(五) 担保变更

在合同履行期间，借款人申请变更保证人或抵(质)押物的，须向银行提交变更贷款担保申请。经办人应审查新的保证人或抵(质)押物是否符合担保要求，该笔贷款是否有拖欠贷款本息以及相关费用的情况，提出审查意见，按照贷款审批程序进行审批。以房产作为新的抵押物的，必须由银行认可的评估机构对房产进行评估。变更担保以后，贷款余额与新的抵(质)押物评估价值之比不得高于规定的抵(质)押率，新的担保人必须有足够的保证能力。

对经审批同意变更担保的，贷款银行应与借款人、担保人签订变更担保协议或者重新签订担保合同，办理抵(质)押登记变更等有关手续。

知识小结

在合同履行期间，有关合同内容需要变更的，必须经当事人各方面协商同意，并签订相应的变更协议。在担保期内的，根据合同约定必须事先征得担保人书面同意的，需事先征得担保人书面同意。如需办理抵押变更登记，还应到原抵押登记部门办理变更抵押登记手续及其相关手续。

合同变更事宜应由合同当事人(包括借款人、担保人等)亲自持本人身份证件办理，如需委托代理人代办，经办人应要求代理人持经公证的授权委托书和本人身份证件办理，并将委托书原件和代理人身份证件(复印件)留存。

合同变更内容主要包括合同主体变更、借款期限调整、分期还款额的调整、还款方式的变更。

实训活动

∞ 模拟实训——还款方式变更 ∞

1. 活动考核

通过实训模拟，使学生掌握还款方式变更的处理流程。

2. 活动安排

(1) 学生的任务：5人一组，模拟完成个人还款方式变更。

(2) 老师的任务，包括：

❍ 分配学生任务，提出具体要求；

❍ 检查学生分组情况；

❍ 课堂巡查各组学生的完成情况；

❍ 老师讲评。

3. 活动资料

温思思，月收入2万余元，2014年11月3日向上海浦发银行申请个人住房贷款40万元，采用等额本息还款法，并以其房产(价值60万元)作抵押。2016年10月，温思思申请变更还款方式。

还款方式变更，即将原来的还款方式变更为等额本息、等本递减、等额递减/递增、等比递增/递减，或银行规定的其他还款方式。

注意：由于各种还款方式适用不同的条件，需要遵循不同的计息规定，因此，并不是所有的还款方式之间都可以随意互相变更。一种还款方式能否变更为另一种还款方式，需要根据银行的有关规定执行。

借款人若要变更还款方式，需要满足如下条件：

(1) 向银行提交还款方式变更申请书。

(2) 借款人的贷款账户中没有拖欠本息及其他费用。

(3) 借款人在变更还款方式前应归还当期的贷款本息。

考 核

通过实训，使学生掌握合同变更的基本规定和内容。

任务：合同主体变更和担保变更

2016年11月，温思思计划将其2014年贷款40万元购买的房产卖给王一，并将贷款人变更为王一，温思思应如何办理合同主体变更和担保变更？

知识拓展

∞ 中国银行办理提前还贷手续 ○ʒ

一、 中国银行提前还贷流程

(1) 提前15个工作日电话预约，需要提供贷款人姓名、身份证号码、具体还款日期等。提前预约是为了方便信贷客户经理提前将手续办好，以缩短客户办理时间。

(2) 预约到期后，带本人身份证、购房合同，到办理按揭贷款的银行网点办理手续。

(3) 银行办理完手续后会出相关的结清证明，客户拿着结清证明和他项权证去房管局换房本。若为一手房，还需要去保险公司退保险(如有保险)。

二、中国银行提前还贷违约金标准

提前还贷方式有以下3种。

(1) 剩余的贷款，保持每月还款额不变，将还款期限缩短。

(2) 剩余的贷款，每月还款额减少，保持还款期限不变。

(3) 剩余的贷款，每月还款额减少，同时将还款期限缩短。

贷款不满1年提前还款的，收取最高不超过6个月利息的违约金(按照提前还款日的贷款利率计算)；贷款满1年后提前还款，则不收取违约金。

任务三 回收到期贷款和不良贷款管理

知识目标

- ○ 掌握贷款正常回收的程序；
- ○ 掌握贷款催收的方法。

能力目标

- ○ 能够督促客户按时还款；
- ○ 掌握贷款催收的方法。

素质目标

- ○ 具有认真、细致的工作态度；
- ○ 具备较强的风险意识。

案例导入

客户经理小李告知客户张某如何还款，但张某在还款的过程中仍出现逾期。小李进行了催收，并为客户制订还款计划表(见表7-2)，通知客户按照计划还款。还款计划一般按年制订，因为利率按年浮动。如果发生利息变动，每月还款额在年初会发生变化。

张某在每月还款日前把每月还款金额存入还款银行账户或是保证每月账户内有足够金额(2327.26元)。到还款日，银行会从张某的银行账户内扣除金额2327.26元。如果张某未及时存入欠款，导致扣款失败，即出现逾期。小李要根据拖欠原因、期限，采取不同的方式催收。

如逾期时间较短，小李可采用电话催收或短信催收；如逾期时间较长且期数增多，可采用信函催收和上门催收；必要时可采用中介机构催收，还可采用法律手段，如发律师函、司法催收等方式。

表7-2　等额还款计划表

贷款额度	20万元	贷款月数		120月
贷款期限	10年	贷款月利率		5.8745‰
		首期还本付息		2 327.26
		累计归还利息总额		79 272.03
		累计归还本息总额		279 272.03

期数	后续期数	适用利率	期初余额	归还本息	归还利息	归还本金	期末余额
1	119	5.8745	200 000.00	2 327.26	1 174.90	1 152.36	198 847.64
2	118	5.8745	198 847.64	2 327.26	1 168.13	1 159.13	197 688.51
3	117	5.8745	197 688.51	2 327.26	1 161.32	1 165.94	196 522.57
4	116	5.8745	196 522.57	2 327.26	1 154.47	1 172.79	195 349.78
5	115	5.8745	195 349.78	2 327.26	1 147.58	1 179.68	194 170.10
6	114	5.8745	194 170.10	2 327.26	1 140.65	1 186.61	192 983.49
7	113	5.8745	192 983.49	2 327.26	1 133.68	1 193.58	191 789.91
8	112	5.8745	191 789.91	2 327.26	1 126.67	1 200.59	190 589.32
9	111	5.8745	190 589.32	2 327.26	1 119.62	1 207.64	189 381.68
10	110	5.8745	189 381.66	2 327.26	1 112.52	1 214.74	188 166.94

银行在进行催收时要注意：第一，应积极协调解决客户提出的合理投诉；第二，善于倾听和沟通；第三，利用各种方式收集相关信息，做出实时分析；第四，应具有敏锐的风险意识。

学习任务

一、贷款正常回收

(一) 贷款回收的概念

贷款回收是指借款人按照借款合同约定的还款计划和还款方式及时、足额地偿还贷款本息。贷款本息到期足额回收是贷后管理的最终目的。

借款人和银行应在借款合同中约定借款人归还借款采取的支付方式、还款方式和还款计划等。借款人按借款合同约定偿还贷款本息，银行则将还款情况定期告知借款人。

1. 贷款支付方式

贷款支付方式有委托扣款和柜面还款两种。借款人可以在合同中约定其中一种方式，也可以根据情况在贷款期间进行变更。

2. 还款方式

借款人要根据借款合同中规定的还款方式进行还款。

贷款回收的原则是先收息，后收本，全部到期，利随本清。

(二) 贷款正常回收的操作流程

商业银行贷款正常回收的操作流程如图7-2所示。

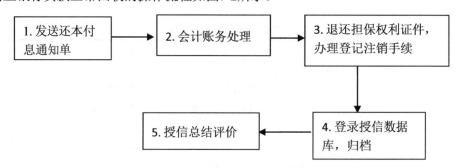

图 7-2　商业银行贷款正常回收的操作流程

1. 发送还本付息通知书

为了确保贷款顺利归还，除了在贷款合同中确定还款计划和违约责任条款外，银行业务操作部门应当在短期贷款到期1个星期之前、中长期贷款到期1个月之前，向借款人和担保人发送还本付息通知书并取得回执；借款人应当及时筹备资金，按时还本付息。

❖ **学习资料1**

ᴥ ××银行提示归还到期贷款通知书 ᴃ

编号：____

尊敬的____：

您于____年____月____日从我行借款____万元(借款合同编号为____)，将于____年____月____日到期，请抓紧时间筹措资金，并于借款到期日前将款项存入在我行开立的存款账户上，确保按期归还贷款本息。如到期不能归还，我行将把该笔贷款转入逾期贷款专户，按日利率万分之____计收利息，并对欠息计收复息。

借款人签章：　　　　　　　　　　　贷款人公章：

(或签收人签字)：

____年____月____日　　　　　　　　____年____月____日

注：本通知书一式三份，借款人签收后退还贷款人一份作为回执，借款人留存一份。

2. 会计账务处理

贷款业务到期日，客户要按照合同约定的期限和还款方式主动还款。这就要求借款人在收到还本付息通知单后，及时筹备资金，按时还本付息。如客户与经办行签订了"划款授权书"，经办行可按"划款授权书"的约定自动从客户的账户或银行卡中扣收。

3. 退还担保权利证件，办理登记注销手续

客户还清全部欠款后，经办行应退还抵(质)押物权利凭证。抵(质)押物权利凭证保管部门(一般为信贷管理部)凭会计部门递交的还款凭证和客户提交的抵(质)押物清单，按有关规定到会计部门办理拆包手续，退还抵(质)押物权利凭证，并签收登记。设定抵押、质押登记的，要及时与抵押、质押人共同向登记部门办理登记注销手续。

4. 登录授信数据库，归档

贷款结清后，应及时在本行的授信管理系统和人民银行的授信管理系统登录此笔贷款结清的相关信息，对于文本资料要按规定归档保存。

在还本付息日当天营业时间终了前，借款人未向银行提交偿还贷款本息的支票(人民币)或支取凭条(外币)的，并且其偿债账户或其他存款账户中的存款余额不足以由银行主动扣款的，该笔贷款即为逾期贷款。业务操作部门对逾期的贷款应及时填制一式三联的逾期催收通知书，分别发送给客户和担保人进行催收。会计部门从贷款业务到期的次日起计收逾期利息。客户经理要做好逾期贷款的催收工作，以保证信贷资产的质量，提高贷款的收息率。

5. 授信总结评价

贷款全部结清后，客户经理应进行全面的总结，以便于其他客户经理借鉴参考，具体包括以下内容。

(1) 授信基本评价。主要就贷款的基本情况进行分析和评价，重点从客户选择、综合效益分析、方式选择等方面进行总结。

(2) 管理中出现的问题及解决措施。主要分析出现问题的原因，说明针对问题采取的措施及最终结果，从中总结经验，防范同类问题重复发生，还要对发生问题后的妥善处理提出建议。

(3) 其他有益经验。针对管理过程中其他有助于提升贷后管理水平的经验、心得和处理方法进行总结。

二、贷款风险分类

银行要在贷后检查的基础上建立个人经营贷款质量分类制度和风险预警体系，设定科学的监测预警信号和指标。在贷后检查中，如发现借款人违反合同约定，触发预警指标或者其他可能影响贷款安全的不利情形时，须及时启动应急预案，并根据借款合同有关约定和预警制度要求及时采取相应措施，防范、控制和化解风险，从而保障债权。

贷款风险分类是指按规定的标准和程序对贷款资产进行分类。贷款风险分类一般先进行定量分类，即先根据借款人连续违约次(期)数分类，再进行定性分类，即根据借款人违约性质和贷款风险程度对定量分类结果进行必要的修正和调整。贷款风险分类应遵循不可拆分原则，即一笔贷款只能处于一种贷款状态，不能同时处于多种贷款状态。

商业银行应按照《贷款风险分类指引》，至少将贷款划分为正常、关注、次级、可疑和损失5类，并及时根据其风险变化情况调整分类结果，准确反映贷款质量情况。

(一) 正常贷款

借款人一直能正常还本付息，不存在任何影响贷款本息及时、全额偿还的不良因素，或借款人未正常还款是由偶然性因素造成的。

(二) 关注贷款

借款人虽能还本付息，但已存在影响贷款本息及时、全额偿还的不良因素。

(三) 次级贷款

借款人的正常收入已不能保证及时、全额偿还贷款本息，需要通过出售或变卖资产、对外借款、保证人履行保证责任或处理抵(质)押物，才能归还全部贷款本息。

(四) 可疑贷款

贷款银行已要求借款人及有关责任人履行保证责任或处理抵(质)押物，预计贷款可能发生一定损失，但损失金额尚不能确定。

(五) 损失贷款

损失贷款是指借款人无力偿还的贷款；履行保证责任和处理抵(质)押物后仍未能清偿的贷款；借款人死亡，或依照《中华人民共和国民法通则》的规定，宣告失踪或死亡，以其财产或遗产清偿后，仍未能还清的贷款。

◆◇ 学习资料2

❧ 某银行不同个人贷款的风险分类 ☙

(一) 一次性还本付息的，分类标准如表7-3所示。

表7-3　某银行的个人贷款风险分类标准

担保方式 ＼ 逾期情况	30天以下	31～90天	91～180天	180天以上
质押	正常	正常	次级	可疑
抵押	正常	关注	次级	可疑
保证	正常	关注	次级	可疑
信用	关注	次级	可疑	可疑

(二) 一次性还本、分期付息的，利息逾期90天以上，贷款至少归为次级类。

(三) 金额较大的个人生产经营贷款，认定标准应参照法人借款人的相关规定执行。

(四) 分期偿还本金的，分为以下几种情况：

1. 还本付息正常、没有逾期的，正常归为正常类；

2. 逾期90天(含)以下的，到期和未到期部分均归为关注类；

3. 逾期91～180天(含)的，到期和未到期部分均归为次级类；

4. 逾期180天以上的，到期和未到期部分均归为可疑类。

(五) 出现以下情形之一的贷款，至少归为关注类。

1. 借款人未按约定用途使用贷款；

2. 借款人还款意愿差，不与本公司积极合作；

3. 保证人保证能力明显下降，对贷款本息归还可能产生不利影响；

4. 抵(质)押品价值明显下降，对贷款本息归还可能产生不利影响。

(六) 出现以下情形之一的贷款，至少归为次级类。

1. 贷款虽未到期，但借款人涉及刑事或民事案件，并已影响借款人还款意愿及能力；

2. 借款人在本行贷款出现逾期或欠息；

3. 借款人采用隐瞒事实等不正当手段骗取贷款。

(七) 出现以下情形之一的贷款，至少归为可疑类。

1. 已经提起诉讼但法院尚未出具终结(中止)裁定且采取多种追偿手段后仍不能清偿的贷款；

2. 贷款形态为次级，抵(质)押物已出现价值贬损或保证人保证能力明显下降且借款人不予配合偿还不足担保的贷款。

(八) 自然人贷款出现以下情形之一的，应归为损失类。

1. 借款人死亡，或依照《中华人民共和国民法通则》的规定宣告失踪或死亡，本行依法对其财产或遗产进行清偿，并对担保人进行追偿后，仍未能收回的贷款；

2. 借款人触犯刑律，依法受到制裁，其财产不足归还所借债务，又无其他债务承担者，经追偿后确实无法收回的贷款。

三、逾期贷款回收

(一) 不良贷款的认定

按照5级分类方式，不良个人贷款包括5级分类中的后3类贷款，即次级、可疑和损失类贷款。银行应该按照银行监管部门的规定，定期对不良个人贷款进行认定。

银行要适时对不良贷款进行分析，建立不良个人贷款台账，落实不良贷款清收责任人，实时监测不良贷款回收情况。

(二) 不良贷款的催收

对不同拖欠期限的不良个人贷款的催收，可采取不同的方式，如电话催收、信函催收、上门催收、通过中介机构催收，也可采取法律手段，如发律师函、司法催收等，通过这些方式督促借款人按期偿还贷款本息，以最大限度地降低贷款损失，有担保人的要向担保人通知催收。同时，应利用信息技术对不良贷款催收情况进行登记管理，实现不良贷款催收管理的自动化。

个人贷款出现违约后，银行的经办人员或相关管理人员应该按照规定程序对未按期还款的借款人发出催收提示和催收通知，督促借款人清偿违约贷款。

(三) 不良贷款的处置

抵押物处置可采取与借款人协商变卖、向法院提起诉讼的方式，或申请强制执行、依法处分。

对认定为呆账贷款的个人贷款，贷款银行应按照财政部、中国人民银行和商业银行有关呆账认定及核销的规定组织申报材料，按照规定程序批准后核销。对银行保留追索权的贷款，各经办行应实行"账销案存"，建立已核销贷款台账，定期向借款人和担保人发出催收通知书，并注意诉讼时效。

对确需重组的借款人，银行可在严格5级分类标准、把握好偏离度和风险可控的前提下，重新进行贷款风险评价，重新测算借款人的还款能力和偿还期限，并在履行信贷审查审批流程的基础上，科学、合理地与借款人协商进行贷款重组，重新签订借款合同，对借款人、贷款品种、担保方式、还款期限、适用利率、还款方式等合同规定的还款条件进行调整，有效缓解借款人暂时的偿债困难。

(四) 不同时间节点逾期贷款的处理方式

逾期1天：通过电话了解情况，确定还款时间，最好是精确到上午或下午，进入贷后人员关注台账。

逾期5天：信贷经理必须上门并撰写情况说明，与贷后人员一同识别风险，商议下一步催收方案。

逾期7天：在不采取诉讼等强力措施的前提下，信贷经理与贷后人员一同上门，增加单次上门时间与上门频率，并取得详细经营信息、负债信息、家庭信息。

逾期15天：最佳催收时机已过，信贷经理、贷后人员和至少一名主管级以上领导根据项目详情，更新项目催收方案，如继续常规催收、贷款重组、诉讼等。

逾期30天：短期还款能力基本丧失，进一步判定借款人还款意愿，制定后期不良贷款管理方案，同时进行责任认定。

知识小结

贷款的回收是指借款人按照借款合同约定的还款计划和还款方式及时、足额地偿还贷款本息。贷款本息到期足额收回是贷后管理的最终目的。

商业银行应按照《贷款风险分类指引》，至少将贷款划分为正常、关注、次级、可疑和损失5类，不良个人贷款包括5级分类中的后3类贷款。

对不同拖欠期限的不良个人贷款的催收，可采取不同的方式，如电话催收、信函催收、上门催收、通过中介机构催收，也可采取法律手段，如发律师函、司法催收等方式督促借款人按期偿还贷款本息，以最大限度地降低贷款损失，有担保人的要向担保人通知催收。同时，应利用信息技术对不良贷款催收情况进行登记管理，实现不良贷款催收管理的自动化。

此外，不同时间节点的逾期贷款要采取不同的处理方式。

实训活动

❧ 模拟实训——不良贷款的认定分析 ❧

1. 活动考核

通过实训模拟，使学生掌握不良贷款的认定。

2. 活动安排

(1) 学生的任务: 5人一组, 模拟完成对不良贷款的认定分析。

(2) 老师的任务, 包括:

○ 分配学生任务, 提出具体要求;

○ 检查学生分组情况;

○ 课堂巡查各组学生的完成情况;

○ 老师讲评。

3. 活动资料

(1) 借款人基本情况。

借款人: 张三, 主要从事甘蔗种植, 承包耕地10亩, 2008年曾在我行借款5 000元种植甘蔗, 已按期偿清, 种植收入是全家主要经济来源。

(2) 贷款情况。

借款期限: 2010年6月2日至2011年6月2日。

金额: 20 000元; 贷款方式: 信用; 还款方式: 按月还息, 到期还本; 用途: 购买化肥。

逾期情况: 从11月1日开始利息逾期至今, 以5月末为认定时点。

4. 认定分析及分类结果

(1) 贷款归类。该笔贷款是自然人一般农户贷款。

(2) 选用分类方法。自然人一般农户贷款类。

(3) 逾期天数7个月, 大约210天。根据矩阵结果法, 信用等级为优秀, 贷款方式为信用, 逾期天数超过181天的贷款, 可认定为可疑类。

考 核

通过实训, 使学生能够掌握对逾期客户进行风险分类的方法, 并给出分类标准, 学生按照标准和实际情况对给定的客户进行风险分类。

任务1: 王一的逾期贷款认定

1. 借款人基本情况

(1) 借款人: 王一, 政府人员, 以前没有在我行申请过贷款, 每月工资3200元。

(2) 贷款情况。

借款期限: 2010年6月2日至2012年6月2日。

金额: 40 000元; 贷款方式: 工资担保贷款; 还款方式: 按月本息等额偿还; 用途: 购买汽车。

逾期情况: 出现过11月、12月连续拖欠, 但过后都补还, 以5月末为认定时点。

2. 认定分析及分类结果

(1) 贷款归类。该笔贷款是自然人工资担保贷款(消费类)。

(2) 选用分类方法。工资担保贷款类选用次数法。

(3) 该笔贷款出现过2次连续违约, 根据次数法, 应认定为正常类。

任务2：刘明的逾期贷款认定

1. 借款人基本情况

(1) 借款人：刘明，自营超市，2009年在我行借款10万元，能按时归还。申请贷款前超市年收入大约8万元，为全家主要经济来源。2011年后由于对面新建一家较大规模的超市，对借款人经营影响较大，但还能正常经营，不过年收入大幅减少，大约为5万元。

(2) 贷款情况

借款期限：2010年6月2日至2013年6月2日。

金额：15万元；贷款方式：抵押；还款方式：按月付息，分期还本(每年还本5万元)。

抵押情况：用房屋抵押，已办登记，2010年评估价为3 000元每平方米，房屋大约100平方米，价值30万元；2011年市场价大约为2 000元每平方米，价值为20万元。以5月末为认定时点。

2. 认定分析及分类结果

(1) 贷款归类。该笔贷款是自然人其他贷款类。

(2) 选用分类方法。自然人其他贷款类选用矩阵初分法。

(3) 根据矩阵法，该笔贷款目前没有逾期，应为正常类。

(4) 从借款人的正常收入看，已没有足够的贷款还款能力，从2011年起他的正常收入从8万元降到5万元，而每年他都要归还本金5万元，还有利息及正常生活费，所以靠正常收入已不能按时归还贷款。

(5) 抵押物有效，易变现，但从原来的抵押率50%变为70%，抵押率过高，从而评估抵押状态为一般。

(6) 综合考虑，从正常经济来源看，该笔贷款已不能保证按时还款，但借款人信用较好，同时不足额部分较小，抵押物价值完全可以弥补不足额归还部分，因此，认定为关注类。

附录A 个人贷款管理暂行办法

(中国银行业监督委员会令2010年第2号，中国银行业监督管理委员会2010年2月12日发布)

第一章 总则

第一条

为规范银行业金融机构个人贷款业务行为，加强个人贷款业务审慎经营管理，促进个人贷款业务健康发展，依据《中华人民共和国银行业监督管理法》《中华人民共和国商业银行法》等法律法规，制定本办法。

第二条

中华人民共和国境内经中国银行业监督管理委员会批准设立的银行业金融机构(以下简称贷款人)经营个人贷款业务，应遵守本办法。

第三条

本办法所称个人贷款，是指贷款人向符合条件的自然人发放的用于个人消费、生产经营等用途的本外币贷款。

第四条

个人贷款应当遵循依法合规、审慎经营、平等自愿、公平诚信的原则。

第五条

贷款人应建立有效的个人贷款全流程管理机制，制定贷款管理制度及每一贷款品种的操作规程，明确相应贷款对象和范围，实施差别风险管理，建立贷款各操作环节的考核和问责机制。

第六条

贷款人应按区域、品种、客户群等维度建立个人贷款风险限额管理制度。

第七条

个人贷款用途应符合法律法规规定和国家有关政策，贷款人不得发放无指定用途的个人贷款。

贷款人应加强贷款资金支付管理，有效防范个人贷款业务风险。

第八条

个人贷款的期限和利率应符合国家相关规定。

第九条

贷款人应建立借款人合理的收入偿债比例控制机制，结合借款人收入、负债、支出、贷款用途、担保情况等因素，合理确定贷款金额和期限，控制借款人每期还款额不超过其还款能力。

第十条

中国银行业监督管理委员会依照本办法对个人贷款业务实施监督管理。

第二章 受理与调查

第十一条

个人贷款申请应具备以下条件：

(一) 借款人为具有完全民事行为能力的中华人民共和国公民或符合国家有关规定的境外自然人；

(二) 贷款用途明确合法；

(三) 贷款申请数额、期限和币种合理；

(四) 借款人具备还款意愿和还款能力；

(五) 借款人信用状况良好，无重大不良信用记录；

(六) 贷款人要求的其他条件。

第十二条

贷款人应要求借款人以书面形式提出个人贷款申请，并要求借款人提供能够证明其符合贷款条件的相关资料。

第十三条

贷款人受理借款人贷款申请后，应履行尽职调查职责，对个人贷款申请内容和相关情况的真实性、准确性、完整性进行调查核实，形成调查评价意见。

第十四条

贷款调查包括但不限于以下内容：

(一) 借款人基本情况；

(二) 借款人收入情况；

(三) 借款用途；

(四) 借款人还款来源、还款能力及还款方式；

(五) 保证人担保意愿、担保能力或抵(质)押物价值及变现能力。

第十五条

贷款调查应以实地调查为主、间接调查为辅，采取现场核实、电话查问以及信息咨询等途径和方法。

第十六条

贷款人在不损害借款人合法权益和风险可控的前提下，可将贷款调查中的部分特定事项审慎委托第三方代为办理，但必须明确第三方的资质条件。

贷款人不得将贷款调查的全部事项委托第三方完成。

第十七条

贷款人应建立并严格执行贷款面谈制度。

通过电子银行渠道发放低风险质押贷款的，贷款人至少应当采取有效措施确定借款人真实身份。

第三章　风险评价与审批

第十八条

贷款审查应对贷款调查内容的合法性、合理性、准确性进行全面审查，重点关注调查人的尽职情况和借款人的偿还能力、诚信状况、担保情况、抵(质)押比率、风险程度等。

第十九条

贷款风险评价应以分析借款人现金收入为基础，采取定量和定性分析方法，全面、动态地进行贷款审查和风险评估。

贷款人应建立和完善借款人信用记录和评价体系。

第二十条

贷款人应根据审慎性原则，完善授权管理制度，规范审批操作流程，明确贷款审批权限，实行审贷分离和授权审批，确保贷款审批人员按照授权独立审批贷款。

第二十一条

对未获批准的个人贷款申请，贷款人应告知借款人。

第二十二条

贷款人应根据重大经济形势变化、违约率明显上升等异常情况，对贷款审批环节进行评价分析，及时、有针对性地调整审批政策，加强相关贷款的管理。

第四章　协议与发放

第二十三条

贷款人应与借款人签订书面借款合同，需担保的应同时签订担保合同。贷款人应要求借款人当面签订借款合同及其他相关文件，但电子银行渠道办理的贷款除外。

第二十四条

借款合同应符合《中华人民共和国合同法》的规定，明确约定各方当事人的诚信承诺和贷款资金的用途、支付对象(范围)、支付金额、支付条件、支付方式等。

借款合同应设立相关条款，明确借款人不履行合同或怠于履行合同时应当承担的违约责任。

第二十五条

贷款人应建立健全合同管理制度，有效防范个人贷款法律风险。

借款合同采用格式条款的，应当维护借款人的合法权益，并予以公示。

第二十六条

贷款人应依照《中华人民共和国物权法》《中华人民共和国担保法》等法律法规的相关规定，规范担保流程与操作。

按合同约定办理抵押物登记的，贷款人应当参与。贷款人委托第三方办理的，应对抵押物登记情况予以核实。

以保证方式担保的个人贷款，贷款人应由不少于两名信贷人员完成。

第二十七条

贷款人应加强对贷款的发放管理，遵循审贷与放贷分离的原则，设立独立的放款管理部门或岗位，负责落实放款条件、发放满足约定条件的个人贷款。

第二十八条

借款合同生效后，贷款人应按合同约定及时发放贷款。

第五章 支付管理

第二十九条

贷款人应按照借款合同约定，通过贷款人受托支付或借款人自主支付的方式对贷款资金的支付进行管理与控制。

贷款人受托支付是指贷款人根据借款人的提款申请和支付委托，将贷款资金支付给符合合同约定用途的借款人交易对象。

借款人自主支付是指贷款人根据借款人的提款申请将贷款资金直接发放至借款人账户，并由借款人自主支付给符合合同约定用途的借款人交易对象。

第三十条

个人贷款资金应当采用贷款人受托支付方式向借款人交易对象支付，但本办法第三十三条规定的情形除外。

第三十一条

采用贷款人受托支付的，贷款人应要求借款人在使用贷款时提出支付申请，并授权贷款人按合同约定方式支付贷款资金。

贷款人应在贷款资金发放前审核借款人相关交易资料和凭证是否符合合同约定条件，支付后做好有关细节的认定记录。

第三十二条

贷款人受托支付完成后，应详细记录资金流向，归集保存相关凭证。

第三十三条

有下列情形之一的个人贷款，经贷款人同意可以采取借款人自主支付方式：

(一) 借款人无法事先确定具体交易对象且金额不超过三十万元人民币的；

(二) 借款人交易对象不具备条件有效使用非现金结算方式的；

(三) 贷款资金用于生产经营且金额不超过五十万元人民币的；

(四) 法律法规规定的其他情形。

第三十四条

采用借款人自主支付的，贷款人应与借款人在借款合同中事先约定，要求借款人定期报告或告知贷款人贷款资金支付情况。

贷款人应当通过账户分析、凭证查验或现场调查等方式，核查贷款支付是否符合约定用途。

第六章 贷后管理

第三十五条

个人贷款支付后，贷款人应采取有效方式对贷款资金使用、借款人的信用及担保情况变化等进行跟踪检查和监控分析，确保贷款资产安全。

第三十六条

贷款人应区分个人贷款的品种、对象、金额等，确定贷款检查的相应方式、内容和频度。贷款人内部审计等部门应对贷款检查职能部门的工作质量进行抽查和评价。

第三十七条

贷款人应定期跟踪分析评估借款人履行借款合同约定内容的情况，并作为与借款人后续合作的信用评价基础。

第三十八条

贷款人应当按照法律法规规定和借款合同的约定，对借款人未按合同承诺提供真实、完整信息和未按合同约定用途使用、支付贷款等行为追究违约责任。

第三十九条

经贷款人同意，个人贷款可以展期。

一年以内(含)的个人贷款，展期期限累计不得超过原贷款期限；一年以上的个人贷款，展期期限累计与原贷款期限相加，不得超过该贷款品种规定的最长贷款期限。

第四十条

贷款人应按照借款合同约定，收回贷款本息。

对于未按照借款合同约定偿还的贷款，贷款人应采取措施进行清收，或者协议重组。

第七章 法律责任

第四十一条

贷款人违反本办法规定办理个人贷款业务的，中国银行业监督管理委员会应当责令其限期改正。贷款人有下列情形之一的，中国银行业监督管理委员会可采取《中华人民共和国银行业监督管理法》第三十七条规定的监管措施：

(一) 贷款调查、审查未尽职的；

(二) 未按规定建立、执行贷款面谈、借款合同面签制度的；

(三) 借款合同采用格式条款未公示的；

(四) 违反本办法第二十七条规定的；

(五) 支付管理不符合本办法要求的。

第四十二条

贷款人有下列情形之一的，中国银行业监督管理委员会除按本办法第四十一条采取监管措施外，还可根据《中华人民共和国银行业监督管理法》第四十六条、第四十八条规定对其进行处罚：

(一) 发放不符合条件的个人贷款的；

(二) 签订的借款合同不符合本办法规定的；

(三) 违反本办法第七条规定的；

(四) 将贷款调查的全部事项委托第三方完成的;

(五) 超越或变相超越贷款权限审批贷款的;

(六) 授意借款人虚构情节获得贷款的;

(七) 对借款人违背借款合同约定的行为应发现而未发现,或虽发现但未采取有效措施的;

(八) 严重违反本办法规定的审慎经营规则的其他情形。

第八章　附则

第四十三条

以存单、国债或者中国银行业监督管理委员会认可的其他金融产品作质押发放的个人贷款,消费金融公司、汽车金融公司等非银行金融机构发放的个人贷款,可参照本办法执行。

银行业金融机构发放给农户用于生产性贷款等国家有专门政策规定的特殊类个人贷款,暂不执行本办法。

信用卡透支,不适用本办法。

第四十四条

个体工商户和农村承包经营户申请个人贷款用于生产经营且金额超过五十万元人民币的,按贷款用途适用相关贷款管理办法的规定。

第四十五条

贷款人应依照本办法制定个人贷款业务管理细则及操作规程。

第四十六条

本办法由中国银行业监督管理委员会负责解释。

第四十七条

本办法自发布之日起施行。

附录B　汽车贷款管理办法

(中国人民银行、银行业监督管理委员会令〔2017〕第2号)

第一章　总则

第一条　为规范汽车贷款业务管理,防范汽车贷款风险,促进汽车贷款业务健康发展,根据《中华人民共和国中国人民银行法》《中华人民共和国银行业监督管理法》《中华人民共和国商业银行法》等法律规定,制定本办法。

第二条　本办法所称汽车贷款是指贷款人向借款人发放的用于购买汽车(含二手车)的贷款,包括个人汽车贷款、经销商汽车贷款和机构汽车贷款。

第三条　本办法所称贷款人是指在中华人民共和国境内依法设立的、经中国银行业监督管理委员会及其派出机构批准经营人民币贷款业务的商业银行、农村合作银行、农村信用社及获准经营汽车贷款业务的非银行金融机构。

第四条　本办法所称自用车是指借款人通过汽车贷款购买的、不以营利为目的的汽车;商用车是指借款人通过汽车贷款购买的、以营利为目的的汽车;二手车是指从办理完注册登记手续到达到国家强制报废标准之前进行所有权变更并依法办理过户手续的汽车;新能源汽车是指采用新型动力系统，完全或者主要依靠新型能源驱动的汽车，包括插电式混合动力(含增程式)汽车、纯电动汽车和燃料电池汽车等。

第五条　汽车贷款利率按照中国人民银行公布的贷款利率规定执行，计、结息办法由借款人和贷款人协商确定。

第六条　汽车贷款的贷款期限(含展期)不得超过5年，其中，二手车贷款的贷款期限(含展期)不得超过3年，经销商汽车贷款的贷款期限不得超过1年。

第七条　借贷双方应当遵循平等、自愿、诚实、守信的原则。

第二章　个人汽车贷款

第八条　本办法所称个人汽车贷款，是指贷款人向个人借款人发放的用于购买汽车的贷款。

第九条　借款人申请个人汽车贷款，应当同时符合以下条件：

(一) 是中华人民共和国公民，或在中华人民共和国境内连续居住一年(含一年)以上的港、澳、台居民及外国人；

(二) 具有有效身份证明、固定和详细住址且具有完全民事行为能力；

(三) 具有稳定的合法收入或足够偿还贷款本息的个人合法资产；

(四) 个人信用良好；

(五) 能够支付规定的首期付款；

(六) 贷款人要求的其他条件。

第十条　贷款人发放个人汽车贷款，应综合考虑以下因素，确定贷款金额、期限、利率和还本付息方式等贷款条件：

(一) 贷款人对借款人的信用评级情况；

(二) 贷款担保情况；

(三) 所购汽车的性能及用途；

(四) 汽车行业发展和汽车市场供求情况。

第十一条　贷款人应当建立借款人信贷档案。借款人信贷档案应载明以下内容：

(一) 借款人姓名、住址、有效身份证明及有效联系方式；

(二) 借款人的收入水平及信用状况证明；

(三) 所购汽车的购车协议、汽车型号、发动机号、车架号、价格与购车用途；

(四) 贷款的金额、期限、利率、还款方式和担保情况；

(五) 贷款催收记录；

(六) 防范贷款风险所需的其他资料。

第十二条　贷款人发放个人商用车贷款，除本办法第十一条规定的内容外，应在借款人信贷档案中增加商用车运营资格证年检情况、商用车折旧、保险情况等内容。

第三章　经销商汽车贷款

第十三条　本办法所称经销商汽车贷款，是指贷款人向汽车经销商发放的用于采购车辆、零配件的贷款。

第十四条　借款人申请经销商汽车贷款，应当同时符合以下条件：

（一）具有工商行政主管部门核发的企业法人营业执照；

（二）具有汽车生产商出具的代理销售汽车证明；

（三）资产负债率不超过80%；

（四）具有稳定的合法收入或足够偿还贷款本息的合法资产；

（五）经销商、经销商高级管理人员及经销商代为受理贷款申请的客户无重大违约行为或信用不良记录；

（六）贷款人要求的其他条件。

第十五条 贷款人应为每个经销商借款人建立独立的信贷档案，并及时更新。经销商信贷档案应载明以下内容：

（一）经销商的名称、法定代表人及营业地址；

（二）各类营业证照复印件；

（三）经销商购买保险、商业信用及财务状况；

（四）所购汽车及零部件的型号、价格及用途；

（五）贷款担保状况；

（六）防范贷款风险所需的其他资料。

第十六条 贷款人对经销商采购车辆、零配件贷款的贷款金额应以经销商一个期间的平均存货为依据，具体期间应视经销商存货周转情况而定。

第十七条 贷款人应通过定期清点经销商采购车辆、零配件存货，以及分析经销商财务报表等方式，定期对经销商进行信用审查，并视审查结果调整经销商信用级别和清点存货的频率。

第四章 机构汽车贷款

第十八条 本办法所称机构汽车贷款，是指贷款人对除经销商以外的法人、其他经济组织（以下简称机构借款人）发放的用于购买汽车的贷款。

第十九条 借款人申请机构汽车贷款，必须同时符合以下条件：

（一）具有企业或事业单位登记管理机关核发的企业法人营业执照或事业单位法人证书及法人分支机构营业执照、个体工商户营业执照等证明借款人主体资格的法定文件；

（二）具有合法、稳定的收入或足够偿还贷款本息的合法资产；

（三）能够支付规定的首期付款；

（四）无重大违约行为或信用不良记录；

（五）贷款人要求的其他条件。

第二十条 贷款人应参照本办法第十五条的规定为每个机构借款人建立独立的信贷档案，加强信贷风险跟踪监测。

第二十一条 贷款人对从事汽车租赁业务的机构发放机构商用车贷款，应监测借款人对残值的估算方式，防范残值估计过高给贷款人带来的风险。

第五章 风险管理

第二十二条 汽车贷款发放实施贷款最高发放比例要求制度，贷款人发放的汽车贷款金额占借款人所购汽车价格的比例，不得超过贷款最高发放比例要求。贷款最高发放比例要求由中国人民银行、中国银行业监督管理委员会根据宏观经济、行业发展等实际情况另行规定。

前款所称汽车价格，对新车是指汽车实际成交价格(扣除政府补贴，且不含各类附加税、费及保费等)与汽车生产商公布的价格的较低者，对二手车是指汽车实际成交价格(扣除政府补贴，且不含各类附加税、费及保费等)与贷款人评估价格的较低者。

第二十三条 贷款人应建立借款人信用评级系统，审慎使用外部信用评级，通过内外评级结合，确定借款人的信用级别。对个人借款人，应根据其职业、收入状况、还款能力、信用记录等因素确定信用级别；对经销商及机构借款人，应根据其信贷档案所反映的情况、高级管理人员的信用情况、财务状况、信用记录等因素确定信用级别。

第二十四条 贷款人发放汽车贷款，应要求借款人提供所购汽车抵押或其他有效担保。经贷款人审查、评估，确认借款人信用良好，确能偿还贷款的，可以不提供担保。

第二十五条 贷款人应直接或委托指定经销商受理汽车贷款申请，完善审贷分离制度，加强贷前审查和贷后跟踪催收工作。

第二十六条 贷款人应建立二手车市场信息数据库和二手车残值估算体系。

第二十七条 贷款人应根据贷款金额、贷款地区分布、借款人财务状况、汽车品牌、抵押担保等因素建立汽车贷款分类监控系统，对不同类别的汽车贷款风险进行定期检查、评估。根据检查评估结果，及时调整各类汽车贷款的风险级别。

第二十八条 贷款人应建立汽车贷款预警监测分析系统，制定预警标准，超过预警标准后应采取重新评价贷款审批制度等措施。

第二十九条 贷款人应建立不良贷款分类处理制度和审慎的贷款损失准备制度，计提相应的风险准备。

第三十条 贷款人发放抵押贷款，应审慎评估抵押物价值，充分考虑抵押物减值风险，设定抵押率上限。

第三十一条 贷款人应将汽车贷款的有关信息及时录入金融信用信息基础数据库。

第六章 附则

第三十二条 贷款人在从事汽车贷款业务时有违反本办法规定之行为的，中国银行业监督管理委员会及其派出机构有权依据《中华人民共和国银行业监督管理法》等法律规定对该贷款人及其相关人员进行处罚。中国人民银行及其分支机构可以建议中国银行业监督管理委员会及其派出机构对从事汽车贷款业务的贷款人违规行为进行监督检查。

第三十三条 贷款人对借款人发放的用于购买推土机、挖掘机、搅拌机、泵机等工程车辆的贷款，比照本办法执行。

第三十四条 本办法由中国人民银行和中国银行业监督管理委员会共同负责解释。

第三十五条 本办法自2018年1月1日起施行。原《汽车贷款管理办法》(中国人民银行中国银行业监督管理委员会令〔2004〕第2号发布)同时废止。

附录C 中国人民银行 住房城乡建设部 中国银行业监督管理委员会关于个人住房贷款政策有关问题的通知

(银发〔2015〕98号)

为进一步完善个人住房信贷政策，支持居民自住和改善性住房需求，促进房地产市场平稳健康发展，经国务院批准，现就有关事项通知如下：

一、继续做好住房金融服务工作，满足居民家庭改善性住房需求。鼓励银行业金融机构继续发放商业性个人住房贷款与住房公积金委托贷款的组合贷款，支持居民家庭购买普通自住房。对拥有1套住房且相应购房贷款未结清的居民家庭，为改善居住条件再次申请商业性个人住房贷款购买普通自住房，最低首付款比例调整为不低于40%，具体首付款比例和利率水平由银行业金融机构根据借款人的信用状况和还款能力等合理确定。

二、进一步发挥住房公积金对合理住房消费的支持作用。缴存职工家庭使用住房公积金委托贷款购买首套普通自住房，最低首付款比例为20%；对拥有1套住房并已结清相应购房贷款的缴存职工家庭，为改善居住条件再次申请住房公积金委托贷款购买普通自住房，最低首付款比例为30%。

三、加强政策指导，做好贯彻落实、监督和政策评估工作。人民银行、银监会各级派出机构要按照"因地施策，分类指导"的原则，做好与地方政府的沟通工作，加强对银行业金融机构执行差别化住房信贷政策情况的监督；在国家统一信贷政策基础上，指导银行业金融机构合理确定辖内商业性个人住房贷款最低首付款比例和利率水平；密切跟踪和评估住房信贷政策的执行情况和实施效果，有效防范风险，促进当地房地产市场平稳健康发展。

请人民银行各分行、营业管理部、省会(首府)城市中心支行、副省级城市中心支行，各省(自治区、直辖市)银监局将本通知转发至辖区内城市商业银行、农村商业银行、农村合作银行、城乡信用社、外资银行、村镇银行。

中国人民银行
住房城乡建设部
中国银行业监督管理委员会
2015年3月30日

附录D 中国人民银行 中国银行业监督管理委员会关于加强商业性房地产信贷管理的通知

银发〔2007〕359号

中国人民银行上海总部，各分行、营业管理部，各省会(首府)城市中心支行、副省级城市中心支行；各银监局；各国有商业银行、股份制商业银行：

根据2007年全国城市住房工作会议精神及《国务院关于解决低收入家庭住房困难的若干意见》(国发〔2007〕24号)、《国务院办公厅转发建设部等部门关于调整住房供应结构稳定住房价格意见的通知》(国办发〔2006〕37号)等政策规定，现就加强商业性房地产信贷管理的有关事项通知如下：

一、严格房地产开发贷款管理

对项目资本金(所有者权益)比例达不到35%或未取得土地使用权证书、建设用地规划许可证、建设工程规划许可证和施工许可证的项目，商业银行不得发放任何形式的贷款；对经国土资源部门、建设主管部门查实具有囤积土地、囤积房源行为的房地产开发企业，商业银行不得对其发放贷款；对空置3年以上的商品房，商业银行不得接受其作为贷款的抵押物。

商业银行对房地产开发企业发放的贷款只能通过房地产开发贷款科目发放，严禁以房地产开发流动资金贷款或其他贷款科目发放。

商业银行发放的房地产开发贷款原则上只能用于本地区的房地产开发项目，不得跨地区使用。对确需用于异地房地产开发项目并已落实相应风险控制措施的贷款，商业银行在贷款发放前应向监管部门报备。

二、严格规范土地储备贷款管理

商业银行不得向房地产开发企业发放专门用于缴交土地出让金的贷款。对政府土地储备机构的贷款应以抵押贷款方式发放，且贷款额度不得超过所收购土地评估价值的70%，贷款期限最长不得超过2年。

三、严格住房消费贷款管理

商业银行应重点支持借款人购买首套中小户型自住住房的贷款需求，且只能对购买主体结构已封顶住房的个人发放住房贷款。

商业银行应提请借款人按诚实守信原则，在住房贷款合同中如实填写所贷款项用于购买第几套住房的相关信息。对购买首套自住房且套型建筑面积在90平方米以下的，贷款首付款比例(包括本外币贷款，下同)不得低于20%；对购买首套自住房且套型建筑面积在90平方米以上的，贷款首付款比例不得低于30%；对已利用贷款购买住房、又申请购买第二套(含)以上住房的，贷款首付款比例不得低于40%，贷款利率不得低于中国人民银行公布的同期同档次基准利率的1.1倍，而且贷款首付款比例和利率水平应随套数增加而大幅度提高，具体提高幅度由商业银行根据贷款风险管理相关原则自主确定，但借款人偿还住房贷款的月支出不得高于其月收入的50%。

商业银行不得发放贷款额度随房产评估价值浮动、不指明用途的住房抵押贷款；对已抵押房产，在购房人没有全部归还贷款前，不得以再评估后的净值为抵押追加贷款。

四、严格商业用房购房贷款管理

利用贷款购买的商业用房应为已竣工验收的房屋。

商业用房购房贷款首付款比例不得低于50%，期限不得超过10年，贷款利率不得低于中国人民银行公布的同期同档次利率的1.1倍，具体的首付款比例、贷款期限和利率水平由商业银行根据贷款风险管理相关原则自主确定；对以"商住两用房"名义申请贷款的，首付款比例不得低于45%，贷款期限和利率水平按照商业性用房贷款管理规定执行。

五、加强房地产信贷征信管理

商业银行接受房地产开发企业贷款申请后，应及时通过中国人民银行企业信用信息基础数据库对借款企业信用状况进行查询；贷款申请批准后，应将相关信息录入企业信用信息基础数据库，详细记载房地产开发企业的基本信息、借款金额、贷款期限以及违约情况等。

商业银行接受个人住房贷款申请后，应及时通过中国人民银行个人信用信息基础数据库对借款人信用状况进行查询；贷款申请批准后，应将相关信息及时录入个人信用信息基础数据库，详细记载借款人及其配偶的身份证号码、购房套数、贷款金额、贷款期限、房屋抵押状况以及违约信息等。

六、加强房地产贷款监测和风险防范工作

商业银行应密切监测房地产价格变化及其对信贷资产质量的影响状况，切实加强商业性房地产信贷管理和内控机制建设，积极防范房地产信贷风险。

中国人民银行各分支机构、各银监局应加强辖区内金融机构房地产信贷管理的"窗口指导"，加大对相关违规行为的查处力度。要跟踪房地产信贷政策执行过程中出现的新情况、新问题，并及时向中国人民银行、中国银行业监督管理委员会报告。

各商业银行(包括中资银行、外商独资、中外合资商业银行以及外国银行分行等)要认真贯彻落实国家房地产宏观调控政策，切实加强房地产信贷风险管理，要根据本通知精神和国家各项房地产信贷政策规定，抓紧制定或完善房地产信贷业务管理操作细则，并向中国人民银行、中国银行业监督管理委员会报备。

各政策性银行未经中国人民银行、中国银行业监督管理委员会批准，不得发放商业性房地产贷款。

请中国人民银行各分行、营业管理部、省会(首府)城市中心支行，各省(自治区、直辖市)银监局将本通知联合转发至辖区内城市商业银行、农村商业银行、农村合作银行、城乡信用社及外资银行。

中国人民银行 中国银行业监督管理委员会
二〇〇七年九月二十七日

附录E 商业银行房地产贷款风险管理指引

(银监发〔2004〕57号，中国银行业监督管理委员会于2004年9月2日颁布实施)

第一章 总则

第一条 为提高商业银行房地产贷款的风险管理能力，根据有关银行监管法律法规和银行审慎监管要求，制定本指引。

第二条 本指引所称房地产贷款是指与房产或地产的开发、经营、消费活动有关的贷款。主要包括土地储备贷款、房地产开发贷款、个人住房贷款、商业用房贷款等。

本指引所称土地储备贷款是指向借款人发放的用于土地收购及土地前期开发、整理的

贷款。土地储备贷款的借款人仅限于负责土地一级开发的机构。

房地产开发贷款是指向借款人发放的用于开发、建造向市场销售、出租等用途的房地产项目的贷款。

个人住房贷款是指向借款人发放的用于购买、建造和大修理各类型住房的贷款。

商业用房贷款是指向借款人发放的用于购置、建造和大修理以商业为用途的各类型房产的贷款。

第二章 风险控制

第三条 商业银行应建立房地产贷款的风险政策及其不同类型贷款的操作审核标准，明确不同类型贷款的审批标准、操作程序、风险控制、贷后管理以及中介机构的选择等内容。

商业银行办理房地产业务，要对房地产贷款市场风险、法律风险、操作风险等予以关注，建立相应的风险管理及内控制度。

第四条 商业银行应建立相应的监控流程，确保工作人员遵守上述风险政策及不同类型贷款的操作审核标准。

第五条 商业银行应根据房地产贷款的专业化分工，按照申请的受理、审核、审批、贷后管理等环节分别制定各自的职业道德标准和行为规范，明确相应的权责和考核标准。

第六条 商业银行应对内部职能部门和分支机构房地产贷款进行年度专项稽核，并形成稽核报告。稽核报告应包括以下内容：

(一) 内部职能部门和分支机构上年度发放贷款的整体情况；

(二) 稽核中发现的主要问题及处理意见；

(二) 内部职能部门和分支机构对上次稽核报告中所提建议的整改情况。

第七条 商业银行对于介入房地产贷款的中介机构的选择，应着重于其企业资质、业内声誉和业务操作程序等方面的考核，择优选用，并签订责任条款，对于因中介机构的原因造成的银行业务损失应有明确的赔偿措施。

第八条 商业银行应建立房地产行业风险预警和评估体系，对房地产行业市场风险予以关注。

第九条 商业银行应建立完善的房地产贷款统计分析平台，对所发放贷款的情况进行详细记录，并及时对相关信息进行整理分析，保证贷款信息的准确性、真实性、完整性，以有效监控整体贷款状况。

第十条 商业银行应逐笔登记房地产贷款详细情况，以确保该信息可以准确录入银行监管部门及其他相关部门的统计或信贷登记咨询系统，以利于各商业银行之间、商业银行与社会征信机构之间的信息沟通，使各行充分了解借款人的整体情况。

第三章 土地储备贷款的风险管理

第十一条 商业银行对资本金没有到位或资本金严重不足、经营管理不规范的借款人不得发放土地储备贷款。

第十二条 商业银行发放土地储备贷款时，应对土地的整体情况调查分析，包括该土地的性质、权属关系、测绘情况、土地契约限制、在城市整体综合规划中的用途与预计开发计划是否相符等。

第十三条 商业银行应密切关注政府有关部门及相关机构对土地经济环境、土地市场发育状况、土地的未来用途及有关规划、计划等方面的政策和研究，实时掌握土地价值状况，避免由于土地价值虚增或其他情况而导致的贷款风险。

第十四条 商业银行应对发放的土地储备贷款设立土地储备机构资金专户，加强对土地经营收益的监控。

第四章 房地产开发贷款的风险管理

第十五条 商业银行对未取得国有土地使用证、建设用地规划许可证、建设工程规划许可证、建筑工程施工许可证的项目不得发放任何形式的贷款。

第十六条 商业银行对申请贷款的房地产开发企业，应要求其开发项目资本金比例不低于35%。

第十七条 商业银行在办理房地产开发贷款时，应建立严格的贷款项目审批机制，对该贷款项目进行尽职调查，以确保该项目符合国家房地产发展总体方向，有效满足当地城市规划和房地产市场的需求，确认该项目的合法性、合规性、可行性。

第十八条 商业银行应对申请贷款的房地产开发企业进行深入调查审核，包括企业的性质、股东构成、资质信用等级等基本背景，近三年的经营管理和财务状况，以往的开发经验和开发项目情况，与关联企业的业务往来等。对资质较差或以往开发经验较差的房地产开发企业，贷款应审慎发放；对经营管理存在问题、不具备相应资金实力或有不良经营记录的，贷款发放应严格限制。对于依据项目而成立的房地产开发项目公司，应根据其自身特点对其业务范围、经营管理和财务状况，以及股东及关联公司的上述情况以及彼此间的法律关系等进行深入调查审核。

第十九条 商业银行应严格落实房地产开发企业贷款的担保，确保担保真实、合法、有效。

第二十条 商业银行应建立完备的贷款发放、使用监控机制和风险防范机制。在房地产开发企业的自有资金得到落实后，可根据项目的进度和进展状况，分期发放贷款，并对其资金使用情况进行监控，防止贷款挪作他用。同时，积极采取措施应对项目开发过程中出现的项目自身的变化、房地产开发企业的变化、建筑施工企业的变化等，及时发现并制止违规使用贷款情况。

第二十一条 商业银行应严密监控建筑施工企业流动资金贷款使用情况，防止用流动资金贷款为房地产开发项目垫资。

第二十二条 商业银行应对有逾期未还款或有欠息现象的房地产开发企业销售款进行监控，在收回贷款本息之前，防止将销售款挪作他用。

第二十三条 商业银行应密切关注房地产开发企业的开发情况，确保对购买主体结构已封顶住房的个人发放个人住房贷款后，该房屋能够在合理期限内正式交付使用。

第二十四条 商业银行应密切关注建筑工程款优于抵押权受偿等潜在的法律风险。

第二十五条 商业银行应密切关注国家政策及市场的变化对房地产开发项目的影响，利用市场风险预警预报机制、区域市场分类的指标体系，建立针对市场风险程度和风险类型的阶段监测方案，并积极采取措施化解因此产生的各种风险。

第五章 个人住房贷款的风险管理

第二十六条 商业银行应严格遵照相关个人住房贷款政策规定,不得违反有关贷款年限和贷款与房产价值比率等方面的规定。

第二十七条 商业银行制定的个人住房贷款申请文件应包括借款人基本情况、借款人收支情况、借款人资产表、借款人现住房情况、借款人购房贷款资料、担保方式、借款人声明等要素。

第二十八条 商业银行应确保贷款经办人员向借款人说明其所提供的个人信息(包括借款人所提交的所有文件资料和个人资产负债情况)将经过贷款审核人员的调查确认,并要求借款人据此签署书面声明。

第二十九条 商业银行应将经贷款审核人员确认后的所有相关信息以风险评估报告的形式记录存档。上述相关信息包括个人信息的确认、银行对申请人偿还能力、偿还意愿的风险审核及对抵押品的评估情况。

第三十条 商业银行的贷款经办人员对借款人的借款申请初审同意后,应由贷款审核人员对借款人提交文件资料的完整性、真实性、准确性及合法性进行复审。

第三十一条 商业银行应通过借款人的年龄、学历、工作年限、职业、在职年限等信息判断借款人目前收入的合理性及未来行业发展对收入水平的影响;应通过借款人的收入水平、财务情况和负债情况判断其贷款偿付能力;应通过了解借款人目前居住情况及此次购房的首付支出判断其对于所购房产的目的及拥有意愿等因素,并据此对贷款申请做整体分析。

第三十二条 商业银行应对每一笔贷款申请做内部的信息调查,包括了解借款人在本行的贷款记录及存款情况。

第三十三条 商业银行应通过对包括借款人的聘用单位、税务部门、工商管理部门以及征信机构等独立的第三方进行调查,审核贷款申请的真实性及借款人的信用情况,以了解其本人及家庭的资产、负债情况、信用记录等。

商业银行对自雇人士(即自行成立法人机构或其他经济组织,或在上述机构内持有超过10%股份,或其个人收入的主要来源为上述机构的经营收入者)申请个人住房贷款进行审核时,不能仅凭个人开具的收入证明来判断其还款能力,应通过要求其提供有关资产证明、银行对账单、财务报表、税单证明和实地调查等方式,了解其经营情况和真实财务状况,全面分析其还款能力。

第三十四条 对以个人身份申请的商业用房贷款,如借款人是自雇人士或公司的股东、董事,商业银行应要求借款人提供公司财务报表,业务资料并进行审核。

第三十五条 商业银行应根据各地市场情况的不同制定合理的贷款成数上限,但所有住房贷款的贷款成数不超过80%。

第三十六条 商业银行应着重考核借款人还款能力。应将借款人住房贷款的月房产支出与收入比控制在50%以下(含50%),月所有债务支出与收入比控制在55%以下(含55%)。

房产支出与收入比的计算公式为:(本次贷款的月还款额+月物业管理费)/月均收入

所有债务与收入比的计算公式为:(本次贷款的月还款额+月物业管理费+其他债务月均偿付额)/月均收入

上述计算公式中提到的收入应该是指申请人自身的可支配收入，即单一申请为申请人本人可支配收入，共同申请为主申请人和共同申请人的可支配收入。但对于单一申请的贷款，如商业银行考虑将申请人配偶的收入计算在内，则应该先予以调查核实，同时对于已将配偶收入计算在内的贷款也应相应的把配偶的债务一并计入。

第三十七条 商业银行应通过调查非国内长期居住借款人在国外的工作和收入背景，了解其在华购房的目的，并在对各项信息调查核实的基础上评估借款人的偿还能力和偿还意愿。

第三十八条 商业银行应区别判断抵押物状况。抵押物价值的确定以该房产在该次买卖交易中的成交价或评估价的较低者为准。

商业银行在发放个人住房贷款前应对新建房进行整体性评估，可根据各行实际情况选择内部评估，但要由具有房地产估价师执业资格的专业人士出具意见书，或委托独立的具有房地产价格评估资质的评估机构进行评估；对于精装修楼盘以及售价明显高出周边地区售价的楼盘的评估要重点关注。

对再交易房，应对每个用作贷款抵押的房屋进行独立评估。

第三十九条 商业银行在对贷款申请做出最终审批前，贷款经办人员须至少直接与借款人面谈一次，从而基本了解借款人的基本情况及其贷款用途。对于借款人递交的贷款申请表和贷款合同需有贷款经办人员的见证签署。

商业银行应向房地产管理部门查询拟抵押房屋的权属状况，决定发放抵押贷款的，应在贷款合同签署后及时到房地产管理部门办理房地产抵押登记。

第四十条 商业银行对未完全按照前述要求发放的贷款，应有专门的处理方法，除将发放原因和理由记录存档外，还应密切关注及监控该笔贷款的还款记录。

第四十一条 商业银行应建立逾期贷款的催收系统和催收程序。应将本行内相关的个人信用资料包括逾期客户名单等实行行内共享。

第六章 风险监管措施

第四十二条 银监会及其派出机构定期对商业银行房地产贷款发放规模、资产质量、偿付状况及催收情况、风险管理和内部贷款审核控制进行综合评价，并确定监管重点。

第四十三条 银监会及其派出机构根据非现场监管情况，每年至少选择两家商业银行，对房地产贷款的下列事项进行全面或者专项检查：(一)贷款质量；(二)偿付状况及催收情况；(三)内部贷款审核控制；(四)贷后资产的风险管理；(五)遵守法律及相关规定；(六)需要进行检查的其他事项。

第四十四条 银监会及其派出机构对现场检查中发现的房地产贷款管理存在严重问题的商业银行，将组织跟踪检查。

第四十五条 银监会及其派出机构或银行业自律组织对介入房地产贷款的中介机构，一旦发现其有违背行业规定和职业道德的行为，将及时予以通报。

第七章 附则

第四十六条 本指引由银监会负责解释。

第四十七条 本指引自发布之日起施行。

附录F 住房公积金管理条例

(国务院令第350号,1999年4月3日中华人民共和国国务院令第262号发布,根据2002年3月24日《国务院关于修改<住房公积金管理条例>的决定》修订)

总则

第一条

为了加强对住房公积金的管理,维护住房公积金所有者的合法权益,促进城镇住房建设,提高城镇居民的居住水平,制定本条例。

第二条

本条例适用于中华人民共和国境内住房公积金的缴存、提取、使用、管理和监督。

本条例所称住房公积金,是指国家机关、国有企业、城镇集体企业、外商投资企业、城镇私营企业及其他城镇企业、事业单位、民办非企业单位、社会团体(以下统称单位)及其在职职工缴存的长期住房储金。

第三条

职工个人缴存的住房公积金和职工所在单位为职工缴存的住房公积金,属于职工个人所有。

第四条

住房公积金的管理实行住房公积金管理委员会决策、住房公积金管理中心运作、银行专户存储、财政监督的原则。

第五条

住房公积金应当用于职工购买、建造、翻建、大修自住住房,任何单位和个人不得挪作他用。

第六条

住房公积金的存、贷利率由中国人民银行提出,经征求国务院建设行政主管部门的意见后,报国务院批准。

第七条

国务院建设行政主管部门会同国务院财政部门、中国人民银行拟定住房公积金政策,并监督执行。

省、自治区人民政府建设行政主管部门会同同级财政部门以及中国人民银行分支机构,负责本行政区域内住房公积金管理法规、政策执行情况的监督。

机构

第八条

直辖市和省、自治区人民政府所在地的市以及其他设区的市(地、州、盟),应当设立住房公积金管理委员会,作为住房公积金管理的决策机构。住房公积金管理委员会的成员中,人民政府负责人和建设、财政、人民银行等有关部门负责人以及有关专家占1/3,工会代表和职工代表占1/3,单位代表占1/3。

住房公积金管理委员会主任应当由具有社会公信力的人士担任。

第九条

住房公积金管理委员会在住房公积金管理方面履行下列职责:

(一) 依据有关法律、法规和政策,制定和调整住房公积金的具体管理措施,并监督实施;

(二) 根据本条例第十八条的规定,拟订住房公积金的具体缴存比例;

(三) 确定住房公积金的最高贷款额度;

(四) 审批住房公积金归集、使用计划;

(五) 审议住房公积金增值收益分配方案;

(六) 审批住房公积金归集、使用计划执行情况的报告。

第十条

直辖市和省、自治区人民政府所在地的市以及其他设区的市(地、州、盟)应当按照精简、效能的原则,设立一个住房公积金管理中心,负责住房公积金的管理运作。县(市)不设立住房公积金管理中心。

前款规定的住房公积金管理中心可以在有条件的县(市)设立分支机构。住房公积金管理中心与其分支机构应当实行统一的规章制度,进行统一核算。

住房公积金管理中心是直属城市人民政府的不以营利为目的的独立的事业单位。

第十一条

住房公积金管理中心履行下列职责:

(一) 编制、执行住房公积金的归集、使用计划;

(二) 负责记载职工住房公积金的缴存、提取、使用等情况;

(三) 负责住房公积金的核算;

(四) 审批住房公积金的提取、使用;

(五) 负责住房公积金的保值和归还;

(六) 编制住房公积金归集、使用计划执行情况的报告;

(七) 承办住房公积金管理委员会决定的其他事项。

第十二条

住房公积金管理委员会应当按照中国人民银行的有关规定,指定受委托办理住房公积金金融业务的商业银行(以下简称受委托银行);住房公积金管理中心应当委托受委托银行办理住房公积金贷款、结算等金融业务和住房公积金账户的设立、缴存、归还等手续。

住房公积金管理中心应当与受委托银行签订委托合同。

缴存

第十三条

住房公积金管理中心应当在受委托银行设立住房公积金专户。

单位应当到住房公积金管理中心办理住房公积金缴存登记,经住房公积金管理中心审核后,到受委托银行为本单位职工办理住房公积金账户设立手续。每个职工只能有一个住房公积金账户。

住房公积金管理中心应当建立职工住房公积金明细账，记载职工个人住房公积金的缴存、提取等情况。

第十四条

新设立的单位应当自设立之日起30日内到住房公积金管理中心办理住房公积金缴存登记，并自登记之日起20日内持住房公积金管理中心的审核文件，到受委托银行为本单位职工办理住房公积金账户设立手续。

单位合并、分立、撤销、解散或者破产的，应当自发生上述情况之日起30日内由原单位或者清算组织到住房公积金管理中心办理变更登记或者注销登记，并自办妥变更登记或者注销登记之日起20日内持住房公积金管理中心的审核文件，到受委托银行为本单位职工办理住房公积金账户转移或者封存手续。

第十五条

单位录用职工的，应当自录用之日起30日内到住房公积金管理中心办理缴存登记，并持住房公积金管理中心的审核文件，到受委托银行办理职工住房公积金账户的设立或者转移手续。

单位与职工终止劳动关系的，单位应当自劳动关系终止之日起30日内到住房公积金管理中心办理变更登记，并持住房公积金管理中心的审核文件，到受委托银行办理职工住房公积金账户转移或者封存手续。

第十六条

职工住房公积金的月缴存额为职工本人上一年度月平均工资乘以职工住房公积金缴存比例。

单位为职工缴存的住房公积金的月缴存额为职工本人上一年度月平均工资乘以单位住房公积金缴存比例。

第十七条

新参加工作的职工从参加工作的第二个月开始缴存住房公积金，月缴存额为职工本人当月工资乘以职工住房公积金缴存比例。

单位新调入的职工从调入单位发放工资之日起缴存住房公积金，月缴存额为职工本人当月工资乘以职工住房公积金缴存比例。

第十八条

职工和单位住房公积金的缴存比例均不得低于职工上一年度月平均工资的5%；有条件的城市，可以适当提高缴存比例。具体缴存比例由住房公积金管理委员会拟订，经本级人民政府审核后，报省、自治区、直辖市人民政府批准。

第十九条

职工个人缴存的住房公积金，由所在单位每月从其工资中代扣代缴。

单位应当于每月发放职工工资之日起5日内将单位缴存的和为职工代缴的住房公积金汇缴到住房公积金专户内，由受委托银行计入职工住房公积金账户。

第二十条

单位应当按时、足额缴存住房公积金，不得逾期缴存或者少缴。

对缴存住房公积金确有困难的单位，经本单位职工代表大会或者工会讨论通过，并经住房公积金管理中心审核，报住房公积金管理委员会批准后，可以降低缴存比例或者缓缴；待单位经济效益好转后，再提高缴存比例或者补缴缓缴。

第二十一条

住房公积金自存入职工住房公积金账户之日起按照国家规定的利率计息。

第二十二条

住房公积金管理中心应当为缴存住房公积金的职工发放缴存住房公积金的有效凭证。

第二十三条

单位为职工缴存的住房公积金，按照下列规定列支：

(一) 机关在预算中列支；

(二) 事业单位由财政部门核定收支后，在预算或者费用中列支；

(三) 企业在成本中列支。

第二十四条

职工有下列情形之一的，可以提取职工住房公积金账户内的存储余额：

(一) 购买、建造、翻建、大修自住住房的；

(二) 离休、退休的；

(三) 完全丧失劳动能力，并与单位终止劳动关系的；

(四) 出境定居的；

(五) 偿还购房贷款本息的；

(六) 房租超出家庭工资收入的规定比例的。

依照前款第(二)、(三)、(四)项规定，提取职工住房公积金的，应当同时注销职工住房公积金账户。

职工死亡或者被宣告死亡的，职工的继承人、受遗赠人可以提取职工住房公积金账户内的存储余额；无继承人也无受遗赠人的，职工住房公积金账户内的存储余额纳入住房公积金的增值收益。

第二十五条

职工提取住房公积金账户内的存储余额的，所在单位应当予以核实，并出具提取证明。

职工应当持提取证明向住房公积金管理中心申请提取住房公积金。住房公积金管理中心应当自受理申请之日起3日内作出准予提取或者不准提取的决定，并通知申请人；准予提取的，由受委托银行办理支付手续。

第二十六条

缴存住房公积金的职工，在购买、建造、翻建、大修自住住房时，可以向住房公积金管理中心申请住房公积金贷款。

住房公积金管理中心应当自受理申请之日起15日内作出准予贷款或者不准贷款的决定，并通知申请人；准予贷款的，由受委托银行办理贷款手续。

住房公积金贷款的风险，由住房公积金管理中心承担。

第二十七条

申请人申请住房公积金贷款的，应当提供担保。

第二十八条

住房公积金管理中心在保证住房公积金提取和贷款的前提下，经住房公积金管理委员会批准，可以将住房公积金用于购买国债。

住房公积金管理中心不得向他人提供担保。

第二十九条

住房公积金的增值收益应当存入住房公积金管理中心在受委托银行开立的住房公积金增值收益专户，用于建立住房公积金贷款风险准备金、住房公积金管理中心的管理费用和建设城市廉租住房的补充资金。

第三十条

住房公积金管理中心的管理费用，由住房公积金管理中心按照规定的标准编制全年预算支出总额，报本级人民政府财政部门批准后，从住房公积金增值收益中上交本级财政，由本级财政拨付。

住房公积金管理中心的管理费用标准，由省、自治区、直辖市人民政府建设行政主管部门会同同级财政部门按照略高于国家规定的事业单位费用标准制定。

第三十一条

地方有关人民政府财政部门应当加强对本行政区域内住房公积金归集、提取和使用情况的监督，并向本级人民政府的住房公积金管理委员会通报。

住房公积金管理中心在编制住房公积金归集、使用计划时，应当征求财政部门的意见。

住房公积金管理委员会在审批住房公积金归集、使用计划和计划执行情况的报告时，必须有财政部门参加。

第三十二条

住房公积金管理中心编制的住房公积金年度预算、决算，应当经财政部门审核后，提交住房公积金管理委员会审议。

住房公积金管理中心应当每年定期向财政部门和住房公积金管理委员会报送财务报告，并将财务报告向社会公布。

第三十三条

住房公积金管理中心应当依法接受审计部门的审计监督。

第三十四条

住房公积金管理中心和职工有权督促单位按时履行下列义务：

(一) 住房公积金的缴存登记或者变更、注销登记；

(二) 住房公积金账户的设立、转移或者封存；

(三) 足额缴存住房公积金。

第三十五条

住房公积金管理中心应当督促受委托银行及时办理委托合同约定的业务。

受委托银行应当按照委托合同的约定，定期向住房公积金管理中心提供有关的业务资料。

第三十六条

职工、单位有权查询本人、本单位住房公积金的缴存、提取情况，住房公积金管理中心、受委托银行不得拒绝。

职工、单位对住房公积金账户内的存储余额有异议的，可以申请受委托银行复核；对复核结果有异议的，可以申请住房公积金管理中心重新复核。受委托银行、住房公积金管理中心应当自收到申请之日起5日内给予书面答复。

职工有权揭发、检举、控告挪用住房公积金的行为。

罚则

第三十七条

违反本条例的规定，单位不办理住房公积金缴存登记或者不为本单位职工办理住房公积金账户设立手续的，由住房公积金管理中心责令限期办理；逾期不办理的，处1万元以上5万元以下的罚款。

第三十八条

违反本条例的规定，单位逾期不缴或者少缴住房公积金的，由住房公积金管理中心责令限期缴存；逾期仍不缴存的，可以申请人民法院强制执行。

第三十九条

住房公积金管理委员会违反本条例规定审批住房公积金使用计划的，由国务院建设行政主管部门会同国务院财政部门或者由省、自治区人民政府建设行政主管部门会同同级财政部门，依据管理职权责令限期改正。

第四十条

住房公积金管理中心违反本条例规定，有下列行为之一的，由国务院建设行政主管部门或者省、自治区人民政府建设行政主管部门依据管理职权，责令限期改正；对负有责任的主管人员和其他直接责任人员，依法给予行政处分：

(一) 未按照规定设立住房公积金专户的；

(二) 未按照规定审批职工提取、使用住房公积金的；

(三) 未按照规定使用住房公积金增值收益的；

(四) 委托住房公积金管理委员会指定的银行以外的机构办理住房公积金金融业务的；

(五) 未建立职工住房公积金明细账的；

(六) 未为缴存住房公积金的职工发放缴存住房公积金的有效凭证的；

(七) 未按照规定用住房公积金购买国债的。

第四十一条

违反本条例规定，挪用住房公积金的，由国务院建设行政主管部门或省、自治区人民政府建设行政主管部门依据管理职权追回挪用的住房公积金，没收违法所得；对挪用或者批准挪用住房公积金的人民政府负责人和政府有关部门负责人以及住房公积金管理中心负有责任的主管人员和其他直接责任人员，依照刑法关于挪用公款罪或者其他罪的规定，依法追究刑事责任；尚不够刑事处罚的，给予降级或者撤职的行政处分。

第四十二条

住房公积金管理中心违反财政法规的，由财政部门依法给予行政处罚。

第四十三条

违反本条例规定，住房公积金管理中心向他人提供担保的，对直接负责的主管人员和其他直接责任人员依法给予行政处分。

第四十四条

国家机关工作人员在住房公积金监督管理工作中滥用职权、玩忽职守、徇私舞弊，构成犯罪的，依法追究刑事责任；尚不构成犯罪的，依法给予行政处分。

附则

第四十五条

住房公积金财务管理和会计核算的办法，由国务院财政部门商国务院建设行政主管部门制定。

第四十六条

本条例施行前尚未办理住房公积金缴存登记和职工住房公积金账户设立手续的单位，应当自本条例施行之日起60日内到住房公积金管理中心办理缴存登记，并到受委托银行办理职工住房公积金账户设立手续。

第四十七条

本条例自发布之日起施行。

附录G 中国人民银行助学贷款管理办法

(中国人民银行于2000年8月26日发布)

第一条 为支持教育事业的发展，加速人才培养，各商业银行和城乡信用社(以下简称"贷款人")均可根据《贷款通则》自主办理助学贷款。

第二条 助学贷款可采取无担保(信用)助学贷款和担保助学贷款方式。

第三条 贷款人对高等学校的在读学生(包括专科、本科和研究生)(以下简称"借款人")发放无担保(信用)助学贷款，对其直系亲属、法定监护人(以下简称借款人)发放无担保(信用)助学贷款和担保助学贷款。

第四条 高等学校的在读学生申请助学贷款须具备以下基本条件：入学通知书或学生证，有效居民身份证；同时要有同班同学或老师共两名对其身份提供证明。

第五条 高等学校在读学生申请助学贷款要按规定填写借款合同，承诺离开学校后向贷款人提供工作单位和通讯方式，承诺贷款逾期一年不还，又未提出展期，可由贷款人在就学的高等学校或相关媒体上公布其姓名、身份证号码，予以查询。

第六条 助学贷款的最高限额不超过学生在读期间所在学校的学费与生活费。

第七条 助学贷款的期限一般不超过八年，是否展期由贷款人与借款人商定。

第八条 助学贷款利率按中国人民银行规定的同期限贷款利率执行，不上浮。

第九条 助学贷款采取灵活的还本付息方式，可提前还贷，或利随本清，或分次偿还(按年、按季或按月)，具体方式由贷款人和借款人商定并载入合同。贷款本息提前归还的，提前归还的部分按合同约定利率和实际使用时间计收利息；贷款本息不能按期归还的，贷款人按规定计收罚息。

第十条 各级政府和社会各界为借款人提供担保或利息补贴的，其贴息比例、贴息时间由贷款人或借款人所在学校与贴息提供者共同商定。

第十一条 借款人要恪守信用，如因各种原因离开学校后，应主动告知贷款人其最新通讯方式和工作单位，按期偿还贷款本息。

第十二条 高等学校应对在读学生申请助学贷款和贷款人发放、收回助学贷款的管理工作予以协助。如借款人在校期间发生转学、休学、退学、出国、被开除、伤亡等情况，借款人所在学校有义务及时通知贷款人。

第十三条 贷款人要根据本办法制定具体的操作规程，改进服务，加强对助学贷款发放和收回的管理，提高助学贷款的使用效益。

申请贷款的条件

1. 全日制普通高等学校中经济困难的本专科生(含高职生)、研究生和第二学士学位学生。

2. 具有中华人民共和国国籍，且持有中华人民共和国居民身份证。

3. 具有完全民事行为能力(未成年人申请国家助学贷款须由其法定监护人书面同意)。

4. 诚实守信，遵纪守法，无违法违纪行为。

5. 学习努力，能够正常完成学业。

6. 因家庭经济困难，在校期间所能获得的收入不足以支付完成学业所需基本费用(包括学费、住宿费、基本生活费)。

申请时需要提供的材料

1. 国家助学贷款申请书。

2. 本人学生证和居民身份证复印件(未成年人须提供法定监护人的有效身份证明和书面同意申请贷款的证明)。

3. 本人对家庭经济困难情况说明。

4. 学生家庭所在地有关部门出具的家庭经济困难证明。学生本人对其提供证明材料的真实性承担法律责任。

贷款的偿还

借款学生毕业后，自己需全额支付贷款利息。经办银行允许借款学生根据就业和收入水平，自主选择毕业后24个月内的任何一个月起开始偿还贷款本金。具体还贷事宜，由借款学生在办理还款确认手续时向经办银行提出申请，经办银行进行审批。

银行通常为借款学生设计了两种还款方式：等额本息还款法和等额本金还款法。等额本息还款法每期偿还本息金额相等，还款压力平均分布；等额本金还款法初始每期的还款金额较多，以后每期的还款金额较少，还款压力呈前紧后松分布。采用等额本息还款法支付本息总额略高于等额本金还款法。

违约的责任

1. 国家助学贷款的借款学生如未按照与经办银行签订的还款协议约定的期限、数额偿还贷款，经办银行应对其违约还款金额计收罚息，并将其违约行为载入金融机构征信系统，金融机构不再为其办理新的贷款和其他授信业务。

2. 按还款协议进入还款期后，连续拖欠还款超过一年且不与银行主动联系办理有关手续的借款学生，有关行政管理部门和银行将通过新闻媒体和网络等信息渠道公布其姓名、公民身份号码、毕业学校及具体违约行为等信息。

3. 违约人承担相关法律责任。

附录H　关于助学贷款管理的补充意见

(国务院办公厅于2000年8月26日发布)

国务院办公厅发布了中国人民银行、教育部和财政部制定的《关于助学贷款管理的补充意见》，规定如下：

一、教育、财政、银行等有关部门要进一步提高认识，本着对国家和学生高度负责的精神，加强合作，积极主动地做好助学贷款工作，简化贷款手续，扩大贷款规模，为高等学校学生提供简便、快捷的服务。

二、把中央财政贴息的国家助学贷款，由8个试点城市扩大到全国范围，其经办银行由中国工商银行扩大到中国农业银行、中国银行和中国建设银行。各有关商业银行要积极做好准备，在2000年9月1日前要开办此项业务。

所有中央部门(单位)所属普通高等学校学生均可选择上述银行(每个学校只能选择一家银行)申请此项助学贷款，由中央财政按实际发生数额足额贴息。2000年高等学校管理体制调整中划转以地方管理为主的原国务院部门(单位)所属普通高等学校，2000年及以前入学学生的助学贷款贴息，仍由中央财政负责。

各省、自治区、直辖市人民政府要创造条件，按照《国务院办公厅转发中国人民银行等部门关于国家助学贷款管理规定(试行)的通知》和《若干意见》的有关规定，全面启动对地方所属普通高等学校开办的由各级财政贴息的国家助学贷款工作，安排贴息资金，指定有关银行(不仅限于国有独资商业银行)负责办理此项助学贷款业务。贴息的比例和总额，由地方财政决定。

三、由各级财政贴息的国家助学贷款的贷款对象，由全日制本、专科学生扩大至研究生；贷款学生本科毕业后继续攻读研究生及第二学士学位的，在读期间贷款期限相应延长，贷款本息在研究生及第二学士学位毕业后四年内还清。

四、见证人是指与借款人关系密切的自然人，不必为借款人提供担保，其职责是：协助介绍人和贷款银行了解借款人的有关情况。停止执行《若干意见》第二条第十二款中"对不履行职责的介绍人、见证人公布其姓名"的规定。

五、简化申请助学贷款的条件。《若干意见》第二条第四款修改为"在校大学生申请信用助学贷款须具备以下条件：提供入学通知书或学生证、具有永久居留身份证、学习认真、品德优良"。第二条第五款修改为"信用助学贷款应依法签订贷款合同，合同中应明确借款人的身份证号码、有效联系方式"。第二条第六款修改为"对接受非义务教育学生的直系亲属或法定监护人(借款人)发放助学贷款的条件由贷款人按中国人民银行公布的《贷款通则》决定"。

六、各商业银行发放助学贷款，发生呆坏账，分别由各商业银行总行核实后，按实际发生额在所得税前按规定核销。

参考文献

[1] 中国银行业协会银行业专业人员职业资格考试办公室. 个人贷款[M]. 北京：中国金融出版社，2018.

[2] 张继刚. 中国建设银行核心竞争力SWOT分析及策略建议[J]. 经济研究导刊，2014(25).